Literarische Streifzüge
Venedig

Klaus Thiele-Dohrmann

Venedig

Literarische Streifzüge

Artemis & Winkler

Die Deutsche Nationalbibliothek verzeichnet diese Publikation
in der Deutschen Nationalbibliographie;
detaillierte bibliographische Daten sind im Internet
unter http://dnb.d-nb.de abrufbar.

Artemis & Winkler Verlag, Düsseldorf
Unveränderte Neuausgabe des 2004 erschienenen Titels
Venedig und die Dichter. Eine Liebesgeschichte

Umschlagmotiv: Seufzerbrücke, © Guide Baviera/Grand Tour/Corbis;
Gondeln mit Georgsinsel im Hintergrund, © Grand Tour/Corbis
Umschlaggestaltung: init . Büro für Gestaltung, Bielefeld
Printe in Germany
ISBN 978-3-538-07284-8
www.artemisundwinkler.de

Inhalt

Vorwort

Wie ein großes Fragezeichen schlängelt sich der Canal Grande zwischen jahrhundertealten Palästen hindurch. Und seit Jahrhunderten sind Dichter und Schriftsteller dem »Rätsel Venedig« auf der Spur. Die meisten von ihnen haben sich diesem Rätsel wie einer Frau genähert – sie bestaunt, bewundert und geliebt. In Gedichten, Erzählungen und Romanen kommt diese Zuneigung vielfältig zum Ausdruck.

Über die Anziehungskraft Venedigs haben Literaten aus aller Welt nicht nur schwärmerisch oder auch kritisch geschrieben. Da jeder und jede von ihnen die Lagunenstadt auf ganz eigene Weise gesehen hat, sind dabei immer neue Facetten der Stadt literarisch ans Licht gekommen. Auf diese Weise ist eine Aura entstanden, die Venedig vor dem Versinken bewahrt – allen Hochwassern zum Trotz.

Die Auswahl der in diesem Buch genannten Autoren ist natürlich subjektiv – wie könnte es anders sein bei der Fülle von Dichterinnen und Dichtern, die sich über Venedig geäußert haben. Man wird hier vielen bekannten, aber vielleicht auch weniger bekannten Namen begegnen, dafür einigen besonders bekannten nicht, Thomas Mann oder Giacomo Casanova zum Beispiel, über deren Begegnung mit Venedig angesichts ihrer häufigen Medienpräsenz kaum noch etwas Neues anzubieten wäre. In den Text eingeflochten sind einige Kapitel, die mit einem Datum versehen sind; darin geht es um persönliche Begegnungen und Beobachtungen in Venedig, »Hautnähe« über einen Zeitraum von vielen Jahren.

Von den heutigen venezianischen Literaten nenne ich an dieser Stelle zwei, die über die Grenzen ihrer Stadt und ihres Landes hinaus bekannt geworden sind: Pier Maria Pasinetti, in Italien und in Frankreich preisgekrönter Schriftsteller (und emeritierter Literaturprofessor), in dessen zahlreichen Romanen die Stadt Venedig eine tragende Rolle spielt; eins seiner frühen Bücher, ›Venezianisch Rot‹, wurde auch ins Deutsche übersetzt. Und Annalisa Bruni, die als Literaturwissenschaftlerin in der altberühmten Markusbibliothek tätig ist, sich aber auch als Autorin einen Namen gemacht hat. Ihre neueste Sammlung von Erzählungen heißt ›Storie di Lib***r***idine‹. Das Wortspiel aus ›Libido‹ und ›libri‹ könnte man als »unkontrollierten Appetit auf Bücher« übersetzen – eine Sucht, die auch für das hier vorliegende Buch der Antrieb war.

Aldo Manuzio
Der Herr der Bücher

Im Mai 1995 verkündete das Londoner Auktionshaus Christie's hochzufrieden den Erlös von einer Million Pfund mit Büchern aus der Werkstatt des venezianischen Druckers Aldus Manutius (1449-1515). Bei den Büchern, die allesamt mehr als ihren offiziellen Schätzwert einbrachten, handelte es sich sowohl um philosophische als auch um schöngeistige Werke, die man in neueren Ausgaben für ein paar Dutzend Euro erstehen könnte – Werke von antiken Autoren wie Aristoteles und Plutarch und von Renaissance-Schriftstellern wie Pietro Bembo und Erasmus von Rotterdam; dazu wurden erfolgreich eine mit Holzschnitten geschmückte Ausgabe des noch heute geheimnisumwobenen Buches ›Der Traumliebeskampf des Poliphilo‹, geschrieben von dem Dominikanermönch Francesco Colonna, sowie ein Rezeptbuch für Haarfärbemittel versteigert.

Der erlöste Preis war ungewöhnlich, aber ungewöhnlich war auch der Mann, aus dessen Werkstatt die kostbaren Bücher hervorgegangen waren: Aldo Manuzio, 1449 in Bassiano bei Velletri geboren, war der berühmteste humanistische Buchdrucker seiner Zeit. Als er im Jahre 1492 in seiner Werkstatt in Venedig – wahrscheinlich im Haus Nr. 2311 am Rio Terà Secondo – damit begann, auf seiner Presse die viel bewunderten und oft nachgeahmten Klassikerausgaben zu drucken, gab es in der Lagunenstadt bereits einige Dutzend Druckereien, darunter die der deutschen Brüder Johann und Wendelin aus Speyer und die des französischen Druckers Nicolas Jenson.

Doch Aldo Manuzio war nicht nur Typograph, wie die meisten seiner Kollegen, sondern auch ein sehr belesener Mann, der sich besonders für die Verbreitung der klassischen griechischen und lateinischen Autoren einsetzte. In den kriegs- und krisengeschüttelten Jahrhunderten nach dem Sturz des römischen Reiches hatten Kunst und Gelehrsamkeit weitgehend brach gelegen; von bedeutsamen antiken Schriften gab es meist nur schlechte Übersetzungen und fehlerhafte Abschriften. Hinzu kam, dass die autoritätsgläubige theologische Scholastik des Mittelalters sich weniger für eine schöne Sprache als für formale Spitzfindigkeiten interessierte.

Angespornt durch humanistisch gebildete Schriftsteller wie Francesco Petrarca und Giovanni Boccaccio, fasste Aldo den Plan, eine Druckerei einzurichten, um die Werke und die Idealvorstellungen der antiken Autoren in möglichst korrekten Texten über die ganze Welt zu verbreiten. Im Laufe weniger Jahre wurde Aldos Haus zu einem ständigen Treffpunkt humanistischer Gelehrter und Schriftsteller, die ihm alte Texte zur Korrektur und zum Druck brachten und ihm bei der Arbeit halfen.

Denn in den Werken der alten griechisch-römischen Welt hatten gebildete Italiener die hohe Kultur ihrer Ahnen wieder entdeckt. Das Gefühl, Erben einer großen Vergangenheit zu sein, griff in dieser Zeit fast wie ein Fieber um sich. In seiner berühmten ›Geschichte der italienischen Literatur‹ verglich der italienische Literaturwissenschaftler Francesco de Sanctis im 19. Jahrhundert diese emotionale Bewegung mit »jenem gewissen elektrischen Strom, der zu manchen Zeiten durch eine ganze Gesellschaft hindurchläuft und sie wie mit einem einzigen Geist erfüllt. Die gleiche Aktivität, die Europa zur Zeit der Kreuzzüge nach Palästina getrieben hatte und es später nach Indien drängte, was zur Entdeckung Amerikas führen sollte, diese gleiche Aktivität (trieb) jetzt die Italiener dazu, die Welt der Kultur wieder auszugraben, die so lange unter der Asche der Barbarei gelegen hatte. Jene Sprache war ihre Sprache, jenes Wissen ihr Wissen: Es schien ihnen, als hätten sie Kenntnis und Besitz ihrer selbst wiedergefunden, als wären sie zur Kultur wiedergeboren worden. Diese neue Epoche nannte man Renaissance – Wiedergeburt.«

Als gelehrter und bildungsbegeisterter Mann sah Aldo Manuzio es als seine geradezu heilige Pflicht an, den Studierenden in allen Ländern preiswerte und gute Bücher zu verschaffen und ihnen damit die Kenntnis des Altertums zu erschließen. Der italienische Enthusiasmus für die Kultur der Antike drang bald über die Alpen. Deutsche, Franzosen und Engländer zeigten großes Interesse an den sorgfältig korrigierten und gedruckten Büchern aus der venezianischen Druckerei des Aldus Manutius, wie er in lateinischer Form genannt wurde. Manche italienische Gelehrte fanden allerdings, dass es unklug sei, die Kenntnis der griechischen Autoren durch den Buchdruck in die Allgemeinheit zu bringen, weil die »Barbaren« sich dann damit zu Hause unterrichten könnten und weniger genötigt seien, nach Italien, an die Quelle der Bildung zu reisen.

Zu Aldos Zeit war Venedig unbestrittenes Zentrum der Druckerkunst. In der reichen und mächtigen Handelsstadt, die zu Beginn des 15. Jahrhunderts bereits 190 000 Einwohner zählte, gab es damals schon mehr Buchdruckereien als in jeder anderen Stadt Italiens, nämlich etwa 200. Außerdem, für Aldos Arbeit hilfreich, lebten in Venedig besonders viele gebildete Griechen, die aus Kriegsgebieten in die Sicherheit der Lagunenstadt geflohen waren und die nun hier zu bestimmten Sprachproblemen befragt werden konnten.

Sehr wichtig war für Aldus auch, dass Venedig über kostbare alte Handschriften verfügte. Aus Zuneigung zu Venedig hatte der byzantinische Kardinal Johannes Bessarion der Lagunenstadt vier Jahre vor seinem Tod seine wertvolle Bibliothek mit etwa neunhundert Bänden vermacht, unter denen sich etwa 600 kostbare griechische Handschriften befanden. Der griechische Gelehrte, der 1472 gestorben war, hatte mit seiner Schenkung zugleich den Anstoß zum Bau der Markusbibliothek gegeben.

Für antike Schriften hatte die Kaufmanns- und Seefahrerstadt Venedig lange Zeit überhaupt kein Interesse gezeigt.

Schon 1366 hatte Francesco Petrarca der Stadt seine eigene Bibliothek vermacht. Doch die unschätzbar wertvollen Bücher, darunter Handschriften von Plato und Aristoteles, wurden hundertfünfzig Jahre lang vernachlässigt, bis sich viele von ihnen in ihre Bestandteile aufgelöst hatten. Nach dem Tod des Kardinals Bessarion wurden sie schließlich in den Bestand der künftigen Markusbibliothek integriert, die ab 1537 unter der Leitung von Jacopo Sansovino, und nach dessen Tod von Vincenzo Scamozzi, erbaut wurde; im Lesesaal dieser prunkvollen ›Biblioteca Marciana‹ wurde später eine überlebensgroße Büste von Francesco Petrarca aufgestellt.

Beim Bau der Markusbibliothek hatte es allerdings einen Zwischenfall gegeben. Zu Beginn des 16. Jahrhunderts hatte Venedig den Markusplatz zu einem repräsentativen Forum ausbauen lassen, das die Macht der Republik demonstrieren sollte. Dieses grandiose Projekt war in die Hände des Florentiner Baumeisters Jacopo Tatti, genannt Sansovino, gelegt worden, der von 1529 an rund dreißig Jahre lang an der Gestaltung des großen Platzes und seiner Umgebung arbeitete. Unter seiner Leitung wurde schließlich auch die prächtige Bibliothek an der Piazzetta gegenüber dem Dogenpalast gebaut.

Doch in der Nacht vom 18. auf den 19. Dezember 1545 stürzte ein Teil der Wölbung über dem großen Bibliotheksaal ein. Sansovino wurde, ohne dass man die Ursache des Unglücks kannte, kurzerhand ins Gefängnis geworfen und schwer misshandelt. Nur durch die Fürsprache seiner Freunde Tizian und Aretino wurde der Baumeister vor weiteren Übergriffen bewahrt. Sansovino durfte das Gefängnis verlassen, aber sein Gehalt wurde einbehalten, und er musste sich dazu verpflichten, den entstandenen Schaden auf eigene Kosten wieder zu beheben.

Glücklicherweise stellte sich schnell heraus, dass es keine so große Katastrophe war, wie anfangs befürchtet. Lediglich ein Fenster mit der dazugehörigen Wölbung war zerstört. Der Einsturz war vermutlich dadurch verursacht worden, dass Bauarbeiter zu früh die notwendigen Stützen entfernt hatten.

Durch die Vibration, die beim Abfeuern einiger Kanonenschüsse von einem Schiff aus entstand, hatten sich die Steine dann offenbar gelockert. Der gleichfalls ladierte Baumeister Sansovino setzte seinen beiden Freunden und sich selbst später im Markusdom ein kleines Denkmal, indem er Tizians, Aretinos und seinen eigenen Kopf an der Bronzetür der Sakristei abbildete.

Kanonenschüsse, nicht nur zur Begrüßung hochgestellter ausländischer Persönlichkeiten, waren damals für Venedig nichts Ungewöhnliches. Aldus hatte sein Geschäft zu einer politisch ungünstigen Zeit begonnen. Schon in den Vorreden zu seinen ersten Büchern klagte er:

»Seit dem Zuge der Franzosen nach Neapel war keine Ruhe mehr auf der Halbinsel gewesen. Franzosen, Deutsche, Spanier, Schweizer verwüsteten das Land. Alle Straßen waren unsicher. Der Handel im Inneren lag danieder, und die Wege über die Alpen waren gesperrt. Die Stadt Venedig blieb zwar durch ihre Lage gesichert. Aber man hörte auf dem Markusplatz den Kanonendonner naher Feinde.«

Trotz kritischer Zeiten bemühte sich Aldus, auch seine Kunden jenseits der Alpen mit seinen Büchern zu beliefern. Wegen seines ausgezeichneten Rufes bekam er so viele Briefe von Gelehrten, dass er sich bei seiner aufwendigen Arbeit nicht in der Lage sah, alle zu beantworten. Belastend war für ihn außerdem, dass täglich ungebetene Besucher, teils aus Neugier, teils aus Langeweile, teils auch mit eigenen Manuskripten, in seine Werkstatt kamen und ihn bei der Arbeit störten: »Dann sitzen sie müßig da wie Blutegel, die nicht eher die Haut verlassen, als bis sie sich vollgesogen haben«, schimpfte er in einem Brief an einen Bekannten. Schließlich fand er aber einen Weg, sich von Störenfrieden zu befreien:

»Auf unwichtige Briefe antworte ich gar nicht, auf wichtige nur lakonisch. Keiner möge mir dies übel nehmen; denn was ich an Zeit habe, will ich auf das Herausgeben guter Bücher verwenden. Für Besucher aber habe ich folgende Inschrift über meiner Stube anbringen lassen: ›Wer du auch bist, Aldus bittet dich dringend, du mögest mit wenigen Worten abmachen, was du von ihm willst, dann alsbald dich entfernen; du müßtest denn gekommen sein, um deine Schultern wie Herkules, wenn Atlas müde wird, darzureichen; immer nämlich wird es hier Arbeit geben für dich und alle, die hierher kommen.‹ «

Man druckte damals gewöhnlich großformatige Foliobände mit großen Buchstaben. Diese unhandlichen Bücher legte man zum Lesen auf einen Tisch oder auf ein Pult; doch das Verschicken solcher Folianten war schwierig, und das Lesen auf Reisen erst recht. Aldus druckte zwar auch noch Foliobände, ließ dabei jedoch, trotz des teuren Papiers, einen breiten Rand, damit die Gelehrten ihre Notizen nicht in den Text hineinschreiben mussten. Außerdem verkleinerte Aldo die Buchstaben auf verschiedene Weise, und er druckte die meistgelesenen Autoren, vor allem lateinische, in handlichem Oktavformat, mit der schräg stehenden Antiqua oder Kursivschrift, die der Handschrift ähnlich sieht. Diese epochale Idee hatte nicht nur den Effekt, dass Aldo mehr Buchstaben pro Seite unterbrachte, sondern er konnte seine kleinformatigen Klassikerausgaben auch preisgünstiger anbieten.

Seit 1502 verwendete Aldo Manuzio ein eigenes Druckerzeichen. Es stellte einen Anker dar, der von einem Delphin umschlungen wird; in der Mitte stand der zweigeteilte Name ALDUS. In den Annalen der Buchdruckerkunst wird dieses Zeichen als ›aldinischer Anker‹ bezeichnet; es soll ein Symbol für gründliches Nachdenken und schnelles Arbeiten sein. Wahrscheinlich hatte Aldo dies Zeichen einem Holzschnitt des allegorischen Romans ›Der Traumliebeskampf des Poliphilo‹ (›Hypnerotomachia Poliphili‹) entnommen, der als schönstes Buch der Renaissance galt.

Von der Republik Venedig erhielt Aldo zwar ein Privileg gegen den Nachdruck seiner Bücher, das zehn bis fünfzehn Jahre gelten sollte und später noch von mehreren Päpsten erneuert wurde. Doch wurden diese Privilegien von Aldos Konkurrenten großzügig ignoriert; sie benutzten Aldos Zeichen für ihre eigenen Produktionen.

Die Drucke des Aldo Manuzio wurden nicht nur wegen ihrer sorgfältigen Textbehandlung, sondern auch wegen der Korrektheit und Schönheit des Drucks und der Qualität des Papiers hoch gelobt. Aldos Kompetenz und Ernsthaftigkeit machten ihn bald zum Zentrum eines Kreises von Gelehrten, der etwa vierzig Mitglieder umfasste. Dieser ›Neacademie‹ gehörten, zumindest zeitweise, der Dichter Pietro Bembo, der Historiker Marino Sanudo und der Theologe und Schriftsteller Erasmus von Rotterdam an.

Die strengen Gesetze dieser neuen Akademie schrieben unter anderem vor, dass deren Mitglieder nur Griechisch miteinander sprechen durften. Wer diese Vorschrift nicht einhielt, wurde mit einer Geldstrafe belegt. Wer die festgesetzte Summe nicht zahlte und auch eine weitere Strafe nicht beglich, wurde aus dem Kreis der Hellenisten ausgeschlossen. Ein Tag, an dem man zufällig mit einem solchen Menschen zusammentraf, sollte sogar als Unglückstag gelten. Das eingezahlte Silbergeld war dagegen für eine entspanntere Gelegenheit gedacht: Wenn die Summe für ein gemeinsames Gastmahl ausreichte, sollte Aldus es üppig ausrichten – man wollte an einem solchen Tag »nicht wie die Drucker« speisen.

Anfang November 1507 erhielt Aldo Manuzio einen Brief, den er trotz seiner großen Arbeitsbelastung nicht ignorieren konnte; das Schreiben war sogar eine besondere Ehrung für ihn. Der Brief kam, mit Datum vom 28. Oktober, von einem niederländischen Gelehrten, der sich gerade in der Universitätsstadt Bologna aufhielt. In dem Schreiben hieß es:

»Oft habe ich mir gewünscht, hochgelehrter Manutius, es möchte das reiche Licht, das Du durch Deine Kunst und Deine glänzenden Lettern, wie auch durch Geist und nicht alltägliche Gelehrsamkeit, auf die lateinische und griechische Literatur geworfen hast, Dir auch entsprechenden Erfolg bringen. Was den Ruhm betrifft, so wird zweifellos für alle Zeiten der Name des Aldus Manutius durch den Mund aller gehen, die sich der heiligen Wissenschaft geweiht haben. Es wird aber Dein Andenken, wie jetzt Dein Ruhm, nicht nur groß, sondern auch ansprechend und liebenswert sein, weil Du Dich, wie ich höre, um die Neuherausgabe und Verbreitung guter Autoren bemühst, mit höchster Sorgfalt, aber nicht mit entsprechendem Gewinn – eine wahre Herkulesarbeit, sehr schön freilich, auch einmal unsterblichen Ruhm bringend, aber vorläufig für andere einträglicher als für Dich. Ich höre, Plato wird von Dir in griechischen Lettern gedruckt, worauf viele Gelehrte dringend warten … Ich wundere mich, warum Du nicht längst auch das Neue Testament veröffentlicht hast; das würde, wenn ich mich nicht täusche, auch einer großen Leserschaft gefallen, vor allem unserer Zunft, den Theologen …«

Erasmus von Rotterdam, zwanzig Jahre jünger als Aldo Manuzio, hatte in den Niederlanden, in Frankreich und in England Theologie studiert, beschäftigte sich intensiv mit dem Altgriechischen und hatte sich bereits durch theologische und sprachdidaktische Arbeiten einen Namen gemacht. Als eine Art Studienaufseher musste er die beiden Söhne des italienischen Arztes Dr. Giovanni Boerio, der Leibarzt des englischen Königs Heinrich VII. war, zum Studium an die Universität von Bologna begleiten. Bei Gelegenheit dieser Italienreise machte Erasmus, sozusagen im Vorbeigehen, in Turin die theologische Doktorprüfung.

Das Drucken mit beweglichen Lettern hatte Erasmus in Paris zum ersten Mal gesehen; der Buchdruck wurde sein Medium. Mit Hilfe dieser Erfindung konnte der knapp vierzigjährige Erasmus die originalen Dokumente des christlichen Glaubens und des antiken Wissens einer großen Leserschaft nahe bringen und verständlich machen. Zu diesem Zweck dachte er sich eine Folge von Gesprächen aus, die zugleich als Lehrbriefe des guten und richtigen Sprechens und als Anleitung zu moralischem Verhalten dienen sollten. Er begann, sogenannte ›Adagia‹ zu sammeln – Sprichwörter und

Redensarten, meist aus dem antiken Schrifttum, die ihm für seine eigene Zeit bedeutsam erschienen. Da er aus finanziellen Gründen häufig als Privatlehrer junger Leute aus wohlhabenden Familien tätig war, konnte er seinen Schülern am Beispiel solcher volkstümlichen Texte den Bezug zwischen antiken Lebensweisheiten und gegenwärtiger Praxis einleuchtend vor Augen führen.

In Paris hatte Erasmus bereits rund 800 Aussprüche aus antiken Schriften und aus der Bibel drucken lassen; bei Aldo Manuzio, der ihn freundlich aufgenommen hatte, wuchs seine Sammlung auf 3260 Fundstücke. Einzelne Sprichwörter erklärte Erasmus in Form von ausgedehnten Essays, in denen er, achtzig Jahre vor Michel de Montaignes ›Essais‹, im Plauderton eine Fülle von Lebenseinsichten ausbreitete. Als Beispiel für Erasmus' rhetorisch gewandten Erzählstil wird gern aus seinem Essay über das Sprichwort ›Eile mit Weile‹ zitiert, das in Aldos Druckerzeichen symbolisiert war:

»›Eile mit Weile‹, das heißt: Entschlossenheit zur rechten Zeit, gepaart mit Zurückhaltung und Mäßigung, die eine ausgewogene Mischung von Tatkraft und Bedachtsamkeit ist. – Das Sprichwort hat, was recht reizvoll ist, äußerlich etwas von einem Rätsel an sich, denn es besteht aus zwei gegensätzlichen Begriffen … Die lebendige Frische der Wendung, die feine Pointe der Anspielung erhält durch die treffende und vollendete Kürze noch ihren besonderen Schliff, und das ist es, was für mein Gefühl (das ich nicht begründen kann) an Sprichwörtern genau wie an Juwelen so außerordentlich gefällig wirkt und ihren Wert verblüffend steigert.

Wenn man dazu noch bedenkt, welch reicher, tiefer, nützlicher und für alle Lebenslagen gültiger Sinn in dieser prägnant kurzen Formulierung eingefangen ist, so wird man sich wohl der Meinung anschließen müssen, dass es in der unendlichen Zahl von Sprichwörtern keines gibt, das es wie dieses verdiente, dass man es in alle Säulen meißelt, auf die Fassaden aller Heiligtümer schreibt – und zwar mit goldenen Lettern –, dass man es auf die Portale der Herrscherpaläste malt … Denn es ist für alle so wichtig, stets daran zu denken, dass man es immer und überall vor Augen haben sollte, weil seine Befolgung jedem Menschen unermesslichen Nutzen bringt, insbesondere aber den Fürsten … ein einziges Zaudern, ein einziger vorschneller Entschluss eines Herrschers, großer Gott!, welche Katastrophen kann das heraufbeschwören, welches Unglück über die Menschen bringen!«

Dieser kleine Ausschnitt aus dem Essay (der anschließend mit zahlreichen Beispielen aus der Antike üppig ausgeführt wird) lässt schon erkennen, dass Erasmus bei aller Belesenheit und Freude an der Rhetorik keinen Moment lang den Bezug zu seiner eigenen Zeit aus dem Auge verlor. Kurz bevor er nach Venedig kam, hatte er zu seiner Empörung miterlebt, wie sich ein Stellvertreter Christi auf den Kriegspfad begab: Papst Julius II., in Italien als ›Giuliano il terribile‹ bekannt, war gerade mit seinen Truppen in Bologna einmarschiert, hatte die Stadt, die dem Kirchenstaat von Cesare Borgia entrissen worden war, zurückerobert und mit riesigem Gefolge im Dom eine Triumphmesse gefeiert.

Etwas mehr als acht Monate verbrachte Erasmus in der Lagunenstadt. Über die Kunst in Venedig verlor er kein Wort. Mitten im hektischen Betrieb von Aldos großer Druckerei las, schrieb und korrigierte er unablässig Texte und bereitete, während seine eben fertig formulierten ›Adagia‹ gerade gedruckt wurden, schon wieder neue vor. Die Zusammenarbeit mit dem hochrespektierten Drucker verlief ausgezeichnet. Beide Gelehrte sahen in der Verbreitung von »Bildung« keine bloße Anhäufung von Wissen, sondern einen Weg zur Formung der individuellen Persönlichkeit. Beide Männer ergänzten einander in ihrer Arbeit für dieses Bildungsideal, und jeder vermehrte dabei den Ruhm des anderen.

Im September 1508, als die Sammlung seiner ›Adagia‹ gedruckt war, verließ Erasmus Venedig mit einem neuen Ziel: Der junge König Heinrich VIII. hatte ihn eingeladen, nach

England zu kommen. Bei seinem Ritt über die Alpen nach Norden konzipierte Erasmus zum Spaß eine kritisch-ironische Schrift, die heute als sein Meisterwerk gilt und seinen Namen unvergesslich machte: Das ›Lob der Torheit‹.

Aldo Manuzio starb im Jahre 1515. Seine Söhne Paolo und Aldo der Jüngere führten die berühmte Druckerei weiter. In der Calle San Paternian ist, an der Rückseite der Sparkasse von Venedig, neben dem Hauseingang Nr. 4218 eine Gedenktafel angebracht, die besagt, dass Aldos Söhne von dieser Stelle aus durch den Druck ihrer Bücher »das neue Licht bürgerlicher Weisheit« verbreitet haben. An Aldos Haus am Rio Terà Secondo verkündet eine Inschrift, dass von hier aus »für die Allgemeinheit das Licht der griechischen Gelehrsamkeit« zu leuchten begann.

Markusplatz
Theater, Tauben und Touristen

Wie auf ein geheimes Kommando beleben sich morgens gegen neun Uhr ganz plötzlich die Arkadengänge zu beiden Seiten des Markusplatzes. Elegant gekleidete Damen und Herren machen sich zielstrebig an den Juwelier- und Fotogeschäften, den Muranoglas- und Postkartenläden, den Cafés und den Wechselstuben zu schaffen. Scherengitter werden zurückgezogen, Holzverkleidungen von den Fenstern entfernt, Sicherheitsschlösser geöffnet, und während die Glocken des Campanile und der umliegenden Kirchen den Morgen einläuten, rasseln überall die metallenen Rolläden hoch. Nachdem sich, wie im Theater, diese spezielle Art von Eisernem Vorhang gehoben hat, verschwinden die eleganten Damen und Herren in ihren Läden. Sie warten auf die ersten Kunden dieses Morgens und auf das kleine Welttheater, das sich jeden Tag vor ihren Augen auf dem berühmtesten Platz der Welt abspielt. ›Piazza‹ heißt der Markusplatz als einziger von allen Plätzen Venedigs; die übrigen müssen sich mit der Bezeichnung ›Campo‹, Feld, zufrieden geben.

Das Vorspiel auf dem Theater beginnt mit ein paar Takten Klaviermusik. Unter einem schützenden Baldachin vor dem Caffè Florian spielt sich der Pianist einer Tanzkapelle (heute ist es eine rumänische) auf seinem Flügel ein. Kellner in blendend weißen Jacken ziehen währenddessen die schweren weißlich-grauen Vorhänge zwischen den Arkadenpfeilern hoch, um die Sicht auf den großen Platz und auf die gegenüberliegende Seite freizugeben, wo vor dem Caffè Quadri ebenfalls ein Orchester erwartet wird.

Nicht nur musikalisch liegen die beiden alten venezianischen Cafés miteinander im Wettstreit. Auch in Bezug auf Tradition, Qualität und Publikum gibt es zwischen ihnen seit Jahrhunderten eine Idealkonkurrenz, in die sich inzwischen auch andere Kaffeehäuser, wie zum Beispiel das Lavena, mischen. Was das Alter betrifft, ist das Florian allerdings nicht zu schlagen. Es wurde im Dezember des Jahres 1720 unter den Arkaden der Neuen Prokuratien, der Wohnungen der venezianischen Regierungsbeamten, eröffnet und ist das älteste noch bestehende Kaffeehaus in Europa. ›Zum triumphierenden Venedig‹ nannte der erste Besitzer, Floriano Francesconi, sein kleines Café, das damals noch mit einer Ölfunzel erhellt werden musste. Das Quadri auf der gegenüberliegenden Seite, heute ebenso gut besucht und ebenso teuer wie das Florian, wurde erst 1775 eröffnet. Immerhin darf es sich rühmen, als erstes Kaffeehaus in Venedig echten türkischen Kaffee serviert zu haben.

Die imposante Piazza zwischen den beiden traditionsreichen Arkaden-Cafés wird auf den Längsseiten begrenzt von den Alten und den Neuen Prokuratien, an der Kopfseite vom Markusdom und an der gegenüberliegenden, etwas schmaleren Seite vom sogenannten Napoleonischen Flügel, einer klassizistischen Attika, die mit Figuren und Reliefs antiker Götter dekoriert ist. Sehr zum Unmut der Venezianer hatte Napoleon während seiner zeitweiligen Herrschaft über die Lagunenstadt die Kirche San Geminiano, die von Jacopo Sansovino an dieser Stelle gebaut worden war, zugunsten seines eigenen Projektes im Jahre 1807 kurzerhand abreißen lassen. Dass der verhasste Franzosenkaiser den Markusplatz begeistert als den »schönsten Salon Europas« bezeichnete, dem als Decke zu dienen »nur der Himmel würdig« sei, konnte die Venezianer dennoch nicht für Napoleon einnehmen.

Schon lange bevor Venedig abwechselnd von Franzosen und von Österreichern besetzt wurde, war der Markusplatz der glanzvolle Mittelpunkt der Lagunenstadt gewesen. Bei Empfängen ausländischer Staatsoberhäupter und bei großen Festen entfaltete die ›Königin der Meere‹ allen Prunk, zu der sie nach ihrer langen, uneingeschränkten Seeherrschaft imstande war.

Ausgelassene Festlichkeiten auf der Piazza San Marco wurden schon seit dem 14. Jahrhundert von Historikern, Dichtern und Malern in Wort und Bild festgehalten. Unvergessen blieben deshalb zum Beispiel die Freudenfeste, die nach der Eroberung von Kreta, im Jahre 1364, mit großen Turnieren auf der Piazza gefeiert wurden – damals war der Platz noch mit Gras bewachsen –, oder die feierliche Volksversammlung beim Abschluss der Friedensverhandlungen mit Ferrara im Jahre 1484. Auch der Karneval auf dem Markusplatz fand schon früh einen künstlerischen Zeugen. Francesco Guardi zum Beispiel malte eine Fastnachtszene, bei der sich ein Akrobat an einem Seil, das zwischen dem Glockenturm und dem Dogenpalast gespannt war, in halsbrecherischem Tempo zum sogenannten »Türkenflug« hinuntergleiten ließ. Und kaum zu zählen sind die Bilder von Maskenfesten und Bällen, bei denen die Venezianer tage- oder sogar wochenlang ihre Piazza zum öffentlichen Tanzsaal machten.

Auch außerhalb der festlichen Zeiten wurde der Markusplatz zum Inbegriff für Vergnügen und Müßiggang, und Cafés wie das Florian zogen täglich junge Männer an, die offensichtlich kein Problem darin sahen, den ganzen Tag lang nichts zu tun zu haben. Der amerikanische Schriftsteller William Dean Howells, der 1861 Konsul in Venedig wurde, notierte verblüfft in sein Tagebuch: »Die stolze Antwort eines venezianischen Vaters, den man nach dem Beruf seines Sohnes fragte, lautete: ›È in piazza!‹ Das bedeutete, er trug einen Spazierstock, dazu helle Handschuhe und starrte im Florian aus den Fenstern auf die vorbeigehenden Damen.«

Für den Spaß am Beobachten bietet der Markusplatz auch heute noch reichlich Gelegenheit. Zwischen Frühling und Spätherbst stehen dicht gedrängte Stuhl- und Tischreihen auf der Piazza vor den Cafés, und sobald vom Orchester auf der einen Seite, morgens um zehn, Mozarts ›Kleine Nachtmusik‹

und vom Orchester auf der gegenüberliegenden Seite zur gleichen Zeit ›My fair Lady‹ intoniert wird, ist kaum noch ein Sitzplatz zu bekommen. In der Mitte der Piazza, wo keine Stühle stehen, promenieren derweil Touristen – mehr oder weniger unentschlossen, was sie mit dem schönen Tag anfangen sollen –, die Kamera ist vorsichtshalber griffbereit, man kann ja nie wissen.

Und siehe da, schon bietet sich einigen Reisenden in dieser gefährdeten Traumstadt, die weltweit als einzigartiges Gesamtkunstwerk verehrt und geliebt wird, etwas ganz Persönliches als Objekt der fotografischen Begierde an. Auf Zehenspitzen nähert sich ein Touristenpaar gesetzten Alters zielstrebig einem leeren Stuhl auf der großen Piazza. Der Mann hat seinen Fotoapparat im Anschlag, die Frau trägt einen bellenden weißen Hund auf dem Arm. Das Ziel der drei ist klar: Eine Taube turnt auf der schmalen Lehne des Plastikstuhls und hält mühsam das Gleichgewicht. Ganz langsam richtet der Mann seine Kamera auf das wackelnde Tier, aber noch ehe er abdrücken kann, fliegt die Taube einfach weg, in Richtung Markusdom, wo gerade ein Futterverkäufer mit seinem Karren aufgetaucht ist. Ein weißer Fleck auf der Sitzfläche des Stuhls ist alles, was der Vogel den Touristen hinterlassen hat.

Aber schon gibt es ein neues bedeutendes Ereignis. Von einer entfernteren Seite des Platzes kommen in kurzen Zeitabständen laute Quiek- und Zischgeräusche, die sogar die beiden Musikkapellen übertönen. Eine große Schar japanischer Schulmädchen hat sich ein spezielles Lustspiel ausgedacht: Alle Mädchen streuen Futterkörner in das blaugraue Taubenmeer zu ihren Füßen. Sobald die Vögel emsig mit Picken beschäftigt sind, machen die Mädchen plötzlich kleine, schnelle Trippelschritte, die Vögel flattern in Massen auf, und die Mädchen halten sich die Ohren zu und kreischen dabei hemmungslos. Das Spielchen wiederholt sich, und sofort kommen von allen Seiten Menschen mit Kameras über den Platz gelaufen, um sich dieses kleine frivole Schauspiel auf der großen Bühne nicht entgehen zu lassen.

Tizian kann warten.

(Mai 1979)

Pizzeria im Palazzo
Zu Tisch bei Pietro Aretino

Ein kleines Mittagessen am Canal Grande. Die Pizza Margherita duftet, der grüne Salat leuchtet, und der rote Cabernet funkelt im Glas. Die Sonne strahlt auf schaukelnde Gondeln, überfüllte Vaporetti, Lastkähne mit Hotelwäsche und die Schnellboote der Finanzbehörde, die sich mit durchdringendem Sirenenton einen Weg durch das Verkehrsgewühl bahnen – Alltag in der schönsten Stadt der Welt.

Die Pizzeria ›Omnibus‹ ist so ein Ort mit Überblick. Sie liegt nur wenige Meter von der Vaporettostation am Rialto entfernt und ist schon von der Brücke aus an ihren großen blauroten Sonnenschirmen zu erkennen. Unter den Schirmen sind eine Menge Vierertische aufgebaut, und ein grün angestrichenes Gitter aus dünnen Eisenstäben bewahrt die Gäste vor einem Sturz in das schwarzgrüne Kanalwasser.

Ich sitze unter einem der Sonnenschirme vor der Pizzeria am Kanal und genieße ein vielfarbiges Spektakel auf Venedigs berühmtester Wasserstraße. Das Wasser des Kanals schwappt mit einem schlürfenden Ton gegen die Kaimauer. Schlanke, kahle Baumstämmchen ragen zwei bis drei Meter aus dem Wasser, als Parkplätze für Gondeln. Auf der gegenüberliegenden Seite liegen neben schwarzen Gondeln auch hell gestrichene Motorboote zwischen den natürlichen Markierungen. Ein Polizeiboot düst schäumend vorbei, die angebundenen Gondeln regen sich klatschend auf, beruhigen sich aber schnell wieder. Eine niedrig stehende, milde Oktobersonne scheint durch die Lücken zwischen den Sonnenschirmen auf entspannte Touristengesichter.

Hinter der Rialtobrücke ist das Dach des Fondaco dei Tedeschi zu erkennen, in dem heute ein Postamt untergebracht ist.

Vor fünfhundert Jahren war das große Gebäude mit der riesigen Eingangshalle das Handelszentrum der Deutschen. Das war zu Pietro Aretinos Zeiten. In der kleinen Kirche San Luca, gleich hier um die Ecke, soll Aretino begraben worden sein, ohne Grabstein, weil er als Ketzer galt – obwohl er in seinen letzten Lebensjahren eigentlich mit dem Gedanken gespielt hatte, Kardinal zu werden.

Auf den ersten Blick sieht man kaum einen Unterschied zwischen der Pizzeria ›Omnibus‹ und den vielen anderen Pizzabäckereien, die die Ufer des großen Kanals säumen. Aber dieses Lokal hat es in sich. Wenn man sich durch das Gedränge der Touristen, Postkartenhändler und Souvenirverkäufer gewunden und einen Sitzplatz vor dem ›Omnibus‹ ergattert hat, bleibt noch, bis das bestellte Essen kommt, genügend Zeit, die imposanten Fassaden der alten Paläste zu betrachten, die von links und rechts das Pizzeria-Restaurant einrahmen. Dabei fällt auf, dass das Lokal nicht etwa in einem Neubau untergebracht ist, wo man eine moderne Pizzeria erwarten könnte. Nein, das ›Omnibus‹ hat sich selbstbewusst zwischen den breiten, verwitterten Prachtbauten in einem schmalen, fast zierlichen Palazzo mit hohen Fenstern eingenistet. Das dreistöckige Gebäude ist in gotischem Stil erbaut, dürfte also schon unglaubliche siebenhundert Jahre alt sein. In diesem ehrwürdigen kleinen Palast, der Ca' Dandolo oder auch Palazzetto Dandolo genannt wird, residiert keine venezianische Adelsfamilie mehr, hier hat sich der Pizzabäcker Luigi Ancilotto etabliert.

»Diese Pizzeria führen wir schon seit drei Generationen«, sagt Luigi Ancilotto, ein untersetzter Mann mit kräftigen Armen und freundlichen Augen, der gerade etwas verschwitzt mit hochgekrempelten Ärmeln aus seiner Küche kommt. »Vorher gab es in diesem Palazzetto ein Café, das hieß schon damals ›Omnibus‹. Wir haben den Namen dann einfach übernommen.«

Eine Pizzeria in einem gotischen Palast wird in Venedig offenbar heute nicht als Stilbruch empfunden. Viele der alten Paläste, die hoheitsvoll zu beiden Seiten der weltberühmten

Wasserstraße stehen, werden schon lange nicht mehr privat bewohnt. »Die Kosten sind für private Besitzer einfach zu hoch«, erklärt der Pizzeria-Wirt. In einigen Palazzi haben sich Banken oder Versicherungen breit gemacht, andere stehen leer und werden unter der Hand zum Kauf angeboten. Etliche Paläste werden von städtischen Behörden als Büros genutzt, einige sind zu Museen geworden. Der Palazzo Vendramin-Calergi, in dem Richard Wagner wohnte und 1833 starb, beherbergt in den Wintermonaten das venezianische Spielkasino. Warum also nicht eine Pizzeria in einem Palazzo?

Der Name ›Omnibus‹ passt übrigens gut zu dem Speiseraum im Parterre, in dem ein schmaler Gang zwischen den Sitzplätzen hindurchführt. Das schlichte Mobiliar aus hellem Holz und die roten Tischdecken sorgen für eine ferienhafte Atmosphäre. Durch eine ovale Deckenöffnung hängt aus dem niedrigen oberen Stockwerk ein voluminöser Leuchter aus weißem Muranoglas, der an den früheren Glanz des Palastes denken lässt, in das Speiselokal im Parterre hinunter.

Vielleicht hatte der Gründer des ehemaligen Cafés bei der Wahl des Namens ›Omnibus‹ auch an die lateinische Bedeutung des Wortes gedacht: ›für alle‹.

Diese Hoffnung hat sich jedenfalls erfüllt, zumindest für die Familie Ancilotto. Denn im Gegensatz zu vielen Lokalen am Canal Grande sitzen im und vor dem ›Omnibus‹ nicht nur ausländische Touristen im Freizeitlook, sondern auch elegant gekleidete Venezianer, die Signor Luigis Kochkunst zu schätzen wissen. Eine Schar von Kellnern serviert hier nicht nur Pizza in vielen Variationen, sondern auch Pasta, Fleisch und Meeresfrüchte. Da der Platz im Parterre und im ersten Stockwerk des kleinen Palastes für den Ansturm der Gäste längst nicht mehr ausreicht und die meisten bei sonnigem Wetter sowieso lieber im Freien essen wollen, hat sich ein Teil der Gastronomie nach draußen verlagert. Hier sitzen die Gäste an weiß gedeckten Tischen und genießen beim Essen den Blick auf den belebten Kanal.

Als Restaurant würde sich das ›Omnibus‹ von der Menge der übrigen venezianischen Esslokale wahrscheinlich kaum unterscheiden, wenn da nicht etwas wäre, das den alten Palazzo zu etwas Einmaligem macht. Nur sehr wenige Venezianer wissen, welche berühmt-berüchtigte Persönlichkeit vor viereinhalb Jahrhunderten hier gewohnt hat. Nicht einmal im Fremdenverkehrsbüro weiß jemand zu sagen, wer damals in diesem Palazzo gelebt, geliebt, getafelt und geschrieben hat. Aber Luigi Ancilotto, der traditionsbewusste Wirt, kennt sich aus. »Das war Pietro Aretino, der Renaissancedichter«, sagt er mit verschmitztem Lächeln. »Er wurde ›der göttliche Aretino‹ genannt. In diesem Palazzetto hat er die sieben letzten Jahre seines Lebens verbracht. Und oben im ersten Stockwerk ist er gestorben. Im Oktober 1556 war das. Wir haben Dokumente darüber – einen Augenblick!« Signor Luigi verschwindet kurz und kommt mit ein paar Fotokopien von alten Urkunden zurück. Tatsächlich steht da schwarz auf weiß zu lesen, dass dieser Palast im 16. Jahrhundert von dem Schriftsteller Pietro Aretino bewohnt worden ist. »Er war nicht nur ein bedeutender Dichter, er war auch ein bedeutender Esser und Trinker«, lacht der Pizzeria-Wirt. Aber warum gibt es am Haus keinen offiziellen Hinweis darauf, dass er hier gewohnt hat, wie bei den Wohnhäusern anderer Künstler? »So eine Plakette werden wir hier wohl kaum bekommen«, meint Signor Luigi skeptisch. »Pietro Aretino war zwar damals in ganz Europa bekannt, aber er war ja auch ziemlich umstritten.«

Umstritten war er wirklich, der frivole Dichter und Kurtisanenfreund, der das Privatleben der Mächtigen kritisch unter die Lupe nahm und als erster Enthüllungsjournalist in die Geschichte einging. Aber er war auch ein Aufklärer, der seinen Zeitgenossen in frechen Versen klar machte, dass man weder den weltlichen noch den geistlichen Mächten blind vertrauen sollte. Vor allem aber war er ein großer Briefschreiber, der sich mit Wonne auch über gutes Essen und Trinken ausließ.

Luigi Ancilotto weiß über diese Vorlieben des Renaissancepoeten bestens Bescheid: »Aretino hatte häufig Gäste, vor allem Künstler, er war ja mit Tizian und Tintoretto befreundet. Meistens waren zu so einem Essen auch gewisse Damen eingeladen. Für seine Gäste kochte Aretino meistens selbst.« Und bevor Signor Luigi wieder in seine Küche muss, erzählt er schnell noch eine Anekdote: »Aretino war immer sehr großzügig. Einmal ging eine Gruppe von Fremden hier am Haus vorbei, als gerade ein paar Freunde von Aretino herauskamen und begeistert von seinem Essen erzählten. Die Fremden hörten das und glaubten, dieses Haus sei ein Restaurant. Sie gingen hinein, bestellten zu essen und zu trinken und wurden von Aretino, den sie nicht persönlich kannten, sehr gut bedient. Als sie fertig waren und nach der Rechnung fragten, wollte Aretino kein Geld von ihnen haben. Sie waren dann sehr überrascht, als ein Freund von Aretino ihnen erklärte, bei wem sie zu Gast gewesen waren.«

Signor Luigi hat beim Reden fast seine Arbeit vergessen. Er geht kurz in die Küche, gibt ein paar Anweisungen und kommt wieder zurück. »Aretino war ja kein Venezianer«, sagt er, »er kam aus der Toskana, deshalb hat er oft auch toskanisch gekocht, das steht in seinen Briefen, das hat uns natürlich interessiert. Und wenn ein Gast das bei uns haben möchte, machen wir das selbstverständlich.« Nennt er uns ein Rezept? Oder ist das ein Küchengeheimnis? »Nein, nein, das kann ja jeder nachlesen, wenn er will – er machte zum Beispiel spezzatino toscano, das ist ein Kalbsragout mit Zucchini. Das Fleisch wird in kleine Würfel geschnitten, dazu Möhren, Paprika, Selleriestangen und Zwiebeln, alles klein gewürfelt. Dann werden die Fleischwürfel in heißem Olivenöl angebraten, das Gemüse darunter gemischt und ein Teelöffel gehacktes Rosmarin darüber gestreut. Alles kräftig mit Pfeffer und Salz und einer gehackten Knoblauchzehe würzen – dann – – –« Signor Luigi überlegt einen Moment, er hat offenbar den Rest des Rezepts nicht mehr genau im Kopf. »Wie war das noch mit dem spezzatino toscano – Reis mit Wein und Brühe darüber und was noch?« ruft er in die Küche. »Zucchini!« ruft jemand aus dem Küchendunst zurück. »Halbieren, die Kerne raus, dann in Scheiben schneiden!«

»Richtig! Grazie!« bedankt sich Signor Luigi bei seinem Küchenkollegen und wiederholt für seine neugierigen Gäste: »Also: Zucchini in Scheiben dazu und alles zusammen fünf Minuten gar werden lassen. Dazu kann man Weißbrot essen. Ein einfaches Gericht, aber sehr gut.«

Grazie, Meister Luigi. Nun wissen auch wir Bescheid.

(Oktober 1996)

Veronica Franco
Kurtisane und Dichterin

Am 18. Juli 1574 empfing Venedig mit großem Pomp den zweiundzwanzigjährigen Heinrich von Valois, seit drei Monaten König von Polen und gerade auf dem Heimweg nach Paris, um sich dort zum König von Frankreich krönen zu lassen. Während seines Venedig-Besuches residierte der junge Herr im prächtigen Palazzo Foscari am Canal Grande. Zu den aufwendigen Festveranstaltungen zu seinen Ehren gehörten eine Ruderregatta auf dem großen Kanal, eine Messe in der Markuskirche, ein grandioses Feuerwerk und ein Bankett für nicht weniger als dreitausend Gäste im Dogenpalast.

Am folgenden Tag wurde dem französischen Gast ein königlicher Imbiss mit Konfekt und kandierten Früchten bereitet, bei dem sogar – »etwas noch nie Dagewesenes«, wie ein Chronist begeistert vermerkte – das Tischtuch und sämtliches Besteck zum Verzehr geeignet waren: Sie bestanden aus geliertem Zuckerwerk. Abends folgte dann der gesellschaftliche Höhepunkt im Dogenpalast, ein glanzvoller Ball, zu dem zweihundert der schönsten Mädchen von Venedig erschienen, alle in Weiß gekleidet und reich mit Perlen und Juwelen geschmückt.

Doch obgleich eine Festlichkeit die andere ablöste und der junge König zweifellos genügend Auswahl an attraktiven Mädchen gehabt hätte, nahm Heinrich sich Zeit für einen privaten Besuch bei einer Dame, die in der Nähe des Rialto wohnte. Dieser Besuch fand inkognito statt. Aber am folgenden Tag wusste ganz Venedig, wo der König die Nacht verbracht hatte: Die Kurtisane und Dichterin Veronica Franco hatte ihm aus ihren poetischen Werken vorgelesen.

Soviel zumindest war sicher. Denn in einem Brief an Heinrich von Valois schrieb Veronica wenig später enthusiastisch, kein Dank von ihr könne »jemals auch nur annähernd die unendliche Freundlichkeit Eurer wohlwollenden und gnädigen Äußerungen über das Buch aufwiegen, das ich Euch zu widmen gedenke«. Ehrerbietig, aber nicht devot, dankte Veronica dem jungen König in feingeschliffenen Worten für die hohe Gunst, »die Eure Majestät mir zu erweisen geruhte, indem sie mich in meiner bescheidenen Behausung aufsuchte und mein Porträt mitnahm, im Austausch für jenes lebendige Bild, das sie mir von ihren heroischen Tugenden und ihrem göttlichen Werte im Herzen zurückließ …«

Zusammen mit diesem Brief übersandte die kultivierte Kurtisane dem König eigene Sonette, mit denen sie ihren Dank noch mythologisch überhöhte. In der deutschen Übertragung von Hartmut Köhler lautet eines davon:

> Gleichwie bisweilen vom Himmel unter bescheidenes Dach
> Jupiter wohlwollend zwischen uns hernieder steigt
> und, damit ein irdisches Auge von seinem hohen Glanz
> nicht überwältigt wird, menschliche Form annimmt,
>
> so kam in meine ärmliche Behausung
> ohne königlichen Pomp, der mich geblendet hätte,
> Enrico, den das Schicksal dazu auserkor,
> dass eine einzige Welt ihn nicht fassen kann.
>
> Wenngleich so ungewohnt, drang doch ein Strahl
> von seinem hohen Wesen mir so tief ins Herz,
> dass die natürliche Kraft in mir erlosch.
>
> Worauf er denn, von solchem Liebesbeweis bewogen,
> mein Bildnis in Email und Farbe entgegennahm,
> als er gnädigen und offenen Sinnes von mir schied.

Veronica Franco war eine der berühmtesten Kurtisanen der italienischen Renaissance. Der königliche Nachtbesuch hob sie zusätzlich über andere Kurtisanen hinaus. Zahllose Männer lagen ihr zu Füßen – reiche Junggesellen und lustlos verheiratete Ehemänner, adelige Jünglinge, schwärmerische Künstler. In der vielbegabten Venezianerin verbanden sich anscheinend sämtliche Anziehungskräfte, die andere Kurtisanen nur vereinzelt aufzuweisen hatten: Schönheit, Sinnlichkeit, Klugheit, Großzügigkeit und Warmherzigkeit.

Mit diesen Eigenschaften und einem großen Bildungshunger war es der in einfachen Verhältnissen aufgewachsenen Veronica Franco gelungen, sowohl zur Gefährtin adeliger Herren als auch zu einer anerkannten Dichterin zu werden, die zahlreiche ihrer kunstgerechten Verse in Buchform herausbrachte und deren Porträt von keinem Geringeren als Tintoretto gemalt wurde. In ihrem Dankesbrief an den berühmten Maler schrieb sie, zwar stolz auf die Ehre, aber auch mit kluger Distanz zu sich selbst:

»Ich habe vornehme Herren, die sich nicht wenig in der Antike auskennen und die sehr viel von der Kunst verstehen, sagen hören, dass es zu unserer Zeit Maler und Bildhauer gab und auch heute noch gibt, die den antiken nicht nur zur Seite, sondern sogar vorangestellt werden müssen, wie etwa Michelangelo, Raffael, Tizian – und heute Ihr. Ich sage dies nicht, um Euch zu schmeicheln, denn die Spatzen pfeifen es von den Dächern. Und wenn Euch scheint, dass dem nicht so sei, kommt dies davon, dass Ihr vor Eurem Ruhm die Ohren verschließt …

Ich versichere Euch, als ich mein Porträt erblickte, das Werk Eurer göttlichen Hand, da schwankte ich ein Weilchen, ob es Malerei sei oder reine Einbildung, die durch irgendeinen Teufelstrug vor mir aufgeschienen war, nicht etwa, um mich in mich selbst verliebt zu machen, wie es Narziss geschah, denn, bei Gott, ich halte mich nicht für so schön, dass ich fürchten müsste, für meine eigene Schönheit zu entbrennen.«

Wie in anderen, auch außeritalienischen Städten kam es in Venedig nicht selten vor, dass Mädchen aus gutbürgerlichen, aber verarmten Familien eine Zeitlang Liebesdienste taten, um zu den häuslichen Lebenskosten beizutragen. Aus einer solchen Familie, die sogar ein Wappen führte, stammte Veronica Franco, die 1546 in Venedig geboren wurde. Von Veronicas Familie weiß man nicht viel, außer dass Veronica drei Brüder hatte und dass ihre Mutter Paola auch schon als Kurtisane tätig gewesen war. Welchen Beruf Veronicas Vater Francesco ausübte und warum er nicht allein für den Unterhalt der großen Familie sorgen konnte, ist unbekannt geblieben. Jedenfalls betätigte sich Veronicas Mutter bald als Kupplerin für ihre schöne Tochter. Durch ihre Beziehungen zu gehobenen Gesellschaftsschichten, die sie offenbar zielbewusst geknüpft hatte, gelang es der Mutter, ihr Kind vom Straßenstrich fern zu halten und Veronica in jugendlichem Alter mit einem venezianischen Arzt namens Paolo Paniza zu verheiraten. Die Ehe scheiterte allerdings schon nach kurzer Zeit, und Veronica zog sich von Paniza zurück. Mit achtzehn Jahren bekam sie ihr erstes Kind, einen Sohn, der aber nicht von ihrem Ehegatten, sondern von ihrem derzeitigen Liebhaber, Jacopo Baballi, stammte.

Am 10. August 1564, kurz vor ihrer Niederkunft, hatte die junge Frau vorsichtshalber ihr Testament gemacht, falls sie die Geburt nicht überleben sollte. Zu Baballi scheint sie mehr Vertrauen gehabt zu haben als zu ihrem Ehemann. Jedenfalls vermachte sie ihrem Geliebten einen Ring zum Andenken, übertrug ihm die Erziehung ihres noch ungeborenen Kindes und machte ihn zum Verwalter der wenigen Habseligkeiten, die sie ihrem Kind hinterlassen würde. Ihrer Mutter empfahl sie, den Ehemann dazu zu bewegen, Veronicas Mitgift wieder zurückzugeben – vermutlich hatte Paolo Paniza seine junge Ehefrau nicht allzu gut behandelt.

Ungefähr um die Zeit, als Veronica zum ersten Mal Mutter wurde, erschien eine gedruckte Liste, »aller wichtigen und höchst ehrbaren Kurtisanen von Venedig mit ihren Namen und denen ihrer Kupplerinnen (in einigen Fällen ihre Mütter), ihrem Wohnsitz, dem Stadtteil, in dem er sich befindet, und unter Angabe des Geldbetrages, den Herren zahlen müssen, die ihre Gunst zu erlangen wünschen«. Diese Liste, im Volksmund ›Hurenspiegel‹ genannt, war der damaligen »Fürstin unter allen Kurtisanen Venedigs«, Livia Azalina, gewidmet, deren Honorar fünfundzwanzig Scudi betrug. Die meisten venezianischen Kurtisanen verlangten dagegen höchstens zehn Scudi für einen Liebesdienst.

Auch Veronica und ihre Mutter Paola waren in dieser Liste aufgeführt. Sie wohnten damals in der Nähe der Kirche Santa Maria Formosa. Wie aus der Aufstellung hervorging, berechneten beide Frauen nur je zwei Scudi als Honorar; das niedrigste Entgelt betrug einen Scudo. Paola war in der Liste gleichzeitig als Kupplerin ihrer Tochter genannt. Aus dem sehr niedrigen Honorar darf man wohl den Schluss ziehen, dass Veronicas Mutter damals den Höhepunkt ihrer Laufbahn bereits überschritten hatte, während Veronica noch am Anfang ihrer Karriere stand. Denn einige Zeit später galt Veronica bereits als »teurer Brocken«, bei der schon ein Kuss nicht weniger als fünf Scudi kostete. Für die *négociation entière*, das ganze Geschäft, wie es Michel de Montaigne bei seinem Venedigbesuch sachlich nannte, berechnete Veronica in ihrer Blütezeit den stattlichen Preis von fünfzig Scudi. Offenbar hielt sie, was sie in einem ihrer Gedichte versprach. In der deutschen Übersetzung, wiederum von Hartmut Köhler, klingt es jedenfalls sehr überzeugend:

… Inniglich hingeschmiegt an Eure Seit'
will Amors Wonnen ich Euch kosten machen,
der Buhlschaft wohlerworbene Fertigkeit;

und solche Lust würd' ich in Euch entfachen,
dass froh Ihr Euch könnt nennen ungemein,
und stärk're Lieb' hernach noch sollt' erwachen.

So fein und so genussvoll kann ich sein,
wo ich mich find' mit jemandem im Bette,
von dem ich fühl', dass ich ihm lieb erschein':

Ich mach's zu des Vergnügens höchster Stätte,
und fester zieht sich noch, was unauflöslich
den anderen schon band: der Liebe Kette …

»Wenn man dir erzählt, die und die Kurtisane sei unsterblich in den und den Mann verliebt, dann ist das ganz bestimmt nicht wahr«, belehrt Pietro Aretinos Liebesdame Nanna ihre Freundin Antonia. »Es ist unmöglich, dass eine, der alle Welt auf dem Bauch liegt, für irgendeinen Mann wirkliche Liebe empfindet.« – »Das weiß ich aus meiner eigenen Erfahrung«, bestätigt die Freundin.

Doch in diesem Punkt unterschied sich Veronica Franco, wie die vorherigen Verse zeigen, offensichtlich von Aretinos realitätsnahen Phantasiefiguren. Sie konnte leidenschaftlich lieben und auch sehr eifersüchtig sein. In einem ihrer Gedichte beschreibt sie glaubhaft und offenherzig ihren zeitweiligen Liebeskummer und ihre Hoffnung, den Geliebten wieder in ihre Arme schließen zu können:

Bald wirst du gewiss erkennen,
Wie undankbar und treulos du warst
Und welches Unrecht du mir angetan hast mit deinem Betrug.
Und wenn meine große Liebe nicht die Oberhand
Über meinen Zorn gewinnt,
Dann werde ich dir mit diesen meinen Händen
Das lebendige Herz aus der Brust reißen …

Jetzt sehe ich mein Bett vor mir,
Auf dem ich dich in meinem Schoß empfing und das noch
Die Spuren unserer Körper, Brust an Brust liegend, trägt.

Ohne dich macht es mir keine Freude, dort zu schlafen;
Statt dessen weine ich Tag und Nacht
Und verwandle mich dabei in einen Tränenstrom.

Solche Gedichte machen ganz den Eindruck, als habe Veronica das Kunststück fertig gebracht, jedem ihrer zahlenden Kunden das Gefühl zu geben, dass er ihr einziger Liebhaber sei. Als ihr einmal zu Ohren kam, dass sich ein kultivierter Mann bei einer zufälligen Begegnung auf einer Brücke sofort in sie verliebt hatte, erklärte sie sich in einem zuvorkommenden Brief dazu bereit, dem Herrn »in jeder ihr möglichen Art jedes Zeichen freundlicher Übereinstimmung zu geben«, und schickte ihm dazu eine Abschrift ihrer gesammelten Sonette.

Bei einem anderen Bewunderer entschuldigte sie sich schriftlich, seinem Verlangen nicht nachgeben zu können, weil sie momentan »nicht Herrin ihres eigenen Willens« sei. Einen dritten allerdings, von dem sie den Eindruck hatte, er wolle »ihr Herz vergewaltigen«, wies sie höflich, aber entschieden zurück. Einmal verließ sie sogar Venedig mitten im Winter, weil einer ihrer Verehrer sie allzu heftig bestürmte.

Zu Veronicas großem Bekanntenkreis gehörten etliche Männer aus gehobenen Kreisen, so zum Beispiel der Kardinal Luigi d'Este und der Herzog Guglielmo von Mantua, dem sie ihr Gedichtbuch ›Terze Rime‹ widmete. Sie habe sich nicht zurückhalten können, schrieb sie in unterwürfigem Ton, dem Herzog ihre Verse zu schicken und ihre geringe Kunst seinem Urteil zu überlassen und damit zugleich ihre »allergrößte Ergebenheit und demutsvollste Dienstbereitschaft« zu zeigen, durch die sie stets und unauflöslich an ihn gebunden sei. Das kleine Buch schickte sie durch einen ihrer noch knabenhaften Söhne, der in seiner Haltung und Ehrfurcht »die gleiche herzliche Gesinnung in der erlauchtesten Gegenwart« ausdrücken sollte.

Veronicas strategisch eingesetzten Demutsgebärden stand ein ausgeprägtes Selbstbewusstsein gegenüber. Sie wusste, dass sie mit ihrer Begabung eine Ausnahmeerscheinung unter ihren Berufskolleginnen war. Von Künstlerfreunden wurde sie als respektierte Dichterin zu literarischen Salons eingeladen, und adelige Herren rechneten es sich zur Ehre an, mit Veronica das Bett geteilt zu haben. Die Verehrung, die sie von vielen Seiten genoss, gab sie in poetischen Worten an ihre Heimatstadt Venedig weiter, die als »königliche Jungfrau, rein und unberührt, das Meer beherrscht«, eine unvergleichliche Stadt mit vergoldeten Marmorpalästen, eine Stadt, die so prächtig ist, dass das Meer »immer wieder zurückkommt, um ihre überwältigende Schönheit zu betrachten«, wie Veronica in einem ihrer Gedichte schwärmt. In einem anderen wird die Lagunenstadt ähnlich hymnisch gefeiert:

Vom Weltlichen ganz getrennt,
ist Venedig auf dem Wasser erbaut
durch himmlischen, übernatürlichen Beschluss,
und dem Himmelskönig hat es gefallen,
in ihr den sicheren, ewigen Unterschlupf des Glaubens
einzurichten,
der anderswo zu Boden gezwungen war.
Zu seinem eigenen Vergnügen
verlegte er an dieses Ufer all die süße Schönheit,
die höchsten Ruhm und größten Beifall findet.

Ihren eigenen Ruhm als Kurtisane und Dichterin vermehrte Veronica noch durch den Respekt, den sie sich – neben ihrer beruflichen Beanspruchung – als fürsorgliche Mutter erwarb. Anders als die meisten Kurtisanen, die Nachwuchs unerwünscht fanden, wurde Veronica nicht weniger als sechsmal Mutter und zog alle ihre Kinder bei sich auf. Allerdings scheint sie nicht von allen ganz genau gewusst zu haben, wer der Vater war. Einen Sohn, das war sicher, hatte sie von Andrea Tron bekommen, der aus einer reichen Patrizierfamilie stammte; einen zweiten Sohn bekam sie von Guido Antonio Pizzomano, einem verheirateten Mann, der allgemein als Wüstling galt. Als er 1572 von einem Inquisitionsgericht verhört wurde, gab er nicht nur zu, dass er von Veronica Franco ein Kind habe, sondern gestand auch das strafwürdige Vergehen ein, eine entlaufene Nonne als Mätresse in sein Haus genommen zu haben – allerdings mit Genehmigung seiner Ehefrau, wie er behauptete.

Der Vater von Veronicas viertem Kind hieß Lodovico Ramberti. Seinem Vater Stefano, einem in Venedig hochangesehenen Mann, gehörte die Apotheke am Rialto. Lodovico galt zwar als ziemlich zügellos, scheint aber Veronica wirklich geliebt zu haben und war auch nach Jahren noch eng mit ihr befreundet. In Venedig wurde er vor allem dadurch bekannt, dass er seinem Bruder Pietro ein schmachvolles Ende ersparte. Pietro, offenbar ein hitziger Mann, hatte im Streit seine Tante umgebracht und war deswegen zum Tode verurteilt worden. Als Lodovico seinem Bruder den Abschiedskuss gab, gelang es ihm, Pietro eine kleine Nuss in den Mund zu schieben, die ein tödliches Gift enthielt. Pietro schluckte sie und starb auf der Stelle.

Veronica selbst blieb von Skandalen so gut wie unbehelligt. Allerdings musste sie sich einmal vor dem venezianischen Inquisitionsgericht verantworten – der Hauslehrer ihrer Kinder hatten sie wegen »Hexerei« angezeigt, um zu vertuschen, dass er Veronica bestohlen hatte. Doch die kluge Kurtisane war wortgewandt genug, um sich gegen diesen lebensgefährlichen Vorwurf zu verteidigen. Ihre Freundschaft mit bedeutenden Persönlichkeiten tat ein Übriges, um die absurde Anklage niederzuschlagen und Veronicas Ruf unangetastet zu lassen.

Obgleich Veronica ihr Leben allem Anschein nach so sehr genoss wie kaum eine andere Kurtisane, hatte sie innerlich offenbar eine große Distanz zu ihrem Beruf. In ihren Briefen, die sie 1580, im Alter von vierunddreißig Jahren, veröffentlichte, schildert sie lebhaft die Freuden des Kurtisanenlebens – sommerliche Landaufenthalte in fürstlichen Gärten, musikalische Gondelfahrten auf dem Canal Grande, Liebesnächte mit sehr guten Freunden –, lässt aber auch durchblicken, dass sie den Kurtisanenberuf im Grunde verachtet, weil er die Frauen in völlige Abhängigkeit von Geld und Männern bringt. Als eine Kollegin ihr erzählt, sie wolle auch ihre Tochter Kurtisane werden lassen, bricht Veronica ihre Beziehung zu beiden ab.

In vielen ihrer Gedichte drückt Veronica Franco ihre Sehnsucht nach dauerhafter Liebe aus – eine Sehnsucht, die der Realität ihres Berufes diametral entgegensteht. »Es gibt nichts Schlimmeres«, resümiert die berühmteste Liebesdame von Venedig in einem Brief, »als den Körper in solche Knechtschaft zu zwingen, und schon der Gedanke daran ist erschreckend, dass man sich so vielen ausliefert und Gefahr läuft, betrogen, ausgeplündert oder sogar umgebracht zu werden. Alles, was man im Laufe der Jahre erworben hat, kann man an einem Tag verlieren, und man ist ständig in Gefahr, sich mit Krankheiten anzustecken. Mit dem Mund eines anderen essen, unter den Augen von anderen schlafen, tun, was ein anderer wünscht, und es darauf ankommen lassen, dass die eigenen Fähigkeiten verkümmern und das eigene Leben zerstört wird – welches Schicksal könnte schlimmer sein?«

Im Gegensatz zu manchen ihrer Kolleginnen, denen von Freiern übel mitgespielt wurde, war Veronica immer mit heiler Haut davongekommen. Sie wusste aber, dass nicht nur gutbetuchte Kurtisanen, sondern vor allem ungeschützte Straßenmädchen immer um ihre Gesundheit fürchten mussten. Noch niemals vor Veronica hatte sich eine Kurtisane über die leibliche Gefahr und die seelischen Konsequenzen des bezahlten Liebeslebens derart offen und negativ geäußert.

Im Jahre 1853 wurden in Venedig zwei anonyme Schriftstücke bekannt, die im 16. Jahrhundert verfasst worden waren. Zwar wusste man nicht, wer der Verfasser dieser Dokumente war. Aber die Handschrift und einige biografische Angaben ließen kaum Zweifel daran, dass sie von Veronica Franco stammten. In einem der beiden Schriftstücke wird darauf hingewiesen, dass viele Mädchen aus Armut oder wegen unzureichender Erziehung und Ausbildung ein unmoralisches Leben führten, das sie gern aufgeben würden. Diese Dirnen einfach in ein Heim für unverheiratete Mädchen oder gar in ein Kloster zu stecken, sei wenig sinnvoll, wenn sie nicht gleichzeitig einen Beruf erlernten, mit dem sie ihren Lebensunterhalt in Ehren verdienen könnten.

Das zweite Schriftstück enthält genaue Angaben darüber, wie sich ein Wohnheimprojekt ohne staatliche Hilfe finanzieren ließe: Das Geld könne aufgebracht werden, indem man das Vermögen aller venezianischen Kurtisanen, die stürben, ohne Kinder zu hinterlassen, für dieses Wohnprojekt verwenden würde.

Ob diese Vorschläge jemals einer staatlichen Behörde vor Augen gekommen sind, ist nicht belegt. Wohl aber wurde im Jahre 1580 ein Mädchenwohnheim dieser Art in Venedig gegründet – von jemandem, der anonym bleiben wollte, wie es hieß. Im folgenden Jahr wurde in vielen Kirchen der Stadt für dieses Vorhaben gesammelt, und zehn Jahre später konnte die Hilfsorganisation ›Casa del soccorso‹ auf den Fondamenta Carmini ihr eigenes Krankenhaus bauen, das am 16. März 1591 eröffnet wurde.

Vier Monate später, am 22. Juli 1591, starb die schöne und kluge Veronica Franco im Alter von dreiundvierzig Jahren.

Michel de Montaigne
Reisen als nützliche Übung

In den Jahren 1580 und 1581 unternahm Michel de Montaigne eine Reise durch Italien, die Schweiz und Deutschland. In seiner sehr persönlichen, unverblümten Weise schildert der Autor in seinen berühmten ›Essais‹, wie er, im Gegensatz zu den meisten seiner französischen Landsleute, auf seiner Reise mit Fremdem und Fremden umzugehen versuchte. Seine eigene Nation kam ihm vor wie ein Volk von eingefleischten Stubenhockern: »Ich schäme mich immer, wenn ich unsere Landsleute sehe, die in ihre eigene Sitte so verliebt sind, dass sie über alles stutzig werden, was damit nicht übereinstimmt«, kritisierte Montaigne. »Sie scheinen außer ihrem Element zu sein, wenn sie über die Grenzen ihres Dörfleins hinausgehen. Wo sie hinreisen, halten sie sich nur an ihre eigenen Gebräuche und Weisen und verabscheuen die fremden ... Denn die meisten reisen nur, um wieder heimzukehren; sie beschützen sich vor der Ansteckung einer unbekannten Luft.«

Ganz anders Montaigne selbst, der das Reisen als »eine nützliche Übung« empfahl: »Ich weiß keine bessere Schule, das Leben zu bilden, als unablässig eine große Verschiedenheit anderer Lebensweisen, Sinnesarten und Gebräuche vor Augen zu haben.« Auf diese Weise könne man ohne große Anstrengung die Vielfalt der Welt kennen und schätzen lernen.

Seine große Reise hatte Montaigne auf mindestens zwei Jahre berechnet. Sie wurde allerdings nach siebzehn Monaten abgebrochen, vor allem wegen eines Leidens, über das der Schriftsteller sich in seinen ›Essais‹ mit der für ihn charakteristischen Freimütigkeit häufig äußerte. Seit 1577, als Montaigne 45 Jahre alt war, traten bei ihm die ersten Anfälle eines schmerzhaften Nierenleidens auf, wie es schon seinen Vater gequält hatte. »Ich ringe mit der schlimmsten, heftigsten, tödlichsten und unheilbarsten Krankheit«, klagte Montaigne. »Die Anfälle kommen bei mir so oft wieder, dass ich von einer völligen Gesundheit kaum noch etwas weiß.«

Montaigne hielt nicht viel von der Kunst der damaligen Ärzte. Deshalb wollte er lieber die berühmten europäischen Badeorte, unter anderem das schweizerische Baden und das toskanische Lucca, aufsuchen, in der Hoffnung, dort Linderung für seine Beschwerden zu finden. Neben dem gesundheitlichen Anlass drängte ihn zu dieser langen Reise – meist auf Pferderücken – seine Lust, die gewohnte Umgebung auf Schloss Montaigne einmal für längere Zeit hinter sich zu lassen, andere Länder und Menschen zu studieren und seine eigenen Reaktionen darauf zu beobachten. Er habe, ob gesund oder krank, immer gern die Dinge getan, zu denen er eine starke Neigung hatte, schrieb Montaigne. Die ärztlich verordneten Mittel seien oft unangenehmer als die Krankheit, und er halte nichts davon, ein Übel durch ein anderes Übel zu heilen. »Wollte ich mich«, so argumentierte er, »weil ich mit Steinschmerzen geplagt bin, auch des Vergnügens berauben, Austern zu essen, so erlitte ich zwei Übel statt eines. Die Krankheit zwickt auf einer Seite und die Verordnung auf der anderen.«

Anfang September 1580 verließ Michel de Montaigne zu Pferd sein Schloss bei Bordeaux und begann, nach einem kurzen Höflichkeitsbesuch bei König Heinrich III. in Paris, dem er untertänigst die beiden ersten Bücher seiner ›Essais‹ überreichte, die sorgfältig geplante Reise. Montaigne ritt in Begleitung von fünf adeligen Freunden und einigen Bediensten. Sein eigener Diener fungierte während der ersten Monate auch als Sekretär; etwas mehr als ein Drittel des Reise-Manuskripts stammt von dessen Hand. Der gesamte übrige, in der Ich-Form aufgezeichnete Teil ist nachweisbar von Montaigne selbst geschrieben worden.

In Italien war Montaignes Hauptziel eigentlich Rom, aber auf dem Weg dorthin wollte er unbedingt einen Abstecher nach

Venedig machen. Nach mehrwöchigem Ritt, mit Aufenthalten in Plombières, Baden, Augsburg und Bozen, machte die Gruppe am 5. November vor den Toren Venedigs, in Padua, Station. Dort blieben sie einen Tag, sahen sich in der alten Stadt um und trafen überraschend in der dortigen Reitschule mehr als hundert junge französische Adelige. Montaigne gefiel diese Begegnung gar nicht. Für ihn war die große Ansammlung eine Bestätigung seiner kritischen Ansicht, dass man die Sprache und Sitten eines fremden Landes nicht kennen lernt, wenn man sich nur in der Gesellschaft von eigenen Landsleuten aufhält. Er selbst trennte sich häufig von seiner Gruppe, wenn er ungestört etwas betrachten wollte, was ihn besonders interessierte.

In Padua freute sich Montaigne über eine Begegnung mit der unmittelbaren Vergangenheit. In der Kirche des heiligen Antonius erkannte er unter vielen Marmor- und Bronzestatuen auch die Büste eines verstorbenen Zeitgenossen, des venezianischen Kardinals und Dichters Pietro Bembo, der Montaigne als einflussreiche Geistesgröße der vorigen Generation vertraut war. Montaigne studierte, wie es im Tagebuch heißt, die Züge des gelehrten Humanisten, der 1547 gestorben war, mit großer Aufmerksamkeit und fand, dass sie »die Milde seiner Sitten und die Vornehmheit seines Denkens« zeigten. Und am folgenden Morgen, als sie entlang der Brenta ritten und die prächtigen Landhäuser an den Ufern des Flusses bewunderten, kam ihm ein weiterer bekannter Name vor die Augen: An einem Palast in Mira, der damals im Besitz der venezianischen Adelsfamilie Contarini war, sahen sie eine Inschrift, die besagte, hier habe am 1. August 1574 (also sechs Jahre zuvor) »König Heinrich III. von Frankreich bei seiner Rückkehr von Polen gewohnt«, als er Venedig besucht habe – der junge König, der bei Veronica Franco zu Gast gewesen war.

Nach einem Ritt von zwanzig Meilen erreichte die Gruppe schließlich die Cà Fusina, ein Gasthaus an einer Schiffsanlegestelle. »Wir aßen hier zu Mittag und kamen, nachdem wir eine

Gondel bestiegen hatten, zum Abendessen in Venedig an«, klingt es verheißungsvoll im Reisetagebuch.

»Mit der Gondel zum Abendessen in Venedig« – wer jetzt als Leser erwartet, dass der neu angekommene Reisende beim Anblick der Lagunenstadt in helle Begeisterung ausbrechen würde, sieht sich gründlich getäuscht. So ausführlich sich Montaigne bisher über jede Kleinigkeit, die ihm aufgefallen war, geäußert hatte, so karg geht er in seinem Tagebuch mit Venedig um. Über seinen ersten Eindruck von der Lagunenstadt fällt kein einziges Wort. Die folgende Notiz lautet lapidar:

»Am nächsten Morgen – es war ein Sonntag – machte der Herr von Montaigne dem Herrn du Ferrier, Gesandten des Königs, einen Besuch. Er wurde aufs beste aufgenommen, in die Messe geführt und zu Tisch behalten.«

Bereits am Montag befand Montaigne, der Venedig nur aus Büchern und vom Hörensagen kannte, die Sehenswürdigkeiten dieser Stadt seien ja hinreichend bekannt. Er habe sie sich etwas anders und etwas sehenswerter vorgestellt. In den Reisenotizen zu diesem Tag notierte der Diener kurz und bündig: »Die Polizei, die Lage, das Arsenal, der Markusplatz und die Menge der fremden Nationen schienen ihm das Bemerkenswerteste zu sein.«

Am Abend allerdings hätte Montaigne nach all den sachlichen Informationen eine sehr persönliche Begegnung genießen können. Sein Diener vermerkte: »Montag, den 7. November, sandte ihm während des Abendessens die Signora Veronica Franca, ein junges venezianisches Frauenzimmer, zum Geschenk einen kleinen Band Briefe, die sie selbst verfasst hat; er ließ dem Überbringer zwei Taler geben.«

Außer diesem knappen Vermerk ist aus Montaignes Notizen nichts zu ersehen. Von dem privaten Besuch seines Königs bei der viel umworbenen Kurtisane hatte Montaigne sicherlich nichts gewusst. Sonst hätte er auf die Gabe, die ihm in sein venezianisches Domizil gebracht wurde, doch wohl ganz anders reagiert. Ob er Veronicas Namen und ihren Beruf bereits kannte und ob er ihre Briefe, die zweifellos auch Gedichte enthielten, überhaupt eines Blickes gewürdigt hat, bleibt offen.

Es ist allerdings nicht ganz auszuschließen, dass Montaignes mangelndes Interesse an einem Damenbesuch mit seinem angeschlagenen Gesundheitszustand zusammenhing. Wenige Stunden nach Veronica Francos Kontaktversuch hatte er, wie dem Tagebuch zu entnehmen ist, »einen Anfall seiner Kolik, der zwei bis drei Stunden anhielt; vor dem Abendessen schied er zwei dicke Steine nacheinander aus.«

Von den venezianischen Kurtisanen zeigte Montaigne sich im Übrigen ziemlich enttäuscht. Er konnte, wie er notierte, von ihrer viel gerühmten Schönheit nichts entdecken, obgleich er die vornehmsten von ihnen bei seinem kurzen Venedig-Besuch kennen lernte. Sehr erstaunt war er, als er hörte, dass es in der Lagunenstadt ungefähr hundertfünfzig von ihnen gebe – tatsächlich waren es mehr als zweihundert –, von denen etliche, was ihre Kleider und ihre Wohnungseinrichtung anging, einen enormen Aufwand trieben.

Was Montaigne, allein oder mit seiner Gruppe, während der folgenden vier Tage in Venedig erlebt und gesehen hat, geht aus den Aufzeichnungen während seines Kurzaufenthaltes nicht hervor. »Er mietete sich eine Gondel für Tag und Nacht, was zwei Livres, das sind ungefähr siebzehn Sous, kostete, wobei er dem Steuermann weiter nichts zu geben brauchte«, erfährt der Leser immerhin, aber wohin die Fahrten gingen, bleibt im Dunkeln. Keine Bemerkung über die Kunst, über die prächtigen Paläste am Canal Grande, über die Musik, die Theater, die seidige Luft, die Farben. Hatte die Schönheit der Lagunenstadt ihm etwa die Sprache verschlagen? Oder wollte der akribische Faktensucher und kontrollierte Selbstbeobachter sich einfach nicht von etwas so Ungreifbarem wie »Aura« überwältigen lassen?

Am Samstag, dem 12. November, verließen die Herrschaften Venedig und machten sich auf den Weg zurück nach Padua, um von da aus ihre Italienreise fortzusetzen. Am folgenden Nachmittag suchte Montaigne auf dem kürzesten Weg den Badeort Abano auf.

Doch der französische Schriftsteller war von Venedig nicht so unbeeindruckt, wie es zunächst den Anschein hatte. Montaigne, der immer mit Büchern reiste, hatte nämlich in Padua, offenbar mit Absicht, ein Buch zurückgelassen, das er gerade vorher in Venedig gekauft hatte. Aber warum? Die Erklärung folgt in den Reisenotizen über Abano. Dort, so wird berichtet, habe Montaigne es unnötig gefunden, die nahe gelegene und für ihre Schönheit berühmte Abtei Praglia auch noch zu besuchen. Denn: »Er meinte, er werde noch Gelegenheit finden, die ganze Gegend, vor allem Venedig, mit Muße anzusehen. Diesen augenblicklichen Besuch rechnete er für nichts und hatte ihn nur unternommen, weil er sein Verlangen, Venedig zu sehen, nicht länger hatte zügeln können.« Und als sei dies noch nicht genug Beweis dafür, wie wichtig Venedig für ihn war, heißt es weiter: »Er hätte in Rom und nirgends in Italien Ruhe gefunden, ohne diese Stadt kennen gelernt zu haben – deshalb hatte er den Abstecher von der Hauptroute gemacht.« In der Erwartung, Venedig noch einmal besuchen zu können, hatte Montaigne das dort gekaufte Buch vorläufig in Padua deponiert.

Doch es kam anders als erwartet. Zunächst zog die Reisegruppe weiter, über Florenz – von dem Montaigne meinte, es könne sich, obwohl es »die Schöne« genannt werde, an Schönheit mit Venedig überhaupt nicht messen –, nach Rom und anschließend zu den Bädern von Lucca. Dort erreichte ihn im September 1581 die Nachricht von seiner Wahl zum Bürgermeister von Bordeaux. Der steingeplagte Montaigne machte sich auf die lange Rückreise. Am 30. November, siebzehn Monate und acht Tage nach seinem Aufbruch, kehrte Michel de Montaigne auf sein Schloss zurück, um sein neues Amt anzutreten.

Für einen weiteren Besuch der Lagunenstadt fand er keine Gelegenheit mehr. Das dürfte er später mehr als einmal bedauert haben. Wie tief seine innere Bindung an Venedig war, geht überraschend deutlich aus seinen ›Essais‹ hervor. Nach Paris sei die Lagunenstadt ihm von allen Städten die liebste. Wie sein Landsmann Stendhal lieber in Mailand geboren wäre, so wäre er selbst, schrieb Montaigne, am liebsten in Venedig zur Welt gekommen.

Thomas Coryate

Ein Puritaner auf Schusters Rappen

*I*m Jahre 1608 unternahm der englische Schriftsteller Thomas Coryate eine Reise durch Frankreich, Italien und Deutschland. Der 1577 in Odcombe, Somerset, geborene Autor, der in Winchester und Oxford studiert hatte und anschließend in den Dienst des englischen Thronfolgers Henry, Prinz von Wales, getreten war, berichtete in tagebuchähnlichen Aufzeichnungen von seiner ausgedehnten Europareise, auf der er auch Venedig besuchte.

Auf seiner Reise, während der er aus Kostengründen häufig zu Fuß unterwegs war, besuchte Coryate innerhalb von fünf Monaten nicht weniger als 45 Städte. Im humanistischen Zeitalter machte die vielseitige Bildung es einem Gelehrten ohne weiteres möglich, sich in kurzer Zeit ein relativ genaues Bild von der Kultur mehrerer Länder zu verschaffen und differenziert darüber zu berichten. Coryate betrachtete schon das Reisen selbst als einen wesentlichen Bestandteil humanistischer Bildung.

In Venedig hielt sich Thomas Coryate sechs Wochen auf und beobachtete und protokollierte in dieser Zeit außerordentlich viel. Seine manchmal etwas pedantische Gründlichkeit lässt sich bereits daran ermessen, dass er die Entfernungen zwischen seinem Wohnort und seinen Reisezielen im voraus festgestellt hatte: Von Odcombe in Somersetshire bis Venedig sind es demnach 925 Meilen.

»Meine Betrachtungen der höchst ruhmvollen, unübertrefflichen und jungfräulichen Stadt Venedig. Jungfräulich nenne ich sie, da sie noch niemals erobert wurde«, beginnt der Autor etwas schwülstig seine Beschreibung von Venedig und räumt in bescheidenem Ton ein, dass »die unvergleichliche und lautere

Majestät dieser Stadt einen weitaus feineren Pinsel als den meinigen« verdient, um in ihren wahren Farben gemalt zu werden. Venedig habe ihm die köstlichsten sechs Wochen seines Lebens geschenkt und ihm eine solche Vielfalt von bemerkenswerten und köstlichen Dingen enthüllt, wie er sie noch nie zuvor gesehen habe und in keiner anderen Stadt wieder finden werde. Deshalb wolle er nun Venedig genau beschreiben, «die schönste Frau, den Inbegriff der Schönheit, die Königin der Christenheit« – nicht im Sinne der Vorherrschaft, wie er in einer Fußnote bemerkt, sondern im Hinblick auf ihre unvergleichliche Lage, ihren überragenden Reichtum und ihre großartige Bauwerke.

Venedig entstand, wie Coryate berichtet, aus den Siedlungen von Flüchtlingen, die während der Völkerwanderung aus ihren überrannten Städten vertrieben wurden und auf den Inseln der Lagune einen rettenden Platz fanden. Am 25. Mai des Jahres 457 wurde die Stadt Venedig gegründet.

Unter den zahlreichen stattlichen Palästen am Canal Grande fielen dem englischen Reisenden zwei besonders auf. Der eine war vom Dogen Marino Grimani gerade erst erbaut worden, dem Vorgänger von Leonardo Donato, der zu der Zeit, als Coryate Venedig besuchte, das Amt des Dogen innehatte. Dieser Palast besteht, wie Coyate notiert, »ganz aus milchweißem Marmorstein und sehr kostspieligen Säulen«. Der andere Palast war Wohnsitz des französischen Königs Heinrich III., als er 1574 aus Polen kam und auf dem Rückweg nach Paris auch Venedig besuchte.

Die Rialtobrücke sei bei weitem die eindrucksvollste Brücke, die er gesehen habe, schrieb Coryate. Trotz ihrer Länge von zweihundert Fuß sei sie in einem einzigen Bogen gefügt. Der Bau habe etwa achtzigtausend Kronen gekostet (»das sind vierundzwanzigtausend Pfund Sterling«, erklärt Coryate seinen englischen Lesern). Der Bogen der Rialtobrücke übertreffe in der Länge wie in der Breite jeden einzelnen der zwanzig Bögen der berühmten Trajansbrücke über die Donau, konstatiert der gebildete Coryate und fügt entschuldigend hinzu: »Für den Vergleich beider Brücken hielt ich es für angebracht, jenes Kaisers Brücke hier zu erwähnen (nicht völlig unpassend, wie ich hoffe).«

Die Brücke wurde zuerst aus Holz errichtet, wie Coryate »von einigen venezianischen Herren« erfuhr. Da sich dies Material jedoch nicht mit der Pracht der übrigen Stadt vertrug, riss man die Brücke ab und baute eine neue, prunkvolle, aus weißen Steinquadern. Sie hat zwei Reihen hübscher, kleiner Handwerkerhäuschen. Dies sind jedoch nur Läden, keine Wohnhäuser. »Auf jeder Seite gibt es bis zum Scheitel hin zwei Reihen solcher Läden. Auf der nach Sankt Markus gelegenen Seite der Brücke gibt es zehn verschiedene Treppenabsätze zum Scheitel, auf der anderen Seite nach dem Rialto zwölf Absätze ...« Äußerst penibel zählt Coryate nun sämtliche Treppenstufen der Brücke, danach die Unterteilungen der Brüstungen auf beiden Seiten sowie die Geländerunterteilungen. Vermutlich war auf der Brücke gerade nicht der übliche Fußgängerverkehr, sonst wäre Coryate die Zählung der kleinen Säulen im Geländer wohl nicht leicht gefallen: Er kam auf zweihundertzweiundfünfzig.

Weniger Freude als das Zählen machten dem Engländer die Gondolieri unter der Rialtobrücke. »Sie sind die gemeinsten und haltlosesten Schurken in der ganzen Stadt«, erboste sich der puritanisch erzogene Coryate. »Steigt ein Fremder in eine ihrer Gondeln und sagt ihnen nicht auf der Stelle, wohin er fahren will, bringen sie ihn unverzüglich nach ihrem eigenen Gutdünken in ein wahrhaft gottloses Haus, wo ihm die Federn arg gerupft werden, ehe er wieder herauskommt. Ich rate daher allen meinen Landsleuten, Gentlemen und anderen, sich vor dem Becher der Circe und den Melodien der Sirenen zu hüten ...«

Als einzigartige Schmuckstücke der Stadt bewunderte Coryate die Kanäle, »kleine Meeresarme, die alle sechs Stunden steigen und fallen«, die noch dazu eine wichtige Funktion haben: »Sie durchziehen die Stadt wie Adern den Körper eines Menschen und ergießen sich in den Canal Grande, der sie alle miteinander aufnimmt. Sie bringen der Stadt vor allem zwei Vorteile. Der eine besteht darin, dass sie allen Abfall und Unrat davontragen, der aus der Stadt in sie gelangt und der durch das Steigen und Fallen des Wassers um so schneller aus den Kanälen fortgeführt wird, obgleich nicht ganz so vollständig, dass nicht die Leute oftmals selber Hand anlegen, sie zu reinigen und zu säubern.«

Der andere Vorteil sei, dass man sich auf diesen Kanälen, schneller als auf Fußwegen, mit Gondeln vorwärtsbewegt, die überdacht sind, und zwar zunächst von etwa fünfzehn oder sechzehn kleinen runden Hölzern, die von einem Ende bis zum anderen reichen und auf hübsche Art einen Bogen oder eine Wölbung über der Gondel bilden. Sodann mit schönem schwarzen Tuch, das an beiden Enden des Bootes aufgezogen wird, so dass der Fahrgast, wenn er ungestört bleiben will, diesen herunterziehen kann und auf diese Weise beim Fahren von außen nicht zu sehen ist. Die Bänke im Innern sind mit schwarzem Leder überzogen, und bei vielen ist der Boden unter den Bänken ebenso wie die Seiten mit feinem Leintuch dekoriert, dessen Rand mit Klöppelspitzen eingefasst ist. Es soll davon in Venedig 10 000 geben, wovon 6000 in privatem Besitz vor allem von Adeligen und 4000 im Besitz von Gewerbetreibenden sind.

Der schönste Ort der ganzen Stadt ist für Coryate die Piazza, der Markusplatz: »Ich denke, kein Ort der Welt, weder der Christenheit noch des Heidentums, kann sich damit vergleichen. Seine Herrlichkeit ist wahrhaft so unfasslich, dass er, als ich ihn zum ersten Male betrat, meine Sinne verwirrte, sie mir sogar raubte.« Hier sehe man nicht nur die großartigste Architektur, die irgendein Ort unter der Sonne hervorgebracht habe, findet Coryate; dies sei ein Marktplatz der Welt, wo man sowohl jede Art von Tracht sehen als auch jede Sprache der Welt hören könne.

»Zu Bewunderung hingerissen« wird Coryate von den zwei Gebäudereihen, die sich auf der Nord- und Südseite gegenüberstehen, den alten und den neuen Prokuratien. Deren oberer Teil enthält Wohnungen der Edelleute und Berühmtheiten der Stadt, der untere Teil die Wohnungen der Handwerker und Gewerbetreibenden, die hier ihre Läden haben. Außerdem ist der untere Teil schön überwölbt, mit Wandelgängen oder offenen Galerien, in denen die Leute spazieren können, geschmückt mit einer Vielzahl schöner Säulen an den Seiten. »Die Nordseite, die schon vor vielen Jahren fertiggestellt wurde, hat neunundneunzig Fenster und zwischen je zwei Fenstern eine schöne kleine Säule aus istrischem Marmor«, hält Coryate auf gewohnte Art fest. »Die dreiundfünfzig Pfeiler des nördlichen Wandelgangs sind viereckig und wie die kleineren darüber ebenfalls aus istrischem Marmor. Zwischen je zwei Pfeilern, die zu einem Bogen gehören, beträgt der Zwischenraum neuneinhalb Fuß, und der Gang hat eine Länge von zweihundert Schritt und eine Breite von deren fünfzehn ...« Auf der Südseite kommt Coryate mit seiner Zählung nicht weit: Sie war zu seiner Zeit noch nicht fertig. In jeder der beiden Fensterreihen waren erst zwanzig Fenster eingebaut.

Dagegen hatte er das Glück, ein anderes berühmtes Bauwerk mit eigenen Augen zu sehen: die aus weißem Marmor erbaute Sankt Geminianskirche. Über ihrem Portal las er die lateinische Inschrift, in schwarzen Großbuchstaben auf goldenem Grund: »Dieses Bauwerk, das nicht nur das älteste, sondern auch das erhabenste der Stadt ist, hat der Senat von Venedig, in Verpflichtung gegenüber der althergebrachten Religion, aus öffentlichen Mitteln größer und schöner wiederaufbauen lassen.«

Zweihundert Jahre später hätte Coryate die von Jacopo Sansovino erbaute Kirche, die auch sein Grabmal beherbergte, nicht mehr sehen können: 1807 ließ Napoleon, der Venedig besetzt hielt, sie abreißen und an ihrer Stelle einen Palast errichten.

Ebenso begeistert wie von allen sonstigen Sehenswürdigkeiten Venedigs ist Coryate von einer Einrichtung, die sensiblere Gemüter eher mit Gruseln erfüllt: den berüchtigten Bleikammern. »Nahe dem Dogenpalast gibt es ein sehr schönes Gefängnis«, erzählt der Autor, »bei weitem das schönste, das ich je sah. Es ist vom Palast durch einen schmalen Kanal getrennt, aber durch eine wunderbar schöne, kleine Brücke wieder mit ihm verbunden. Hoch oben ist sie mitten in die östliche Palastwand eingefügt. Mir scheint, es gibt in der ganzen Christenheit kein schöneres Gefängnis. Es ist aus schönem weißen Bruchstein erbaut.«

Den Gang außerhalb des Gefängnisses hat Coryate gemessen. Er ist vierzig Schritt lang und sieben breit. Auch die Überwölbung des Gangs ist schön. Und hübsch sind die acht Säulen aus Sandstein, im oberen Teil der Fassade; »dazwischen sind sieben eiserne Fenster, damit die Gefangenen oben hindurchschauen können.« Im unteren Teil des Gefängnisses, wo die Gefangenen gewöhnlich untergebracht sind, gibt es sechs Fenster, drei auf jeder Seite der Pforte. Jedes hat zwei Reihen dicke Eisenstäbe, eine außen, eine innen. Jede Reihe besteht aus zehn Stäben, die bis zum oberen Fensterrand reichen, und achtzehn weiteren, die diese zehn kreuzen. Dadurch ist es den Gefangenen unmöglich zu entkommen. »Man sagt, das Gefängnis sei so angelegt, dass ein Dutzend Räume unter dem Wasser liegen und dass oftmals Wasser von oben in sie einsickert, sehr zum Verdruss der Gefangenen, die dort einsitzen …«

Eine ähnlich eng begrenzte Sensitivität zeigt Thomas Coryate in seinem, sehr kurzen, Kapitel über die venezianische Malerei. Die handwerklichen Fähigkeiten der Venezianer beeindrucken den Reisenden so stark, dass er meint, in einigen dieser Künste, »besonders in der Malerei«, würden sie von keinem Künstler auf der Welt übertroffen. Coryates Beweis ist schlagend: In einer Malerwerkstatt beim Markusdom hat er ein Bild vom Hinterviertel eines Kalbes gesehen, das in einem Laden hängt. »Ein Fremder«, glaubt Coryate, »hätte es auf den ersten

Blick für ein echtes und wirkliches Viertel vom Kalb gehalten, aber es war keins. Es war nur das Abbild eines Hinterviertels von einem Kalb – der erstaunlichste Einfall, den ich je sah.«

Eine schärfere Beobachtungsgabe demonstriert Coryate in Bezug auf die Kleidung der venezianischen Frauen: »Fast alle Frauen haben, wenn sie ausgehen, die Brust völlig entblößt und viele auch den Rücken fast bis zur Mitte. Einige bedecken sich mit dünnem Linnen, wie hauchdünner Gaze oder ähnlich dünnem Zeug. Diese Mode scheint mir unziemlich und unschicklich, besonders wenn der Betrachter sie deutlich sehen kann. Denn ich glaube, dass sie für viele, die lüsternes Verlangen haben, großen Anreiz schaffen und lasterhafte Begierden schüren …«

Da er nun schon beim Thema Frauen sei, meint der Autor entschuldigend, so müsse er der Vollständigkeit halber auch ein Wort über Kurtisanen anfügen, weil diese von anderen Schriftstellern bei ihren Venedigbeschreibungen immer verschwiegen worden seien. Auf dem Vorwege bittet er um Nachsicht bei etwaiger Kritik: »Ich fürchte nur, dass ich mich zumindest der schärfsten Missbilligung und entrüsteten Anschuldigungen vieler nörgelnder Kritiker aussetzen werde, die mich, wie ich glaube, der Lasterhaftigkeit und Lüsternheit zeihen, weil ich einen derart zur Wollust reizenden Gegenstand in diese Abhandlung über Venedig einfüge. Aus diesem Grund werde ich am Ende des Kapitels über die Kurtisanen einige Entschuldigungen für mich anführen, die sie, wie ich hoffe, in gewisser Weise zufriedenstellen werden, falls sie nicht allzu tadelsüchtig sind.«

In Venedig und Umgebung gebe es mindestens 20 000 Dirnen, wie Coryate in Erfahrung gebracht hat. »Eine höchst gottlose Sache, ohne Zweifel, dass solche wollüstigen Dirnen in einer so glorreichen, so prächtigen, so berühmten Stadt geduldet werden.« Die Venezianer sollten an jedem Tag fürchten, Gottes Fluch und Rache vom Himmel auf sich herabzuziehen, der ihre Stadt mit Feuer und Schwefel verheeren würde, wie er in früherer Zeit mit Sodom und Gomorrha getan habe.

»Aber sie befürchten nichts dergleichen«, stellt er bitter fest. Sie üben vielmehr große Nachsicht gegenüber den Dirnen, und zwar aus folgenden zwei Gründen: Die Männer denken nämlich, »dass die Keuschheit ihrer Frauen um so eher angegangen würde und ihnen infolgedessen um so eher Hörner aufgesetzt würden, wenn es diese Orte der Entleerung nicht gäbe.« Zweitens verdienen die Venezianer an den Abgaben der Kurtisanen so viel, dass davon ein Dutzend Galeeren unterhalten werden. Und die Verlockungen der Kurtisanen seien so groß, dass sogar Männer aus anderen Ländern deswegen nach Venedig kommen, um ihre Schönheit zu betrachten und ihre angenehmen Spielereien zu genießen. Und tatsächlich sei das, was sie ihren Liebhabern angedeihen lassen, so vielfältig und entzückend, dass den Männern an Wonnen nichts fehle.

»Betritt man nämlich einen ihrer Paläste (in der Tat wohnen einige der besten unter ihnen in prächtigen und eindrucksvollen Gebäuden, die sich auch als Herberge für einen Prinzen gut eigneten), so glaubt man, ins Paradies der Venus zu kommen«, schwenkt der strenge Coryate nun auf eimal um. »Die schönsten Räume sind höchst prachtvoll und strahlend anzuschauen. Die Wände ringsum sind mit prächtigsten Tapeten und mit goldüberzogenem Leder ausgekleidet. Sie selbst erscheint einem geschmückt wie die Königin und Göttin der Liebe … Sie wird erscheinen, behangen mit Goldketten und orientalischen Perlen wie eine zweite Kleopatra, verschiedensten Goldringen, verziert mit Diamanten und anderen kostbaren Steinen und Juwelen an beiden Ohren – und einem Damastgewand, entweder mit einem breiten Goldsaum verziert oder mit fünf oder sechs Goldborten … Ihr Untergewand ist aus rotem Kamelot, eingefasst mit prächtigem Goldsaum, die Strümpfe aus rosa Seide, ihr Atem und ihr ganzer Körper wohlriechend parfümiert, um dich noch mehr zu betören …«

Und woher wusste der puritanische Thomas Coryate das alles?

Er habe eins jener vornehmen Häuser besucht, gab er zu, weil er sicher sei, dass ein tugendhafter Mann durch den Anblick des Lasters in seiner Tugend eher bestärkt werde, als wenn er überhaupt nicht wisse, was Sünde sei: »Wie die Strahlen der Sonne zu vielen unsauberen Stellen dringen und doch keineswegs von deren Unreinheit besudelt werden, so besuchte ich den Palast einer vornehmen Kurtisane, betrachtete ihre liebreizende Person, hörte ihrem Gespräch zu, beobachtete ihre Lebensart und wurde doch nicht angesteckt oder in irgendeiner Weise verdorben …«

Carlo Goldoni

Ein Sohn und getreuer Schilderer der Natur

»*I*ch bin geboren zu Venedig, im Jahre 1707, in einem großen und schönen Hause, gelegen zwischen der Brücke de Nomboli und Donna Onesta, an der Ecke der Straße La Cent'Anni, im Kirchspiele San Tommaso.

Giulio Goldoni, mein Vater, war in derselben Stadt geboren, seine ganze Familie aber stammte aus Modena ... Meine Mutter war eine artige Brünette, sie hinkte ein wenig, hatte aber sonst viel Anziehendes. Ihr ganzes Vermögen kam in die Hände meines Großvaters. Dieser war ein rechtschaffener Mann, aber ein schlechter Haushalter. Er liebte das Vergnügen und stimmte sehr gut zu der venezianischen Munterkeit ... Er gab Opern und Komödien in seinem Hause: Die besten Schauspieler, die berühmtesten Virtuosen standen in seinem Sold. Von allen Seiten strömten ihm Besuche zu. In diesem Geräusch, in diesem Überfluss bin ich geboren. Konnte ich da die Schauspiele verachten und ein Feind der Fröhlichkeit werden?«

Das konnte Carlo Goldoni natürlich nicht. Und so wurde er Schauspieler, Komödiendichter und Bühnenreformer; er schrieb rund einhundertfünzig Stücke, von denen manche, wie z. B. ›Mirandolina‹, ›Das Kaffeehaus‹ oder ›Viel Lärm in Chioggia‹, heute noch so frisch wirken wie vor dreihundert Jahren.

Nach dem Unterricht bei einem Hauslehrer, der vermutlich Geistlicher war, besuchte der 14-Jährige die Schule der Jesuiten in Perugia. Dort fiel er zwar durch seine guten Lateinkenntnisse auf, doch das anschließende Studium der Philosophie bei den Dominikanern in Rimini langweilte ihn zu Tode, weil sich dort noch alles in den starren Formen der mittelalterlichen Scholastik bewegte. Philosophie hätte er gern studiert, sagte er zu seinem Vater, »aber scholastische Philosophie, syllogismi, enthymemata, sophismata, die nego, probo, concedo! … Ach, mein Vater …, lassen Sie mich die Philosophie des Menschen lernen, brauchbare Moral, Experimentalphysik.«

Bald bot sich dem jungen Carlo eine Gelegenheit zur Veränderung. »Man wird hoffentlich nicht unzufrieden sein, mich aus dem Zirkel der Philosophie unter eine Truppe Komödianten zu begleiten«, schreibt Goldoni in seiner Autobiografie ›Geschichte meines Lebens und meines Theaters‹. »Es hielt sich damals eben eine zu Rimini auf, die mir unvergleichlich vorkam. Hier sah ich zum ersten Mal Frauenzimmer auf dem Theater und fand, dass das die Szene auf eine ganz vorzügliche Art zierte und belebte. Die Frauenspersonen werden hier auf dem Theater zugelassen, und man sieht nicht wie zu Rom Mannspersonen ohne oder mit halbem, keimendem Bart.«

Ohne viel Umstände freundete sich der theaterbegeisterte junge Mann mit den Theaterleuten an, wurde herzlich akzeptiert, zumal die Komödianten, wie Goldoni selbst, aus Venedig stammten, und als die Truppe von Rimini in Richtung Chioggia abreiste, ging er einfach mit an Bord. Vorher hatte er seinen Lehrern einen höflichen Abschiedsbrief geschrieben, mit der Entschuldigung, er müsse dringend seine Mutter besuchen, die er schon lange nicht mehr gesehen habe. »Die Segel wurden aufgespannt, und so lebe denn wohl, Rimini!« schreibt Goldoni, dem man noch in seinen Memoiren die damalige Erleichterung anmerkt, endlich die ihm gemäße Umgebung gefunden zu haben.

Diese faszinierend gemischte Umgebung bestand aus zwölf Personen. Es waren: Schauspieler und Schauspielerinnen, dazu ein Souffleur, ein Theatermeister, ein Garderobenaufseher, acht Bedienstete, vier Kammermädchen, zwei Ammen, Kinder jeden Alters, Hunde, Katzen, Affen, Papageien, Tauben, ein Lamm – »mit einem Wort: eine vollständige Arche Noah!« Gleichzeitig war das Schiff in der Schilderung des jungen Goldoni schon eine Art Theaterbühne mit realen Personen.

Da der Wind nicht günstig war, musste die Truppe drei Tage lang auf See bleiben. Das führte zu einer gewissen Nervosität, die der Theaterdirektor aber zu dämpfen verstand. Eine der Schauspielerinnen bekam zwar einen Wutanfall, weil man ihr auf See nicht die verlangte Fleischbrühe servieren konnte, doch schließlich besänftigte man sie mit einer Tasse Kakao. Schwerer zu beruhigen war dagegen verständlicherweise die Soubrette, deren Katze aus Angst vor dem Wasser den Schiffsmast erklomm, aber von oben ins Meer fiel und ertrank. Die Primadonna war dermaßen außer sich, dass sie alle Tiere, die sie greifen konnte, ebenfalls ins Wasser warf und von ihrer Kammerzofe verlangte, der Katze nachzuspringen. Es dauerte einige Zeit, bis es dem Direktor gelang, die Sängerin einigermaßen zu beruhigen.

Nach einem kurzen Aufenthalt in Chioggia, wo Goldonis Vater seinen Sohn zu einem Medizinstudium überreden wollte, riet die Mutter dazu, den Jungen lieber in Venedig bei einem Onkel unterzubringen, der ein bekannter Advokat war. Carlo Goldoni wurde Gerichtsschreiber in Venedig.

Venedig war Goldonis Geburtsort, aber er hatte die Stadt so früh verlassen, dass sie ihm fast fremd geworden war. Nun sah er Venedig, mit den Augen eines Fünfzehnjährigen, wieder und war begeistert. »Alle Städte der Welt gleichen sich mehr oder weniger«, schrieb er später. »Aber Venedig gleicht keiner anderen. Immer, wenn ich sie nach langen Zwischenräumen wiedersah, wurde ich aufs neue überrascht. Je älter ich wurde, je mehr meine Kenntnisse zunahmen, je mehr Vergleiche ich anstellen konnte, desto mehr neue und sonderbare Seiten, desto mehr Schönheiten entdeckte ich an ihr.«

Was der 15-jährige Goldoni damals in seiner Geburtsstadt sah, beschrieb der erwachsene Autor später mit dem patriotischen Stolz eines einheimischen Reiseführers:

»Kommt man von der Seite des St.-Markusplatzes zwischen einer ungeheuren Menge von Schiffen aller Art, Kriegs- und Handelsschiffen, Fregatten, Galeeren, Barken, Kähnen und

Gondeln, herein, so landet man an einem Ufer, ›La Piazzetta‹, der kleine Platz, genannt, wo man von einer Seite den Palast erblickt und die Kirche des Dogen, die gleich die Pracht der Republik ankündigen, und von der anderen den St.-Markusplatz, der mit Säulengängen umgeben ist, die nach den Zeichnungen eines Palladio und Sansovino ausgeführt sind.

Durch die Ladenstraße bis zur Rialtobrücke geht man auf lauter viereckigen Platten von istrischem Marmor, die mit dem Meißel aufgerissen sind, damit die Fußgänger nicht darauf ausgleiten. Man durchwandert einen großen Raum, der einen beständigen Jahrmarkt darstellt, und kommt endlich an die Brücke, die mit einem einzigen, neunzig Fuß breiten Bogen über den großen Kanal reicht, durch ihre Höhe den Schiffen und Fahrzeugen, selbst zur Zeit der höchsten Meeresflut, die Durchfahrt sichert, den Übergehenden drei verschiedene Wege anbietet und auf ihrem Rücken vierundzwanzig Boutiquen mit Wohnungen und schweren bleiernen Dächern trägt.

Ich gestehe, dass dieser Anblick mich überraschte. Kein Reisebeschreiber, soviel ich auch von ihnen gelesen habe, hat ihn so dargestellt, wie er ist. Ich bitte meine Leser um Verzeihung, wenn ich mich ein wenig zu lange daran ergötzt habe.«

Nach dieser anschaulichen Darstellung beschließt Goldoni das Kapitel mit einem Hinweis auf die sieben venezianischen Theater, von denen jedes den Namen des Schutzheiligen trägt, in dessen Kirchsprengel es angesiedelt ist. Für alle diese Theater schrieb Goldoni später erfolgreich Stücke, als er, wie er selbst es nannte, »der Modeschriftsteller dieses Landes« geworden war.

Aber noch war es nicht soweit. Mit 24 Jahren schloß Goldoni in Pavia erst einmal ein Jurastudium ab und wurde zum Doktor beider Rechte promoviert. So vorbereitet, ließ er sich in Venedig als Rechtsanwalt nieder und wartete auf Mandanten. Den Wartezustand nutzte er gleichzeitig dazu, um nach etlichen kürzeren oder längeren Liebesverhältnissen eine Frau für die Dauer zu suchen. Dabei legte er allerdings nicht nur den

Maßstab der Gefühle, sondern auch den der strengen Sachlichkeit an.

Die erste Kandidatin, die für ihn in Frage zu kommen schien, war die schöne und sanfte Angelica. Sie liebte den jungen Anwalt aufrichtig, und auch Goldoni war einer dauerhaften Verbindung nicht abgeneigt – bis er eines Tages die ältere Schwester kennen lernte, »deren Schönheit schon nach den ersten Wochenbetten stark nachgelassen hatte«, wie der kritische Beobachter halb erschrocken, halb erleichtert feststellte. Angelica hatte die gleiche Haut, die gleichen Züge, sie war »eine von den zärtlichen Schönheiten, die an jedem Lüftchen abwelken … Ich war jung und sah voraus, wie groß mein Unmut sein würde, wenn meine Frau nach kurzer Zeit die Blüte und Frische ihrer Schönheit einbüßte.« Dass auch ein Mann altern könnte, fiel dem jungen Advokaten wohl noch nicht ein, und so trennte er sich von der sanften Angelica.

Den zweiten ernsthaften Versuch unternahm der 25-Jährige bei einer »Mamsell Mar.«, wie sie in seinen Memoiren genannt wird. Die Dame war um etliches älter als der ehewillige Anwalt und noch nie verheiratet gewesen, obwohl sie gern gewollt hätte. »Mit ungefähr fünfunddreißig Jahren sah sie so frisch wie eine Fünfzehnjährige aus«, urteilte Goldoni mit einem Anflug von Satire, »und obwohl sie etwas dicklich und von eher männlicher als weiblicher Physiognomie war, verstand sie doch, von ihrer jugendlichen Anmut einen so guten Gebrauch zu machen, dass sie leicht ihre Jahre hätte verheimlichen können, wenn nicht ein paar Fältchen sie doch verraten hätten.« Kurz, »Mamsell Mar.« war eine aparte Erscheinung, mit dunklen Augen und vollen Lippen, nur die Nase ein bisschen zu hoch, »was ihr ein majestätisches Aussehen gab, wenn sie sich in Positur setzte«, dazu gebildet und gefühlvoll. Und nicht zuletzt war sie mit einer Mitgift von zwanzigtausend Dukaten ausgestattet.

Der mittellose junge Anwalt war schon drauf und dran, einen Heiratsvertrag zu entwerfen, da kam plötzlich ein anderer Bewerber dazwischen, der zwar ebenso wenig Geld hatte wie

Goldoni, dafür aber von Adel war. »Mamsel Mar.« ließ den werdenden Komödiendichter fallen und entschied sich für dessen adeligen Konkurrenten. »Im Grunde liebte weder er sie noch sie ihn«, notierte Goldoni etwas schadenfroh, »aber es war Mamsell um den Titel und dem Herrn um das Geld zu tun ... Seine Exzellenz verlangten gleich bei ihrer Vermählung die eine Hälfte ihres Vermögens zu freier Disposition und die andere Hälfte nach ihrem Tode.«

Die reale Komödie der Brautwerbung endete mit einer dritten Beziehung, die Goldoni anknüpfte: Um der abtrünnigen Mamsell eins auszuwischen und gleichzeitig an Geld heranzukommen, trug er ihrer Nichte die Ehe an. Das Mädchen war weder vermögend noch hübsch – in den Memoiren wird sie als »Affengesichtchen« bezeichnet –, hatte aber eine gute Rente in Aussicht, dazu noch eine beträchtliche Summe von einem Freund des Hauses zu erwarten sowie Anspruch auf den Schmuck ihrer Mutter. Um einen Ehering zu erwerben und die Kosten für die Hochzeitsfestlichkeiten finanzieren zu können, stürzte sich Goldoni in Schulden, was ihn zu dem sarkastischen Vergleich mit der finanziellen Lage Venedigs drängte: »Wie die Republik bei offiziellen Anlässen, so haben auch ihre Bürger bei jeder Gelegenheit weit über ihre Verhältnisse zu leben, wenn sie ihre Reputation erhalten wollen.«

Als sich der Bräutigam zur Deckung der entstandenen Kosten einen Teil der Mitgift seiner Braut auszahlen lassen wollte, erfuhr er zu seinem Schrecken, dass die von der Republik gezahlte Rente erst fällig werde, wenn die Anwärterin an der Reihe sei. Für Goldonis Braut bedeutete dies unangenehmerweise, dass erst noch vier Verwandte vor ihr sterben müssten. Der erhoffte Schmuck der Mutter existierte zwar tatsächlich, sollte aber erst nach deren Tode vererbt werden. Und die Zahlung des ungenannten Hausfreundes kam nicht zustande, weil der Mann mit unbekanntem Ziel verreist war.

Der hochverschuldete Goldoni tat das Gleiche. Seinem »Affengesichtchen« schrieb er einen Brief, in dem er seine ehrlichen Heiratsabsichten beteuerte, die er aber nur einhalten könne, wenn die Braut ihm die 6000 Dukaten Mitgift herbeischaffe. »Ich erhielt von ihr keine Antwort, weil ich keine Adresse hinterlassen hatte«, schrieb Goldoni kaltblütig in seinem Lebensbericht.

Zum Glück für Goldoni kamen allmählich mehr Mandanten in seine Anwaltspraxis. Gleichzeitig aber wurde sein Drang zum Theater immer stärker. Sein erstes Stück, ein Opernlibretto, fiel schon beim Lesen vor einer Theaterkommission durch, und Goldoni zerriß es. Aber er lernte schnell, auf den Publikumsgeschmack einzugehen und die vorgeschriebenen Regeln zu beachten.

Sein Debüt gab Goldoni mit der Tragikomödie ›Belisar‹ am 24. November 1734. Das Stück wurde vom Publikum in ungewöhnlicher Stille angehört; nach dem Ende erntete es enormen Applaus und blieb vier Wochen lang auf dem Programm. »Der Hauptfehler meines Stücks war«, schrieb Goldoni kritisch, »dass Belisar mit ausgestochenen, blutigen Augen die Bühne betrat. Dies abgerechnet, hatte mein Stück, das ich eine Tragikomödie genannt habe, viel Angenehmes ... Meine Helden waren Menschen und keine Halbgötter.«

Goldonis Vorbilder für eigene Stücke waren die damals berühmten Autoren Apostolo Zeno und Pietro Metastasio, die das »dramma in musica« in Mode gebracht hatten. Goldoni produzierte nun in rascher Folge kleine Buffo-Melodramen, Tragödien und Tragikomödien für Schauspieltruppen und verdiente damit seinen Unterhalt. In seinen ersten Stücken, die durchweg Stegreifkomödien waren, hatte er nur die vier Hauptmasken auftreten lassen – Pantalone, Arlecchino, Brighella und Dottore –, die ihre Rollen, wie üblich, improvisierten. Für die Nebenrollen aber hatte er Rollentexte geschrieben und konnte die Akteure deshalb nach seinem Ermessen handeln und sprechen lassen; damit drängte er die Masken allmählich in den Hintergrund. Damit hatte Goldoni seinen neuen künstlerischen Weg abgesteckt. Er wollte die Stegreifkomödien mit den schematisch festgelegten Typen der Commedia dell'arte hinter sich lassen und realistische Figuren auf die Bühne bringen. Seine Reform leitete er im Jahre 1748 mit der Komödie ›Der Lügner‹ (Il Bugiardo) ein und schrieb im selben Jahr gleich zwei weitere Stücke; alle drei wurden mit noch zögerndem Beifall aufgenommen. Sehr erfolgreich wurden in dieser ersten Zeit seine Komödie ›Ein Mann von Welt‹ (Momolo cortesan) und das Lustspiel ›Die schlaue Witwe‹ (La Vedova scaltra); dieses Stück wurde an dreißig Abenden hintereinander gespielt und gefeiert.

Goldonis Landsleute waren seit langem an triviale Farcen oder gigantische Schauspiele gewöhnt. Jetzt schien die Zeit reif für die Reform, die Goldoni vorschwebte: »So hab ich es nun, sagte ich zu mir selbst, wie ich's haben will, und kann meiner Einbildungskraft freien Lauf lassen. Ich habe mich nun genug mit schon bearbeiteten Gegenständen beschäftigt, nun muss ich erfinden. Ich habe Schauspieler, die viel versprechen ... Jetzt ist vielleicht der Augenblick da, wo ich die Reform, die ich so lange vor Augen gehabt habe, versuchen kann. Ja, ich muss Charaktere behandeln; diese sind die Quelle der guten Komödie. Damit fing der große Molière seine Laufbahn an ...«

Doch anders als Goldonis Vorbild Molière, der in Frankreich sein festes Publikum und sehr gute Darsteller hatte, musste der venezianische Autor seine Zuschauer, die mit dem Abschied von der Stegreifkomödie noch nicht ganz einverstanden waren, immer wieder mit Zugeständnissen bedienen. Goldonis einflussreichster Gegner in dieser Hinsicht war der Dramatiker Carlo Graf Gozzi, der Goldoni vorwarf, er nehme dem Publikum den Spaß am Theater. Gozzis Märchendrama ›Die Liebe zu den drei Pomeranzen‹ (L'amore delle tre melarance), das einen großen Erfolg hatte, sollte beweisen, dass kindliche Märchen mit den Figuren der Commedia dell'arte die Zuschauer viel besser amüsierten.

Doch Goldoni ließ sich nicht beirren. Er schrieb, meist für wenig Geld, wie besessen für mehrere Theater, bekam hier Beifall, dort Verrisse und führte ein hektisches Leben, das durch zahlreiche Reisen mit unterschiedlich guten Schauspielern nicht gerade einfacher wurde.

Eine dieser Reisen brachte ihm eine private Überraschung. Als Autor brauche man nur aus dem Fenster zu sehen, um neue Themen mit realen Figuren zu finden, hatte Goldoni einmal gesagt. Diese Einstellung verhalf ihm in der Realität auch zu einer Ehefrau. Im Frühjahr 1736 war er mit einer Schauspieltruppe nach Genua gezogen. Von seinem Fenster aus sah er eines Tages ein hübsches Mädchen am Fenster des gegenüberliegenden Hauses. Aus dem Blickkontakt entspann sich innerhalb kurzer Zeit eine lebhafte Beziehung. Nicoletta Connio, die neunzehnjährige Tochter eines Genueser Notars, war »eine junge, wohlerzogene, brave, reizende Person«, wie Goldoni fand; sie heirateten 1736 und zogen zusammen nach Venedig.

Doch obwohl sich Goldoni eigentlich schon lange für die Schriftstellerei als Brotberuf entschieden hatte, bekam er immer wieder Geldprobleme. In der Hoffnung auf eine Beendigung seiner finanziellen Misere bewarb er sich um den freigewordenen Posten eines Konsuls der Republik Genua in Venedig. Zu seiner Erleichterung bekam er die ersehnte Stelle, mit einem Dreijahresvertrag. Seine Freude legte sich allerdings schnell, als er erfuhr, dass für diese Tätigkeit bedauerlicherweise kein Honorar vorgesehen war.

Hoch verschuldet verließ der deprimierte Goldoni mit seiner Frau Venedig auf dem schnellsten Weg und zog für eine Weile nach Rimini, das inzwischen von den Österreichern besetzt worden war. Im Sommer 1745 fand das Ehepaar dann in Pisa eine längere Bleibe. Dort entschied Goldoni sich, erneut in seinem studierten Beruf zu arbeiten; knapp drei Jahre lang war er wieder als Anwalt tätig, diesmal mit einigem Erfolg.

Aber das Theater rief. Im März 1749 kehrte Goldoni nach Venedig zurück und schloß mit einem Theaterdirektor einen auf vier Jahre befristeten Vertrag ab. Darin verpflichtete er sich, jährlich acht Komödien und zwei Libretti zu liefern und die Schauspieltruppe auf Reisen zu begleiten. Im Gegenzug bekam er unmittelbar nach Ablieferung eines Manuskriptes, also vor der Aufführung, sein vereinbartes Honorar. So angenehm es für Goldoni war, nicht von einem fürstlichen Gönner und dessen Launen abhängig zu sein, wie das für Künstler sonst üblich war, so ungünstig wirkte der Vertrag sich auf Goldonis kreative Arbeit aus: Er musste ständig Neues produzieren, wenn er nicht sein Einkommen verlieren wollte. Zwischen 1750 und 1751 schrieb er in zwölf Monaten nicht weniger als 16 Komödien, die begreiflicherweise nicht alle von gleicher Qualität sein konnten.

Doch Goldonis Ruf war inzwischen längst in andere Länder gedrungen und mit ihm das Fluidum des ungeschminkten, unmaskierten Venedig. Der hochgeachtete Voltaire äußerte sich höchstpersönlich mit dem Lob, Carlo Goldoni sei »ein Sohn und getreuer Schilderer der Natur«. Aus Paris erreichte den venezianischen Dichter außerdem das Angebot, die dortige Comédie Italienne zu unterstützen. Sein Vertrag in Venedig war ausgelaufen. Goldoni und Nicoletta reisten nach Paris; sie blieben dort.

Es wurde für beide nicht das erhoffte dauerhafte Glück. Carlo Goldoni, der eine Welt zum Lachen gebracht hatte, starb mit 85 Jahren völlig verarmt in Paris. Seine treue Frau Nicoletta folgte ihm zwei Jahre später, im Januar 1795.

Doch das Denkmal für Carlo Goldoni auf dem Campo San Bartolomeo – neben dem Hauptpostamt, das früher einmal das Wohn- und Warengebäude für deutsche Kaufleute war – lässt von Goldonis Sorgen und Nöten nichts durchscheinen. Heiter und selbstbewusst blickt der Theaterautor über sein Publikum hinweg, das sich allabendlich zum Schwatz auf dem Platz versammelt. Als Gerhart Hauptmann im Januar 1897 Venedig besuchte, fand das Monument für seinen venezianischen Kollegen durchaus seinen Beifall:

»Das Denkmal Goldonis, auf einem kleinen Platz im Innern der Stadt, macht einen gesunden, lebendigen und sehr drolligen Eindruck. Wie der Mann stockschwingend spazieren geht, bezopft, im Dreispitz: keck, launig, lachend und am geschwungenen Röckchen die Spuren der Zudringlichkeit vieler Hundert venezianischer Tauben, gehört er unter das Volk, das ihn rauchend und schwatzend, in Alltagstracht umgibt.«

Auch Goldonis Geburtshaus in der Calle dei Nomboli, mit einem schönen Innenhof und einem Brunnen darin, steht noch und kann besichtigt werden. Es ist ein Museum geworden, das Gegenstände und Bücher aus Goldonis Leben und Werk nebst einer Theaterbibliothek enthält.

Jean-Jacques Rousseau
Die galanten Musen

Vielseitig, vor allem musikalisch, begabt, aber innerlich hin- und hergerissen zwischen mehreren vagen Vorstellungen von einem künftigen Beruf, erhielt der 31-jährige Jean-Jacques Rousseau im Sommer 1743 in Paris ein scheinbar verlockendes Angebot: Er könne als Sekretär den französischen Gesandten Monsieur de Montaigu nach Venedig begleiten.

Rousseau hatte zwar schon bei einem Gerichtsschreiber und bei einem Graveurmeister in Genf gelernt, als Lakai in französischen Adelshäusern gearbeitet, war Dolmetscher, Musiklehrer und Angestellter bei einem Katasteramt gewesen, aber an eine diplomatische Laufbahn hatte er bislang noch nicht gedacht. So nahm er das Angebot dankend an. Doch die Verhandlung über die Höhe seiner Bezüge gestaltete sich unerwartet schwierig: Rousseau verlangte nicht unbescheidene eintausendzweihundert Franc, aber der Gesandte bot ihm nur tausend. Rousseau lehnte ab, und der Gesandte nahm sich einen anderen Schreibgehilfen mit auf die Reise. Doch kaum waren beide in Venedig, gab es Streit, und der Sekretär wurde entlassen. Für ein Gehalt von eintausend Franc, zuzüglich 20 Louisdor Reisekosten, wurde nun doch Rousseau engagiert.

Mit der Postkutsche machte sich der neu eingestellte Gesandtschaftssekretär am 10. Juli 1743 von Paris aus auf die Reise. Über Lyon ging die Fahrt nach Marseille, wo Rousseau sich einige Tage aufhielt. Anschließend schiffte er sich nach Toulon ein und erreichte am 11. August Genua, wo er zehn Tage in Quarantäne bleiben musste, weil damals in einigen umliegenden Ländern die Pest grassierte. Nach Ende dieses Zwangsaufenthaltes setzte er seine Reise »aufs angenehmste durch die Lombardei fort, sah Mailand, Verona, Brescia, Padua und langte endlich ... in Venedig an«, berichtet Rousseau in seinen berühmten ›Bekenntnissen‹.

Monsieur de Montaigu war offenbar für diplomatische Angelegenheiten weniger geeignet als sein neuer Sekretär. Rousseau, der am 4. September eingetroffen war, fand nämlich bei seiner Ankunft einen großen Stapel Papiere vor, die der Gesandte gar nicht zu entschlüsseln, geschweige denn zu bearbeiten vermochte. Rousseau, der eine schnelle Auffassungsgabe besaß, konzentriert und gewissenhaft arbeitete und außerdem Italienisch beherrschte, fand sich mühelos ein.

Der Papierkrieg, zu dem auch die Ausstellung von kostenpflichtigen Pässen gehörte, blieb für Rousseau überschaubar, und er fand genügend Zeit, um sich in Venedig gründlich umzusehen und an Festivitäten und sonstigen Vergnügungen teilzunehmen. Vor allem interessierte er sich für Musik. »Ich hatte aus Paris das Vorurteil mitgebracht, das man dort gegen die italienische Musik hegt«, schrieb er, »aber die Natur hatte mir auch jenes empfindliche Feingefühl verliehen, gegen das Vorurteile nicht lange standhalten können. Und so liebte ich denn diese Musik bald so leidenschaftlich wie alle, die sie zu verstehen vermögen.«

Es gab kaum etwas Schöneres für ihn, als mit einer eigenen Gondel zur Oper zu fahren, sich in seine Loge einzuschließen und italienische Arien zu hören. Eines Abends allerdings schlief er im Theater San Chrysostomo während einer Oper ein und genoss nur im Traum die Musik. Nicht laute Orchesterklänge, sondern ein leises Lied weckte ihn schließlich. »Welch ein Erwachen, welch ein Entzücken, welcher Rausch, als ich zugleich Ohr und Augen öffnete!« schwärmte Rousseau. »Im ersten Augenblick glaubte ich, im Paradies zu sein.«

Ein musikalischer Genuß, der für ihn alle Opern noch übertraf, war die Musik der sogenannten ›scuole‹. Diese ›Schulen‹ waren Armenhäuser und Erziehungsanstalten für mittellose junge Mädchen, denen die Republik Venedig später bei ihrer Verheiratung oder bei einem Eintritt in ein Kloster eine Mitgift schenkte. Unter allen Talenten, die von diesen Mädchen gepflegt wurden, stand die Musik an vorderster Stelle. Es gab vier von diesen Schulen, und in den Kirchen, zu denen die ›scuole‹ gehörten, wurden sonntags Vespermessen mit großem Chor und Orchester aufgeführt, mit Kompositionen von italienischen Meistern. Die Chöre wurden ausschließlich von Mädchen unter zwanzig Jahren auf vergitterten Tribünen gesungen. Rousseau war völlig hingerissen von den wunderbar zarten Stimmen der jungen Mädchen, ärgerte sich aber furchtbar über »diese verdammten Gitter, die zwar die Töne durchließen, meinen Augen aber all die Engel an Schönheit verbargen, deren Kehlen sie entströmten. Ich sprach bald überhaupt von nichts anderem mehr.«

Schließlich erzählte Rousseau dem Verwalter des Hauses von seinem dringenden Wunsch, die jungen Sängerinnen einmal ohne Gitter aus der Nähe zu sehen. »Beim Eintritt in den Saal, der die so begierig ersehnten Schönheiten umschloß, fühlte ich einen Liebesschauer, wie ich ihn nie wieder in meinem Leben empfunden habe«, bekannte Rousseau. Bisher hatte er nur die Stimmen und die Vornamen der Mädchen gekannt. Nun stellte der Verwalter ihm alle einzeln vor: »Kommen Sie, Sophie …« (sie war entsetzlich hässlich, stellte Rousseau fest), »kommen Sie, Kathina …« (sie war einäugig), »kommen Sie, Bettina …« (die Blattern hatten ihr Gesicht zerfressen). Unter allen Mädchen war nicht eins, das Rousseaus Idealvorstellung entsprach; er war tief enttäuscht. Doch gab es einen überraschenden Umschwung in seinen Empfindungen: »Ich sagte mir, ohne Seele kann man so nicht singen, sie müssen also Seele besitzen. Schließlich änderte sich meine Art, sie zu sehen, so völlig, dass ich fast verliebt in all diese kleinen garstigen Hexen fortging … Schließlich beruhigte ich mich und fuhr fort, ihren Gesang hinreißend zu finden, und ihre Stimmen schminkten ihre Gesichter so gut, dass ich sie, so lange sie sangen, meinen Augen zum Trotz ausnehmend schön fand.«

Um seiner Musikleidenschaft noch aktiver frönen zu können, mietete Rousseau sich ein Cembalo und brachte sehr bald einige Musiker zusammen, mit denen er besonders schöne Opernausschnitte einstudierte und kleine Konzerte veranstaltete. Überglücklich war Rousseau, als zwei Ballettstücke aus seiner Oper ›Die galanten Musen‹, die er in Paris zu schreiben begonnen hatte, im angesehenen Chrysostomos-Theater aufgeführt wurden, getanzt »von einer kleinen Bettina, einem niedlichen und vor allem liebenswürdigen Mädchen«. Bettina war die Geliebte eines mit Rousseau befreundeten Spaniers, und sie verbrachten häufig alle zusammen den Abend bei ihr.

»Da ich gerade von Mädchen gesprochen habe: Venedig ist keine Stadt, in der man sie meidet«, leitet Rousseau in seinen ›Bekenntnissen‹ zu einem Thema über, das ihn neben der Musik ebenfalls interessierte. Gegen öffentliche Dirnen hatte er immer Widerwillen empfunden, aber andere Frauen waren in Venedig außer seiner Reichweite, weil ihm wegen seiner Stellung der Eintritt in die meisten Häuser der Stadt verwehrt war. An hübsche Töchter von Bekannten wagte er sich aus Respekt vor den Eltern nicht heran. Und die Tochter des Geschäftsträgers des Königs von Preußen, ein Fräulein von Cattaneo, die ihm sehr gefiel, war bereits verlobt mit einem begüterten jungen Mann, mit dem Rousseau befreundet war: »Sein Gehalt betrug hundert Louisdors, das meine hundert Pistolen, und abgesehen davon, dass ich einem Freund nicht ins Gehege kommen wollte, wusste ich, dass man überall, vor allem aber in Venedig mit einer so leichten Börse gar nicht erst anfangen soll, den Galan zu spielen«, hatte Rousseau erkannt und daraus die Konsequenzen gezogen: »So lebte ich in dieser Stadt fast ein Jahr lang ebenso keusch, wie ich es in Paris getan hatte, und bin nach achtzehn Monaten wieder abgereist, ohne mich … mehr als nur zwei einzige Male dem anderen Geschlecht genähert zu haben.«

Von diesen zwei Malen berichtet Rousseau mit der Offenheit, die seine gesamten ›Bekenntnisse‹ charakterisiert und zu seiner

Zeit teilweise auch schockierte. Die erste Gelegenheit, eine Frau näher kennen zu lernen, verschaffte ihm ein venezianischer Adeliger namens Dominico Vitali. Man hatte bei Tisch von den Vergnügungsmöglichkeiten in Venedig gesprochen, und die anwesenden Venezianer warfen dem französischen Gast vor, er kümmere sich nicht um die reizvollen venezianischen Kurtisanen, die ihresgleichen auf der ganzen Welt nicht fänden. Obwohl Rousseau diesen Tadel ignorieren wollte, ließ er sich gegen seinen Willen, seinen Geschmack und sein Gefühl dazu verleiten, eine Kurtisane, die als ›die Paduanerin‹ bekannt war, zu besuchen, die ihm von seinen Bekannten empfohlen worden war.

»Die Padoana, zu der wir gingen, hatte ein hübsches, ja sogar schönes Gesicht, jedoch von einer Art Schönheit, die mir nicht gefiel«, erzählt Rousseau. »Ich ließ Sorbet kommen, bat sie, mir etwas vorzusingen, und nach einer halben Stunde schickte ich mich an, wieder fortzugehen, wobei ich einen Dukaten auf den Tisch legte; aber sie hatte das sonderbare Bedenken, ihn nicht annehmen zu wollen, weil sie ihn nicht verdient hatte, und ich hatte die sonderbare Torheit, ihre Bedenken zu beheben ...«

Nachdem die schöne Paduanerin sich den Dukaten verdient hatte, verließ Rousseau sie in der festen Überzeugung, sich mit einer Geschlechtskrankheit angesteckt zu haben. Gleich nach seiner Rückkehr in den Palast rief er einen Arzt und ließ sich ein Arzneimittel verschreiben. Die folgenden drei Wochen verbrachte der eingebildete Kranke in der ständigen Erwartung irgendeines bösen Zeichens oder wenigstens eines leichten Unwohlseins. Er konnte einfach nicht glauben, dass er aus den Armen der Padoana ungestraft herausgekommen sei. »Es kostete den Arzt alle erdenkliche Mühe, mich zu beruhigen«, schreibt Rousseau, »und er erreichte dieses Ziel nur, indem er mir einredete, ich sei auf eine so besondere Art gebaut, dass eine Ansteckung nicht leicht stattfinden könne ...«

Die zweite Bekanntschaft dieser Art machte Rousseau auf einem Schiff, wo er mit einem Freund zum Essen beim Kapitän eingeladen war. Während alle aßen, legte eine Gondel an. »Ich sah ein junges, blendend schönes, reizend gekleidetes und flinkes Frauenzimmer an Bord steigen, das sich mit drei Schritten in der Kajüte befand und ebenso schnell an meiner Seite Platz nahm, ehe ich noch gewahr geworden war, dass man dort ein Gedeck für sie eingeschoben hatte«, schildert Rousseau diesen offenbar geplanten erotischen Überfall. »Sie war eine Brünette von höchstens zwanzig Jahren und ungemein reizvoll und lebhaft. Sie sprach nur Italienisch, und ihr Tonfall allein hätte genügt, mir den Kopf zu verdrehen.«

Doch es kam noch schlimmer. Die junge Dame gab vor, in Rousseau einen alten Freund zu erkennen, schlang ihre Arme um den Verblüfften und küsste ihn, dass ihm Hören und Sehen verging. Rousseau stand in Flammen. »Sie ergriff Besitz von mir, als sei ich ihr Leibeigener, gab mir ihre Handschuhe, ihren Fächer, ihren Hut zu tragen, ließ mich hierhin oder dorthin gehen, dies oder jenes tun, und ich gehorchte ihr …« Den ganzen Nachmittag verbrachte Rousseau mit ihr, fuhr mit ihr nach Murano, bezahlte eine Menge Nippsachen, die sie sich kaufte, und musste für reichliche Trinkgelder aufkommen, die sie großzügig verteilte. Abends begleiteten sein Freund und er die junge Dame nach Hause, und völlig gebannt von ihrer Schönheit und ihrem Temperament erbat sich Rousseau für den folgenden Tag ein Rendezvous in ihrer Wohnung.

»Ich fand sie *in vestito di confidenza*, in einem mehr als galanten Nachtgewand, wie man es nur in südlichen Ländern kennt und mit dessen Beschreibung ich mich lieber nicht aufhalten will, obgleich ich mich seiner nur noch allzu gut erinnere. Ich will nur erwähnen, dass ihre Ärmel- und Busenkrausen mit einem seidenen Faden besäumt und mit rosafarbenen Bandschleifen besetzt waren. Ich hatte den Eindruck, als belebe dies eine schöne Haut ungemein. Später erfuhr ich, dass es in Venedig Mode sei; die Wirkung ist auch in der Tat so reizvoll, dass es mich überrascht, diese Mode niemals nach Frankreich übergreifen gesehen zu haben. Von den Genüssen, die auf mich warteten, hatte ich keine Vorstellung ...«

Rousseau fühlte sich im siebten Himmel. Jugendliche Klosterjungfrauen seien weniger frisch, die Schönheiten des Serails weniger lebendig als seine Zulietta, schwärmte er, und noch niemals habe sich dem Herzen und den Sinnen eines Sterblichen ein ähnlich süßer Genuß geboten.

Doch angesichts all dieser Verlockungen kommt dem Verliebten unglücklicherweise sein Verstand in die Quere. Wie unter Zwang führt Rousseau sich vor Augen, dass Zulietta, dieses Meisterwerk der Natur, vor dem selbst Fürsten niederknien müssten, doch letztlich eine elende, aller Welt preisgegebene Straßendirne sei. »Statt der Flammen, die mich verzehrten, fühle ich mit einem Schlage eine tödliche Kälte durch meine Adern rinnen, meine Beine zittern, und nahe daran, unwohl zu werden, setze ich mich nieder und fange an zu weinen wie ein Kind.«

Rousseau verstand sich selbst nicht mehr. Die erfahrene Zulietta war zwar einen Augenblick lang irritiert, versuchte dann aber liebevoll, den verhinderten Liebhaber zu trösten und abzulenken. Rousseau beruhigte sich allmählich, spürte aber, dass »irgendein geheimer mir unbekannter Umstand die Wirkung ihrer Reize zerstören« musste. Eine neue Zwangsvorstellung bedrängte ihn so, dass ihm schließlich »klar wie der Tag wurde, dass ich in dem bezauberndsten Wesen, das ich mir vorstellen konnte, nichts als eine Art Ungeheuer in den Armen hielte, den Auswurf der Natur, der Menschen und der Liebe.« Unter diesem inneren Druck fing der unglückliche Rousseau plötzlich an, Zuliettas Proportionen zu bemäkeln.

Das war denn doch zuviel. Zulietta errötete leicht, stand schweigend auf und setzte sich ans Fenster. Als Rousseau sich neben sie setzen wollte, erhob sie sich sofort wieder, ging, sich fächelnd, im Zimmer umher und sagte dann in kaltem, verächtlichem Ton zu ihm: »Hänschen, lass lieber die Finger von den Frauen und studiere Mathematik.«

»Mein sinnloses Bedauern hat mich niemals verlassen«, schrieb Rousseau. »Über ihren Verlust konnte ich mich trösten, aber niemals habe ich, das gestehe ich gern, verwinden können, dass sie nur eine verächtliche Erinnerung an mich mit sich genommen hatte.«

Johann Caspar Goethe
Ein angenehmer und vergnüglicher Spaziergang

»Es ist mir zwar nicht unbekannt, dass schon viele Autoren, alte wie neue, das wundervolle Italien bereist und ihre Aufzeichnungen um die Wette veröffentlicht haben«, erklärt Johann Caspar Goethe in der Vorrede zu seiner ›Reise nach Italien im Jahre 1740‹, »aber ich glaube dennoch nichts Unrechtes zu tun, wenn nun auch ich meine Beobachtungen niederschreibe, da ich ebenfalls das Glück gehabt habe, den Giro zu machen. Ich will damit freilich nicht vor das Publikum treten, vor diesen obersten und gar zu strengen Richter, weil ich wohl weiß, dass es meinen unbedeutenden Gedanken an den dazu erforderlichen Voraussetzungen fehlt.«

Zum Zeitpunkt seiner Italienreise im Jahre 1740 konnte der dreißigjährige Johann Caspar Goethe noch nicht ahnen, dass er neun Jahre später einen Sohn bekommen sollte, der diese Voraussetzungen mitbringen würde.

Seine Reiseeindrücke in Italien hatte Caspar Goethe nur aus zweckfreier Schreiblust aufgezeichnet. Er habe nicht im Sinn gehabt, merkte er ebenso bescheiden wie bildhaft an, »allerhöchste Gelüste befriedigen zu wollen, denen doch nur Gerichte von einer erlesenen Feinheit zusagen, wie sie ein Koch meines Schlages nicht zu bereiten versteht«. Hätte er ständig im Sinn gehabt, mit seinen Reiseaufzeichnungen einem großen Lesepublikum gefallen zu wollen, so wäre er dadurch, wie er nicht zu Unrecht befürchtete, auf seiner Reise, die er immer als »angenehmen und vergnüglichen Spaziergang« verstanden habe, »um jenen Teil der Freude gebracht worden, welche ein Herz genießt, das von allem Eigennutz frei ist und weder Ruhm noch Geld begehrt.«

Bei aller Bescheidenheit war Caspar Goethe, der gerade zum Doktor beider Rechte promoviert worden war, selbstbewusst genug, sein Licht nicht unter den Scheffel zu stellen. Er dürfe behaupten, schrieb er, dass seine Beobachtungen eine gewisse Beachtung verdienten, weil er sie am Ort des Geschehens gemacht habe – im Gegensatz zu vielen Autoren, die über Italien geschrieben hätten, obwohl sie nie persönlich dort gewesen seien. Bei dem jungen Juristen kam noch ein entscheidender Vorteil gegenüber vielen anderen damaligen Autoren hinzu: Als wohlhabender Bürger der Stadt Frankfurt, die im achtzehnten Jahrhundert ein wichtiger Umschlagplatz für den deutsch-italienischen Handel war, hatte er Italienisch gelernt und sprach es ziemlich gut. Sobald er seinen Fuß auf venezianisches Gebiet gesetzt hatte, begann er zur Übung, seine Beobachtungen in italienischer Sprache aufzuschreiben. Seine »Aufzeichnungen über eine Reise nach Italien im Jahre 1740, in 42 Briefen« veröffentlichte er unter dem italienischen Titel ›Viaggio per l'Italia fatto nel anno MDCCXL ed in XLII lettere descritto da J. C. Goethe‹. Diese Reisebriefe an einen fiktiven ›E. H.‹ wurden von Albert Meier ins Deutsche übersetzt.

Caspar Goethe nahm seine Schreibarbeit ernst, auch wenn er keinen literarischen Anspruch erhob. Dies geht unter anderem aus der Vorrede zu seinen Briefen hervor, in der er bedauernd auf die Möglichkeit hinwies, dass ihm beim Kopieren seiner Aufzeichnungen Schreibfehler unterlaufen sein könnten.

Eine Schwierigkeit beim genauen Beobachten und Beschreiben von Dingen, die er für interessant hielt, sah der Autor in einem Umstand, den man als Leser nicht unbedingt erwartet hätte. Es können nämlich, wie Caspar Goethe offenbar an sich selber wahrgenommen hatte, manchmal Probleme bei der Konzentration auftreten durch den »abendlichen Aufenthalt in den Dorfschenken, wodurch man noch um das letzte bisschen Aufmerksamkeit gebracht wird, das nach einer oft gefährlichen und ziemlich unbequemen Reise übrig geblieben ist«, klagte der Verfasser. »Anstatt das, was man gesehen hat, noch einmal zu überdenken, kümmert man sich dann lieber um die Bedürfnisse des Magens und um die Ruhe. Wenn man zudem ein wenig ängstlich ist, dann wird man in den meisten Dorfschenken sogar fürchten, in eine Räuberhöhle geraten zu sein.« Das raube einem dann die letzte Lust, sich das tagsüber Erlebte noch einmal durch den Kopf gehen zu lassen oder gar aufzuschreiben.

Mit sympathischer Offenheit, sehr gründlich, wenn auch manchmal ein bisschen umständlich, schildert Caspar Goethe in oft erheiternder Ausdrucksweise seine persönlichen Erfahrungen in Italien. Er ist überzeugt, »dass es auf der ganzen Welt kein Land gibt, das so viele Schönheiten aller Art aufzuweisen hat und wo jeder Liebhaber finden kann, was seinem Geschmack entspricht und ihn befriedigt.« Gleichzeitig warnt er aber vor der »Verschlagenheit des italienischen Volkes in puncto Geldverdienen«. Jedermann wisse, so meint der Autor, dass das niedere Volk sehr zum Müßiggang neige, »weshalb diese Leute die unterschiedlichsten Kniffe ersinnen, um die allzu leichtgläubigen und unerfahrenen Reisenden in die Falle zu locken.«

In die Falle gelockt worden wären Caspar Goethe und einige Mitreisende beinahe durch einen Händler, der ihnen eine Schachtel mit Steinen, Münzen, Ringen und anderen Dingen als »echt antik« zum Kauf anbot. Um die Reisenden von der Echtheit der Gegenstände zu überzeugen, kam ein angeblicher Käufer dazu, der gegen bares Geld einiges von dem Angebotenen mitnahm. Caspar Goethe hielt den Käufer, wie von den Gaunern beabsichtigt, für einen einheimischen Kenner und war schon bereit, seine eigene Geldbörse zu zücken, als ein mitfühlender Unbekannter ihn darüber aufklärte, was hier gespielt wurde. »Voller Zufriedenheit darüber, dass wir nicht hereingelegt worden waren, nahmen wir voneinander Abschied«, schreibt der gutgläubige Caspar Goethe erleichtert.

Bevor er überhaupt venezianischen Boden betreten durfte, musste sich der Reisende einer Quarantäne unterziehen. »Es wird hoffentlich niemanden unangenehm berühren, wenn ich hier berichte, was ich dort erlebt und erlitten habe«, schreibt er vorsichtig. Leider hatte er seine Reise begonnen, ohne zu bedenken, dass in der Türkei die Pest wütete und sich auch schon an der ungarischen Grenze bemerkbar gemacht hatte. Da er über Wien gereist war, also aus der Gefahrenzone kam, wurde er an der venezianischen Grenze festgehalten und musste sich gründlich untersuchen lassen. »Die Venezianer sind bei diesen Untersuchungen doch gar zu beflissen«, beklagte er sich. »Sie übertreiben diese Vorsichtsmaßnahmen immer, und ich gehörte zu denjenigen, die ihre ganze Strenge erfahren mussten.«

In Primolano wurde Caspar Goethe von einigen Soldaten zu einem Häuschen gebracht, das von einer Palisade umgeben war und für die nächste Zeit sein »Gefängnis« sein sollte, wie er es nannte. Einem großen, sehr beleibten Aufseher übergab er ein Empfehlungsschreiben, das er dem Mann mit Hilfe eines schaufelähnlichen Gerätes präsentierte. Der Wärter öffnete das Schreiben über einem stark qualmenden Weihrauchfass und versprach, nachdem er den Brief gelesen hatte, dem krankheitsverdächtigen Reisenden jede denkbare Hilfe.

Dieses Versprechen war allerdings, wie sich schnell herausstellte, eine Luftblase. Nachdem man Caspar Goethe die Kleidung abgenommen hatte, wurde er in einem kleinen, fast finsteren Raum untergebracht. Etwas Licht kam von außen durch zwei winzige Fenster, ein kleiner Luftzug drang durch zwei schlecht schließende Türen, die unten so morsch waren, »dass die Mäuse bequem ein und aus gehen konnten«, wie der Eingesperrte sarkastisch bemerkte.

Das Essen, das er bekam, war zwar reichlich, schmeckte ihm aber gar nicht, so dass sein Appetit von Tag zu Tag geringer wurde. Das aber sah der Wärter als ein Zeichen dafür an, dass der Fremde wirklich krank war. Dieser wiederum, in Sorge, dass sein Zwangsaufenthalt deshalb womöglich verlängert würde, warf von nun an täglich einen Teil seiner Essensportion aus dem kleinen Fenster auf den Hof, wo sich mehrere Hunde darum stritten. Der Wärter schien beruhigt.

Nach vier Wochen Einzelzelle wurde dem kerngesunden Italienreisenden überraschend eröffnet, dass er sein Gefängnis als freier Mann verlassen dürfe. Dem Häftling Goethe war inzwischen »der Bart eines Kapuziners« gewachsen, den er sich schleunigst abrasieren ließ. Frohgemut wollte er den ungeliebten Ort verlassen, als man ihn schnell noch zur Kasse bat. Für das sogenannte Zimmer und die Verpflegung musste er pro Tag eine Zechine bezahlen. Wenig später erfuhr er zu seinem größten Ärger, dass die Quarantäne längst aufgehoben worden war; man hatte ihn einfach länger als nötig eingesperrt. Zu allem Überfluss sah er bald darauf seinen Wärter beim Karneval »mit meinem Geld großen Staat machen. – Schande über diese bösen und niederträchtigen Menschen!« grollte er im Nachhinein.

Am Abend des 12. Februar 1740 traf Johann Caspar Goethe endlich in Venedig ein. »Ich bin gewiss nicht der erste, der sagt, dass Venedig allein schon durch seine Lage ein Wunder ist«, schreibt er, »vor Freude ganz verwirrt«, in seinem ersten Brief an einen »hochverehrten Herrn«. »Mein großer Wunsch, einen solchen Boden zu betreten, ist nun zur Gänze erfüllt.«

Zu Caspar Goethes Vergnügen war der Karneval in vollem Gange. Die Zahl der Masken war so groß, dass nicht nur der Markusplatz, sondern auch die anliegenden Straßen überfüllt waren. Alle Förmlichkeiten galten bei diesem Maskenfest als verpönt, und es gab auch keine Standesunterschiede mehr. Wer keine Maske trug, musste auf die Freiheiten der anderen verzichten. Der Neuankömmling besorgte sich deshalb den Tabarro, einen langen schwarzen Mantel, dazu eine Gesichtsmaske und die Bautta, einen kurzen schwarzen Mantel mit Kapuze und Dreispitz; dieser Mantel wird über dem Tabarro getragen. Sofort empfand der so Verkleidete, dass er mit der äußeren Maskierung eine ungewohnte, aber angenehm befreiende Rolle einnahm: »In dieser Kleidung der närrischen Venezianer kehrte ich dann als privilegierte Person auf den Markusplatz zurück und trat überall mit einem solchen Stolz auf, als wäre ich unter den Masken aufgewachsen«, berichtete er hochzufrieden. Doch der ernsthafte deutsche Venedigbesucher fing nicht etwa, wie es die meisten Männer im Schutz der Maske taten, hier und da einen Flirt mit einer weiblichen Maske an. »Als ich erfuhr, dass man im Karnevalskleid überall hingehen darf«, schreibt Caspar Goethe, »stieg ich auf den Turm von San Marco, von wo aus ich den schönsten Anblick genoss, den es nur geben kann.«

Sein Wissensdurst, gepaart mit einem ausgeprägten Perfektionsdrang, war so groß, dass er innerhalb weniger Tage fast sämtliche venezianischen Sehenswürdigkeiten nicht nur betrachtet, sondern peinlich genau beschrieben hatte. Anders als John Ruskin, der mit seinen Zeichnungen und Fotografien später ähnlich penibel vorging, hatte Johann Caspar Goethe aber nicht im Sinn, einem denkbaren Untergang Venedigs künstlerisch entgegenzuwirken. Er wollte einfach protokollieren, was er gesehen hatte, und einem erfundenen Briefpartner darüber Rechenschaft ablegen. Auch die berühmte Marciana-Bibliothek an der Piazzetta besuchte er selbstverständlich, allerdings nur flüchtig. »Diese ist sehr schön, wohlgeordnet und hell, zudem wird sie von einigen Gemälden vortrefflicher Meister geschmückt«, konnte er gerade noch notieren. »Ich hielt mich aber nur kurz dort auf, weil es unerträglich kalt war.« – Ein gründlicher Besuch wurde im Sommer nachgeholt.

Einige Tage später erlebte der wissbegierige Reisende ein Schauspiel besonderer Art: Das sogenannte Stierfest, das eigentlich immer erst am Ende des Karnevals, zu Ehren des Dogen, gefeiert wurde. Dieses Mal zog man es aber einige Tage vor, um es dem sächsischen Kurprinzen zu zeigen, der sich zu dieser Zeit in Venedig aufhielt. Rings um den Markusplatz waren Tribünen aufgebaut worden, so dass die Piazza einem Amphitheater glich. Über den Platz hatte man von einer Seite zur anderen drei starke Seile gespannt, in deren Mitte jeweils eine Kugel mit einem Feuerwerk hing.

»Kaum war dann seine Kurfürstliche Hoheit erschienen, so begannen alle Musiker mit Trompeten und Trommeln ein schreckliches Getöse«, berichtet Caspar Goethe über den Anfang des abscheulichen Schauspiels. »Im selben Augenblick traten in Zweierreihen die Schlächter auf, die in altertümlicher Weise wie amerikanische Neger gekleidet waren. Danach trieb man zwanzig Stiere und eine entsprechende Zahl von riesengroßen Hunden auf den Kampfplatz, und augenblicklich begann, wie man sich leicht vorstellen kann, unter diesen Tieren eine grausame Jagd. Das Geschrei von über 50 000 Masken verursachte mir dabei einen derartigen Schrecken, dass mir die Haare zu Berge standen.« Sobald die Tiere erschöpft, schwer verletzt oder tot waren, wurden neue auf den Platz geführt, so dass insgesamt etwa hundert Tiere beteiligt waren; das Schauspiel dauerte über vier Stunden.

Nach diesem blutigen »Fest« wurden drei Stiere vorgeführt und an die drei Seile gebunden, an denen die Feuerwerkskugeln befestigt waren. Diese wurden angezündet und versetzten die Tiere, auf die gleichzeitig große Hunde gehetzt wurden, in eine furchtbare Raserei, so dass es an ein Wunder grenzte, dass die Seile nicht zerrissen und den Zuschauern kein Schaden zugefügt wurde. Als dieses Schauspiel vorbei war, wurde den drei Stieren der Kopf abgeschlagen. »Die Kraft und die Geschicklichkeit des ersten Mannes, der seinem Stier den Kopf mit einem einzigen Hieb herunterschlug, waren wirklich erstaunlich«, berichtet Caspar Goethe ungerührt, »aber die beiden anderen waren weniger tüchtig. Als die Nacht einbrach, begann zur Freude der Zuschauer das große Feuerwerk, mit dem schließlich das Fest gekrönt wurde.«

»Ich komme nun zu den Gondeln, die man hier an Stelle der Kutschen gebraucht«, berichtete der junge Jurist seinem Briefpartner, den er achtungsvoll mit ›E. H.‹ anredete, was üblicherweise als ›Eure Hoheit‹ verstanden wird, und beschrieb die ungewöhnlichen Wasserfahrzeuge mit gewohnter Gründlichkeit. »Das Schönste bei den Gondeln ist aber, dass in ihnen die linke Seite als die ehrenvollere gilt, während es bei uns in Deutschland und anderswo doch die rechte ist. Man muss auch mit den Hinterbacken voraus in die Gondel steigen, was mir zwar unanständig vorkam, aber nur allzu wahr ist, weil die Boote sehr schmal sind ... Dass die linke Seite die bevorzugte ist, war mir jedoch noch unbekannt.« Eines Nachmittags war der junge Deutsche von freundlichen Venezianern eingeladen worden, bei sehr schönem Wetter mit der Gondel zu einer nahe gelegenen Insel zu fahren. Höflich führte er eine ihm unbekannte Dame zur Gondel, und nachdem sie eingestiegen war, folgte er ihr. »Aber da ich sie auf der anderen Seite vermutete«, erzählte er mit trockenem Humor, »blickte ich mich nicht um und setzte mich auf ihren Schoß. So lernte ich auf meine Kosten diesen verdrehten Brauch kennen ...«

Von Venedig aus fuhr Caspar Goethe auf seiner Kavalierstour weiter nach Rom und später nach Neapel. Auf der Rückreise berührte er noch einmal Venedig, jetzt in Gesellschaft eines »gewissen Grafen Baur aus Österreich«, den er unterwegs kennen gelernt hatte. Sie kamen am 25. Juni 1740 in der Lagunenstadt an, gerade rechtzeitig, um am folgenden Tag das große Bucintoro-Fest miterleben zu können, das mit großem Pomp gefeiert wurde. »Hier nun die Beschreibung«, meldete Caspar Goethe brieflich an ›E. H.‹:

»Am Morgen des 26. war die ganze Stadt in Aufruhr, und die Boote versammelten sich in ungewöhnlich prächtigem Schmuck am Lido, die meisten davon mit Musik. Sie warten dort auf den Bucentaurus, wobei, sobald dieser, mit dem Dogen an Bord, ankommt, das Freudengeschrei und das Getöse der Trompeten, Pauken und vieler anderer Instrumente alles erzittern lassen. Falsch ist das Gerücht, dass der Kapitän des besagten Bucentaurus schwören müsse, das Schiff an diesem Tag unbeschädigt zurückzubringen, auch wenn das Meer stürmisch ist, oder dass man einen klaren Tag bei ruhiger See wähle, um jegliche Gefahr auszuschließen. Der Bucentaurus fährt nämlich niemals so weit aufs offene Meer hinaus, dass er nicht jederzeit umkehren könnte. Man verschiebt die Feierlichkeit vielmehr aus dem Grund gern auf einen schönen Tag, weil man sonst auf die Begleitung der vielen Gondeln und Barken verzichten müsste, die zum prächtigen und herrlichen Anblick das meiste beitragen.«

Obwohl das Meer sehr unruhig war und Wolken die Sonne verdeckten, wurde die rituelle Vermählung des Dogen mit dem Meer vollzogen, mit einer Änderung: Da der Doge, Alvise Pisani, krank war, bestieg an seiner Stelle das älteste Ratsmitglied, gemeinsam mit zwei Gesandten des Kaisers und Frankreichs sowie mit der gesamten Signoria, bei den beiden Säulen an der Piazzetta das prunkvolle Schiff, das von vierzig Ruderern wie in jedem Jahr zum Lido gefahren wurde. Dort waren Kriegsschiffe, Galeeren und Handelsschiffe in zwei Reihen angeordnet. Sie begrüßten den von mehreren tausend Gondeln und Barken umgebenen Bucentaurus mit Salutschüssen aus Kanonen und Musketen. Anschließend fuhr man ein Stück auf die freie See hinaus, der Patriarch segnete das Meer, und von einem kleinen Gerüst aus warf der Vertreter des kranken Dogen, zum Zeichen der Vermählung mit dem Meer, einen Ring ins Wasser.

Caspar Goethe, der auf einem Boot mitgefahren war, hatte ein wachsames Auge auf die eindrucksvolle Zeremonie – und fand auch prompt ein kleines Täuschungsmanöver heraus: »Angeblich wird bei dieser Feier ein kostbarer Ring verwendet, den man an einem Bindfaden befestigt, damit er nicht verloren geht«, informierte er ›E. H.‹. »Aber um die Wahrheit zu sagen: Ich stand zwar ziemlich nahe bei der Stelle, wo er versenkt wurde, aber ich konnte weder einen solchen Ring noch den Faden sehen; man wirft nämlich einen Ring ins Meer, der lediglich vier oder fünf Gulden wert ist und es nicht lohnt, dass, wie früher einmal, kühne Taucher nach ihm suchen.«

Bei diesem Besuch in Venedig holte Caspar Goethe nach, was er im Februar versäumt hatte: Einen etwas ausgedehnteren Besuch in der Marciana-Bibliothek, gegenüber dem Dogenpalast. »Der reich verzierte Bibliothekssaal enthält über 20 000 Bücher«, erfuhr er vom Bibliothekar Zanetti, einem »ebenso gesitteten wie gelehrten Mann«, der dem Besucher auch erzählte, dass die Republik Venedig schon früh daran gedacht habe, einen sicheren Aufbewahrungsort für die griechischen Handschriften zu suchen, die ihr Kardinal Bessarion testamentarisch vermacht hatte. Auch die Bibliothek des berühmten Dichters Francesco Petrarca und diejenigen der Kardinäle Aleandro und Grimani seien dort untergebracht. Den toskanischen Dichter Petrarca müsse man aber als den eigentlichen Begründer der Bibliothek ansehen, da er seine sämtlichen Bücher dem Senat überlassen habe.

Johann Caspar Goethe war kein geborener Dichter und folgte auch keinen literarischen Spuren. Er schrieb ohne künstlerische Ambitionen, aber häufig amüsant und immer äußerst gründlich. Seine völlig unsentimentalen Aufzeichnungen für ›E. H.‹ wurden eine verlässliche Grundlage für andere Venedigreisende, die schon auf dem Vorwege wissen wollten, wie das alltägliche Leben in der Lagunenstadt aussah, welche Bücherschätze die Marciana-Bibliothek damals schon aufzuweisen hatte oder worauf man beim Ankauf von vorgeblichen Antiquitäten zu achten habe. Von etwaigen erotischen Ausflügen in der »Stadt der Liebe« erfährt man von ihm nichts, und auch Gedichte über Venedig schrieb er nicht. Das alles aber tat in reichem Maße ein anderer, dem Johann Caspar Goethe mit seiner verhaltenen Venedigliebe den Boden bereitet hatte: sein Sohn Johann Wolfgang.

Lord Gordon Byron
Venezianische Leidenschaften

*I*m November 1816 kam Lord Byron zum ersten Mal nach Venedig. Doch schon bevor der 26-jährige Dichter die vom Untergang bedrohte Stadt mit eigenen Augen sah, war sie ihm innerlich längst vertraut gewesen. In seinem großen Versepos ›Childe Harold's Pilgrimage‹, Die Pilgerfahrt des Ritters Harold, heißt es im vierten Gesang:

Als Kind schon liebt' ich es: Venedig lebte
In meiner Brust wie eine Feenstadt,
Die, Wassersäulen gleich, dem Meer entschwebte,
Ein Markt des Reichtums und der Freude Pfad!
Durch Otway, Radcliffe, Schiller, Shakespeare tat
Sich mir ihr Bildnis auf, und in mir tragen
Will ich's, wie viel sich auch verändert hat;
Mir teurer ist sie in des Unglücks Tagen
Als in der einst'gen Pracht, die sie zur Schau getragen.

In dieser Strophe ist das literarische Netz, das über Venedig liegt, besonders deutlich sichtbar. Nicht weniger als vier Schriftsteller nennt Byron hier, die sein frühes Venedigbild geprägt haben: Thomas Otway mit seiner Tragödie ›Das gerettete Venedig‹, William Shakespeare mit ›Othello‹ und dem ›Kaufmann von Venedig‹, Ann Radcliffe mit ihrem Schauerroman ›Die Geheimnisse des Udolpho‹ und Friedrich Schiller mit seinem Erzählfragment ›Der Geisterseher‹.

Bis zum Zeitpunkt seiner Venedigaufenthalte zwischen 1816 und 1819 hatte Byron bereits ein turbulentes Leben geführt. Ein hinreißend aussehender und hochbegabter junger Mann, der schon sehr früh erotische Erfahrungen mit Kindermädchen und Cousinen gemacht hatte, mit achtzehn Jahren seine erste Gedichtsammlung veröffentlichte, eine inzestuöse Beziehung zu seiner Halbschwester Augusta pflegte, auch homosexuellen Kontakten nicht aus dem Weg ging, zwischendurch heiratete und sich, kaum Vater geworden, in Freundschaft von seiner Frau trennte, um neue abenteuerliche Wege zu gehen – ein solcher Mann fand in Venedig für seine künstlerischen wie für seine erotischen Bedürfnisse ein weites Feld.

Byrons dynamisches Temperament wurde kaum beeinträchtigt durch eine angeborene Missbildung, die er mit allen Mitteln zu verbergen suchte: Er war mit einem ›Klumpfuß‹ zur Welt gekommen, der bei dem attraktiven Jungen einen starken Minderwertigkeitskomplex auslöste. Sein rechter Fuß war zu kurz und nach innen gedreht, so dass Byron sein Leben lang leicht humpelte. Er scheute deshalb Spaziergänge und sonstige Auftritte im Freien, bei denen er beobachtet werden konnte. In Venedig mied er deswegen nach Möglichkeit auch den zentralen Begegnungsort, den Markusplatz.

Doch mit eiserner Energie kompensierte er sein Leiden durch Fechten, Pistolenschießen, Boxen, Reiten und geradezu exzessives Schwimmen. In Portugal ritt der 20-Jährige bei glühender Hitze täglich bis zu siebzig Meilen, in Griechenland durchschwamm er bei starkem Wellengang am 3. Mai 1810 den Hellespont von Sestos nach Abydos, eine Strecke von etwa anderthalb Kilometern. Er war maßlos in der Liebe, und gleichzeitig schien seine literarische Produktivität keine Grenzen zu kennen. Im Jahre 1812 wurde dieser ganz und gar außergewöhnliche junge Dichter (mit einem Sitz im englischen Oberhaus) auf einen Schlag in ganz England bekannt – durch die beiden ersten Gesänge seines Versepos ›Childe Harold's Pilgrimage‹, eines großen, lyrisch-erzählenden Gedichtes über Byrons Reisen durch Portugal, Spanien und Griechenland. »Eines Morgens wachte ich auf und war berühmt«, soll der damals 24-Jährige seinen Erfolg genussvoll kommentiert haben.

Im Herbst des Jahres 1816 fuhr Byron, nachdem er in der Schweiz Madame de Staël in Coppet einen Besuch abgestattet hatte, mit seinem Freund John Hobhouse in einer sechsspännigen Kutsche über den Simplonpass, mit Waffen versehen und von Hunden begleitet, um sich gegen Überfälle von Räuberbanden zu schützen. In Mailand, das nach Napoleons Besetzung nun unter österreichischer Herrschaft stand, legten sie eine kurze Pause ein, um Bekannte zu treffen; dort lernte Byron auch den französischen Schriftsteller und Venedigliebhaber Henri Stendhal kennen, der sich von dem jungen englischen Lord stark beeindruckt zeigte.

Von Mailand aus schickte Byron seine Dienstboten mit dem Gepäck in zwei schweren Karossen nach Venedig voraus und fuhr mit John Hobhouse in einem Einspänner gemächlich hinterher. Am 10. November erreichten sie bei strömendem Regen Mestre, den venezianischen Festlandhafen, und sahen im Dunst die erträumte Lagunenstadt. Byron wusste, was ihn erwartete.

Sie kamen in ein verfallendes, geplündertes Venedig, dem man nur noch mit viel Phantasie ansehen konnte, wie prächtig es gewesen sein musste. Schon als die Stadt sich 1797 Napoleon ergab, war der Niedergang zu erkennen. Aber der französische Kaiser verschlimmerte den Zustand um ein Vielfaches. Als die Österreicher 1814 die Macht übernahmen, war die Stadt, wie in einem zeitgenössischen Bericht beklagt wird, »ihres Schmucks und ihrer Schätze beraubt, der Hafen versandet, das Arsenal verlassen, die Manufakturen ruiniert. Die Paläste bröselten Stück für Stück in den Kanal und füllten ihn mit Schutt, und die Schiffe verrotteten in den Werften.« Die Bevölkerung war inzwischen von 130 000 auf 100 000 Einwohner geschrumpft, davon war mehr als die Hälfte bitterarm. Die Stadt wimmelte von Besatzungssoldaten. Überall musste man mit Spionen rechnen. Die freie Rede war zensiert. Und etwa zwanzigtausend Huren trugen zu dem langanhaltenden Klischee bei, die Lagunenstadt als dekadent und moralisch versumpft erscheinen zu lassen. Für viele Außenstehende, vor allem für

Reisende, die reichlich Geld und Muße hatten, war das Bild des ruinierten, heruntergekommenen Venedig, das sich mit Liebe, Lust und Maskenbällen über den Verfall hinwegtanzte, allerdings eher »bizarr« und »romantisch«. Besonders die schwarzen Gondeln mit dem kastenförmigen Unterschlupf darauf, dessen Vorhänge nach Belieben zugezogen werden konnten, regten die touristische Phantasie an. In Byrons Gedicht ›Beppo‹ wird sie beschrieben:

Sahst du je eine Gondel? – Lass sie dir
Beschreiben. Eine Gondel ist ein schmales
Bedecktes langes Boot, alltäglich hier,
Ein leicht gebautes, aber kapitales;
Zwei Rudrer drin – man nennt sie Gondolier;
Schwarz gleitet sie durchs Wasser des Kanales,
Just wie ein Sarg in einer kleinen Jacht,
Und niemand merkt, was ihr drin sprecht und macht.

Und so, durch die Kanäle, Tag und Nacht,
Und unter des Rialto Ufermauer
Schießen sie hurtig oder gleiten sacht,
Und liegen vor Theatern auf der Lauer,
Ein schwarzer Schwarm, in ihrer Trauertracht,
Sie selber aber wissen nichts von Trauer;
Denn manchmal tragen sie gar lust'ge Gäste,
Wie Trauerkutschen nach dem Leichenfeste.

Während Hobhouse nach Rom weiterreiste, richtete sich Byron, als sei er im versinkenden Venedig zu Hause, ohne Umstände in der Lagunenstadt ein. Seine Pferde brachte er in einem Stall am Lido unter, mietete sich eine Gondel und fand mühelos eine Wohnung, im Haus eines Tuchhändlers namens Segati in der Calle della Piscina 1673, zwischen dem Markusplatz und San Moisé. Kaum hatte er ein Dach über dem Kopf, war Byron auch schon verliebt, und zwar in die 22-jährige Ehefrau seines Vermieters, Marianna Segati. Die junge Frau, Mutter einer kleinen Tochter, hatte ihre Wohnung unter Byrons Zimmern, was sich in der Folge als sehr praktisch erwies.

»Meine Gondel erwartet mich in diesem Augenblick auf dem Kanal; aber ich möchte Ihnen lieber im Hause schreiben, weil es Herbst ist – und ein ziemlich englischer Herbst noch dazu«, teilte Byron seinem Verleger in London kurz brieflich mit. »Ich habe die Absicht, den Winter über in Venedig zu bleiben, wahrscheinlich, weil es immer (neben dem Osten) die grünste Insel meiner Phantasie geblieben ist. Es hat mich nicht enttäuscht, obschon sein augenscheinlicher Verfall diese Wirkung auf andere haben könnte. Aber ich bin schon zu lange mit Ruinen vertraut, um Missfallen an Zerstörung zu finden. Außerdem bin ich der Liebe verfallen ...«

Begeistert berichtete der ungestüme Dichter wenig später mehreren Freunden in England von seiner neuesten Errungenschaft. Marianna Segati gleiche »ganz und gar einer Antilope«, schrieb er. Sie sei klein und zierlich, habe dunkle, glänzende Locken und »große schwarze orientalische Augen mit jenem besonderen Ausdruck, den man bei Europäerinnen nur selten findet – nicht einmal bei den Italienerinnen – und den viele türkische Frauen durch das Färben der Augenlider erzielen«. Marianna hatte diesen Ausdruck offenbar von Natur aus, dazu eine tiefrote Gesichtsfarbe, die der junge Lord, wie die amerikanische Byron-Biografin Benita Eisler anmerkt, als einen permanenten Erregungszustand interpretierte.

Diese Deutung erwies sich in Mariannas Fall innerhalb kürzester Zeit als zutreffend. Die venezianische Tuchhändlersfrau und der englische Lord brauchten bei ihrer rasch aufblühenden Beziehung nicht einmal ein schlechtes Gewissen zu haben. Denn der betrogene Ehemann hatte, wie Marianna ihrem Liebhaber beruhigend versicherte, auch seinerseits eine Geliebte. Zu einem kurzfristigen Problem wurde Byrons Liaison erst durch eine weitere Interessentin. Als Marianna eines Abends mit ihrem angetrauten Gatten gemeinsam das Haus verlassen hatte, erhielt Byron überraschend Besuch von Mariannas Schwägerin, einer hübschen, fast blonden neunzehnjährigen Venezianerin, die den Gast um eine kleine Unterhaltung bat. Minuten später rauschte zu Byrons Verblüffung Marianna ins Zimmer, machte vor dem sitzenden Paar zunächst einen überaus höflichen Knicks, zog dann, ohne ein Wort zu sagen, ihre Schwägerin an den Haaren und verpasste ihr, laut Byrons Zählung, mindestens sechzehn kräftige Hiebe. »Das bloße Echo dieser Schläge hätte Ihnen in den Ohren wehgetan«, schrieb Byron an seinen irischen Dichterkollegen Thomas Moore. »Das Geschrei brauche ich Ihnen nicht zu beschreiben.« Nachdem die Schwägerin geflüchtet war, hatte Byron die ganze Nacht damit zu tun, seine vor Eifersucht, Wut und Erschöpfung völlig aufgelöste Geliebte »mit gutem Zureden, Eau de Cologne, Essig, einem Viertelliter Wasser und Gott weiß was für Wässern sonst noch« zu beruhigen.

Noch in derselben Nacht hatte Byron Gelegenheit, die venezianische Praxis des ›Cicisbeo‹ kennen zu lernen, eines ständigen Begleiters, der zugleich akzeptierter Liebhaber und Hausfreund ist. Während die halb ohnmächtige Marianna sich noch von Byron trösten ließ, erschien unversehens der Hausherr Segati im Türrahmen und stellte unaufgeregt die Frage: »Was soll das hier eigentlich alles?« Als Byron ein mattes »Nichts leichter zu erklären als das« herausgebracht hatte, sah der Ehemann die Situation offenbar nicht als einen Angriff auf seine Ehre an und verschwand wieder. »Eifersucht ist in Venedig nicht an der Tagesordnung«, bemerkte Byron erleichtert in einem Brief an Thomas Moore. »Dolche sind nicht mehr in Mode.«

Die Erklärung für die Großzügigkeit des hintergangenen Tuchhändlers war für einen Venezianer ganz plausibel: Da die Ehe nicht in erster Linie als Sakrament, sondern vor allem als soziale Institution betrachtet wurde, konnte auch eine Frau aus dem Mittelstand ein Privileg für sich in Anspruch nehmen, das früher dem Adelsstand vorbehalten gewesen war: einen

Geliebten zu haben, der gleichzeitig ein Freund des Ehemannes werden konnte. Eine Einrichtung, die wie geschaffen schien für das Temperament des englischen Dichters.

Obgleich Byron in seine schwarzäugige Freundin verliebt war, hatte er keine Lust, Marianna ständig an seiner Seite zu haben. Er wollte auch für andere Abenteuer offen bleiben. Dafür gab es viele Möglichkeiten, zum Beispiel Theaterbesuche im Fenice oder im San-Benedetto-Theater, Ausritte am Lido oder im ›ridotto‹, einer clubähnlichen Örtlichkeit, wo Damen und Herren aller Stände sich maskiert treffen konnten. Solche Redouten waren aus den eleganten Spielsalons entstanden, die meist zu einem Theater gehörten. In den überfüllten Räumen eines Ridotto trug man Maskenkostüme und konnte sich auf diese Weise mit jedem, der wollte, ungeniert amüsieren.

Für Byrons geistige Anregung war ebenfalls gesorgt. Häufig fuhr Byron von San Marco aus auf die Insel San Lazzaro, wo sich das Kloster der armenischen Mönche befand. Dort gab es eine bekannte Druckerei und eine ausgezeichnete Bibliothek mit alten Manuskripten und Übersetzungen aus verloren gegangenen griechischen Originalen, aus dem Persischen und dem Syrischen. »Zur Zerstreuung studiere ich täglich in einem armenischen Kloster die armenische Sprache«, schrieb Byron 1817 in einem Brief an englische Freunde. »Ich fand, dass mein Geist nach etwas Hartem verlangte, um sich darin zu verbeißen, und dies – als die schwierigste Sache, die ich hier zum Zeitvertreib entdecken konnte – habe ich gewählt, um mich zur Aufmerksamkeit zu zwingen. Immerhin ist es eine reiche Sprache und dürfte jedem die Mühe des Erlernens reichlich vergelten.«

Von englischen Landsleuten hielt Byron sich am liebsten fern. Stattdessen besuchte er oft die Salonabende im Palast der Gräfin Albrizzi. Die kultivierte Isabella Teotocchi Albrizzi, eine Tochter des griechischen Grafen Teotocchi, gab häufig Empfänge für Künstler, Literaten und ausländische Besucher von Rang und wurde als »Madame de Staël von Venedig« apostrophiert. Die Gräfin war nicht nur eine großzügige Gastgeberin, sondern auch eine begabte Schreiberin. Von ihr stammt eine Biografie der Liebeslyrikerin Vittoria Colonna.

Im Palazzo Albrizzi lernte Byron unter anderem den venezianischen Bildhauer Antonio Canova kennen. Der berühmte Künstler hatte der Gräfin eine von ihm modellierte Marmorbüste der schönen Helena geschenkt, die Byron außerordentlich bewunderte. In dem kunstvoll bearbeiteten Marmor sah der junge Dichter das platonische Schönheitsideal in einer Weise verwirklicht, wie nach seiner Überzeugung nur die bildende Kunst es vermochte. Im November 1816 schrieb er ein Gedicht über Canovas Kunstwerk:

An die Büste der Helena von Canova

In diesem Marmor, mehr als hold
Und mehr als irdisch, staunet an,
Was die Natur nicht tun gewollt,
Doch Schönheit durch Canova kann;
Fast mehr, als je die Phantasie
Und je ein Traum des Dichters sah,
Ihr Teil Unsterblichkeit, so sieh,
Verklärt des Herzens Helena.

Von Venedig aus machte Byron im Frühjahr 1817 einen Abstecher nach Rom, zu seinem Freund Hobhouse, ohne Marianna. Im Mai fuhr er zurück in die Lagunenstadt. Da Venedig allmählich sehr heiß wurde, mietete der Dichter eine Villa an der Brenta, in La Mira. Marianna folgte ihm. Hier begann Byron am 26. Juni den vierten und letzten Gesang seines ›Childe Harold‹ zu schreiben. Er erzählt, durchzogen von ekstatischen Naturschilderungen und melancholischen Reflexionen über die Vergänglichkeit des Menschen und seiner kulturellen Werke, von der Geschichte Venedigs, von Byrons eigenen Erfahrungen in Venedig und seiner späteren Weiterreise nach Rom. Dieser

Teil von ›Childe Harold's Pilgrimage‹, den der Dichter John Hobhouse widmete, beginnt mit den Versen:

Ich schaute von Venedigs Seufzerbogen,
Ein Kerker, ein Palast zu jeder Hand;
Ich sah die Bauten steigen aus den Wogen
Wie Zaubrers Blendwerk; ein Jahrtausend stand
Vor mir, die dunklen Flügel ausgespannt;
Sterbender Glanz umfloss die sieggewohnte
Versunk'ne Zeit, da manch bezwung'nes Land
Dem Marmorsitz des Flügellöwen fronte,
Wo stolz Venezia auf hundert Inseln thronte.

Verstummt sind in Venedig Tassos Lieder;
Still rudert, ohne Sang, der Gondolier;
Paläste bröckeln auf das Ufer nieder,
Und selten tönt Musik durch das Revier,
Die Zeit ist hin, doch weilt noch Schönheit hier.
Staaten vergehn, die Kunst sinkt in Verfall,
Nur die Natur ist ewig, und vor ihr
Ist noch Venedig für die Völker all
Der Tummelplatz der Lust, Italiens Karneval.

Ein solcher Tummelplatz war auch der Lido, wo gewöhnlich Prostituierte, die auf Freier warteten, herumspazierten. John Hobhouse kam oft aus Rom nach Venedig, um Byron zu besuchen. Eines Tages ritten beide auf dem Lido, in der Absicht, mit einigen der dort promenierenden Damen anzubändeln. Zwei der Mädchen gefielen ihnen besonders, und schnell war man einig. Byron entschied sich für die größere der beiden, die 22-jährige Margarita Cogni. Sie war mit einem schwindsüchtigen arbeitslosen Bäcker verheiratet. Margarita hatte bereits von dem großzügigen englischen Lord gehört und schloss sich ihm ohne Umstände an. Byron verliebte sich sofort in die amazonenhafte junge Frau (»wie gemacht, um Gladiatoren daraus zu züchten«, fand er) und entschloss sich, ihr materiell zu helfen. Er nannte seine neue Flamme »Fornarina«, Bäckerin, in Anspielung auf die berühmte Geliebte Raffaels, die dieser auf einem Gemälde verewigt hatte. Die zu Hause wartende Marianna musste wohl oder übel die stämmige Margarita als Rivalin akzeptieren.

Trotz seiner anderweitigen Beschäftigungen vergaß Byron das Schreiben keineswegs. Anfang Oktober verfasste er in La Mira innerhalb von zwei Tagen das Gedicht ›Beppo. Eine venezianische Geschichte‹, in dem das nächtliche Venedig sich mit seinen unzähligen Versteckmöglichkeiten als erotische Szenerie anbietet:

> Sobald die Nacht den Himmel hüllt in Schatten
> (Je dunkler, desto besser), naht die Zeit,
> Die für Verliebte schöner als für Gatten,
> Und ihre Fesseln sprengt die Sprödigkeit;
> Die Lust hüpft auf den Zehen ohn' Ermatten,
> Mit jedem kichernd, welcher um sie freit;
> Da schallen Lieder, Triller und Gequiek,
> Gitarr'n und alle Arten von Musik.

In der leicht frivolen Verserzählung griff der Dichter die venezianische Anekdote von der schönen jungen Laura auf, deren Mann von einer Seereise nicht zurückkommt. Nach dem Trauerjahr amüsiert sich Laura mit einem adeligen Liebhaber beim Karneval, als unverhofft ihr totgeglaubter Gatte erscheint. Dieser hatte sich inzwischen in der Türkei mehrfach liiert, hat also keinen Grund, sich über Lauras neue Bindung aufzuregen. Die Angelegenheit wird auf venezianische Weise geregelt. Laura bleibt bei ihrem Gatten, darf aber den Liebhaber behalten:

> Man sagt, dass Laura oft zur Wut ihn trieb,
> Jedoch der Graf und er stets Freundschaft pflogen.

Hier ist das Blatt zu End, auf dem ich schrieb,
Und die Geschichte endigt mit dem Bogen.

Im folgenden Winter verließ Byron seine Bleibe in La Mira und suchte, weil er nicht wieder im Haus des Tuchhändlers wohnen wollte, eine andere Wohnung in Venedig. Als ihm einer der beiden Mocenigo-Paläste am Canal Grande bei der Rialtobrücke angeboten wurde, schloss er einen dreijährigen Mietvertrag für eine Wohnung im sogenannten Palazzo Nuovo ab. Es war ein eleganter Palast aus dem siebzehnten Jahrhundert, mit hohen Bogenfenstern und einem Steinbalkon, der von dem riesigen Salon aus zum Wasser hinausging. Der junge Lord brauchte inzwischen sehr viel Platz. Im obersten Stockwerk wurden die Dienstboten untergebracht – vierzehn Personen. Im Erdgeschoss zwischen den Kutschen wurde eine Menagerie eingerichtet: Eine Dogge, ein Fuchs, ein Wolf, mehrere kleine Hunde in Körben sowie verschiedene Vögel in Käfigen hatte Byron zum Zeitvertreib angeschafft – »nachdem eine Katze durchgebrannt, zwei Affen und eine Krähe an Magenverstimmung eingegangen« waren, sei das, so fand Byron, noch immer »eine blühende und etwas aufsässige Einrichtung«.

Von Marianna Segati hatte sich Byron ohne allzu große Aufregung getrennt. Bei Margarita Cogni ging das nicht so einfach: Als Byron ihr eröffnete, dass ihre Beziehung nun ein Ende haben müsse, fing Margarita an zu toben und ging mit einem Küchenmesser auf Byron los. Dieser rief seine Gondolieri zu Hilfe, die Margarita hinausbringen sollten. Doch als die Männer sie anfassten, riss Margarita sich los und sprang in den Kanal. Sie wurde umgehend wieder herausgezogen, und Byron brauchte viel Zeit und Geduld, um seine »Verflossene« von der Ernsthaftigkeit seiner Trennungsabsicht zu überzeugen.

Wieder stürzte sich Byron in leidenschaftliche Liebesaffären – nach seinen eigenen Angaben waren es mehrere Dutzend innerhalb von drei Jahren, von kurzfristigen Beziehungen abgesehen. Zwischendurch wurde ihm, zu seiner freudigen

Überraschung, seine kleine Tochter Allegra, die einer seiner außerehelichen Beziehungen entstammte, für kurze Zeit nach Venedig gebracht. Byron fand sie sehr hübsch und meinte, sie gleiche seiner ehelich gezeugten Tochter Ada, aber das »teuflische Temperament« habe sie vom Vater.

Wenn Byron nicht schrieb und nicht liebte, suchte er den Ruhm im Wasser: Im Wettschwimmen vom Lido zur Riva dei Schiavoni übertraf er alle Konkurrenten. Bei einer Revanche ließ er alle anderen um mehrere hundert Meter hinter sich, noch bevor sie den Canal Grande erreicht hatten. Sein stärkster Rivale musste völlig erschöpft beim Rialto aus dem Wasser gezogen werden, so dass Byron die auf mehr als fünf Kilometer geschätzte Strecke bis zum Ende des Kanals allein durchschwamm. »So war ich von halb fünf bis viertel nach acht im Meer, ohne mich festzuhalten oder auszuruhen«, berichtete der Sieger triumphierend in einem Brief an englische Freunde.

Das lebenslustige Venedig war die ideale Bühne für Byrons ehrgeizige Eskapaden und amouröse Abenteuer. Doch sein Blick richtete sich immer wieder auch auf den geschichtsträchtigen Boden, auf dem er sich bewegte. Der berühmte Dichter sang den Ruhm der Lagunenstadt. Im Sommer 1818 berichtete er seinem Verleger John Murray, er habe eine Ode auf Venedig vollendet; sie wurde 1819 veröffentlicht und beginnt:

Venedig! o Venedig! wann zerfallen
Am Wasser liegen wird dein Marmorbau,
Dann wird um deine halbversunk'nen Hallen
Ein Schrei von Völkern durch die Brandung schallen,
Ein Klageruf am dunklen Meeresblau.
Ich wein' um dich, der Gast aus fremdem Gau.

Im selben Jahr hatte Byron eine leidenschaftliche Affäre mit der achtzehnjährigen Gräfin Teresa Guiccioli aus Ravenna begonnen, die mit ihrem vierzig Jahre älteren Mann auf ihrer Hochzeitsreise Venedig besucht hatte. Seit einigen Jahren habe er systematisch versucht, starke Leidenschaften zu vermeiden, weil er schon viel unter der Tyrannei der Liebe gelitten habe, schrieb Byron der jungen Gräfin am 25. April 1819. »Aber jetzt hast Du alle meine Vorsätze umgeworfen – jetzt gehöre ich ganz Dir ...«

Byron reiste dem Ehepaar Guiccioli nach und war für eine Weile wieder einmal ein »cavalier servente«, der offizielle Liebhaber neben dem Ehemann. Aber schon vier Monate später meldete sich der alte Freiheitsdrang. Er sei sich bewusst, dass ein Mann sein Leben nicht an der Seite und am Busen einer Frau hinbringen sollte, schrieb Byron an seinen Freund Hobhouse und klagte: »Wohin habe ich mich gebracht?«

Die Ehe der Gräfin wurde schließlich durch ein päpstliches Dekret aufgelöst, weil die problematische Dreierbeziehung in Ravenna zu einem öffentlichen Skandalthema geworden war. Die Gräfin zog sich in ein Landhaus zurück. Lord Byron träumte kurzfristig von einem freien Leben als Plantagenbesitzer in Amerika, besann sich dann aber und zog lediglich von Venedig nach Pisa um, wo sein Freund, der Dichter Shelley, einen geräumigen Palazzo gemietet hatte.

Doch die Lagunenstadt ließ Byron nie völlig los. Im Jahre 1821 erschien im Verlag von John Murray ein dramatisches Werk von Byron: die historische Tragödie ›Marino Faliero, Doge von Venedig‹, die mit dem bedrohlichen Dialog zwischen einem venezianischen Patrizier und einem Senator beginnt: »Wie ist's mit dem Gefangenen?« – »Er ruht vom Foltern aus.« In diesem Stück, das im Londoner Drury-Lane-Theater uraufgeführt und 1835 von Gaetano Donizetti als Oper vertont wurde, geht es um die Verschwörung des Dogen Marino Faliero gegen den venezianischen Senat, von dem sich Faliero in einer Ehrensache ungerecht behandelt gefühlt hatte. Der Doge verflucht den Senat mit den heftigen Worten:

> Von allen deinen Morden denk an meinen,
> Du Höhle der vom Fürstenblute Trunk'nen,
> Gehenna du der Wasser, Meeressodom!

Warum Venedig hier mit Mord in Verbindung gebracht und mit dem biblischen Begriff für Hölle, ›Gehenna‹, beschimpft wird, erläutert der Dichter im Anhang zu seinem Stück: Von den ersten fünfzig Dogen Venedigs dankten fünf ab; fünf wurden verbannt, nachdem man ihnen die Augen ausgestochen hatte, fünf wurden ermordet und neun ihres Amtes enthoben, so dass neunzehn von ihnen den Thron gewaltsam verloren, zwei nicht mitgerechnet, die im Kampfe fielen. Dies geschah lange vor Falieros Regierung. Marino Faliero wurde als Verschwörer zum Tode verurteilt, wie die Tragödie zeigt. Unter seinen Nachfolgern musste der Doge Foscari seinen eigenen Sohn wiederholt auf die Folter spannen.

1821 erschien in London Byrons historische Tragödie ›Die beiden Foscari‹, die auf einer venezianischen Episode aus dem 15. Jahrhundert basiert; Byrons Stück wurde im April 1837 ebenfalls im Londoner Drury-Lane-Theater uraufgeführt und 1844 von Giuseppe Verdi als Oper komponiert. Die Tragödie behandelt, am Beispiel eines Dogen und seines vom Senat verbannten Sohnes, ein Thema, das Byron besonders am Herzen lag: den Verstoß eines Individuums gegen gesellschaftliche Normen.

Johann Wolfgang von Goethe
Vergnügen und Nutzen

»*F*rüh drei Uhr stahl ich mich aus Karlsbad, weil man mich sonst nicht fortgelassen hätte. Die Gesellschaft, die den achtundzwanzigsten August, meinen Geburtstag, auf eine sehr freundliche Weise feiern mochte, erwarb sich wohl dadurch ein Recht, mich festzuhalten; allein hier war nicht länger zu säumen. Ich warf mich, ganz allein, nur einen Mantelsack und Dachsranzen aufpackend, in eine Postchaise …«

Gerade 37 Jahre alt geworden, fuhr Johann Wolfgang von Goethe zum ersten Mal nach Venedig. Über München und Innsbruck ging es in acht Tagen und Nächten – manchmal bei Mondschein, während der Postkutscher ein Schläfchen machte und seine Pferde allein den Weg finden ließ – über den Brenner nach Trient, wo Goethe unter dem Datum vom 11. September 1786 in sein Tagebuch schrieb: »Die Postillions fuhren, dass einem Hören und Sehen verging; und so leid es mir tat, diese herrlichen Gegenden mit der entsetzlichsten Schnelle und bei Nacht wie im Fluge zu durchreisen, so freuete es mich doch innerlich, dass ein günstiger Wind hinter mir herblies und mich meinen Wünschen zujagte …« Er hoffe, schrieb er, »die Lagunen und die dem Meer vermählte Herrscherin bei schöner Tageszeit zu erblicken.«

Das Ziel seiner Wünsche war zunächst Venedig, auf das Goethe sich noch sehr viel gründlicher als sein Vater vorbereitet hatte. Goethe war damals bereits eine Berühmtheit. Der ›Götz von Berlichingen‹, der ›Clavigo‹ waren schon geschrieben, die zweite Fassung der ›Leiden des jungen Werthers‹ war abgeschlossen und der Name des Dichters in aller Munde. Außerdem hatte Goethe in Leipzig Jura studiert, wie der Vater, und war zum Abschluss seines Studiums nach Straßburg gegangen, wo er unter anderem auch medizinische Vorlesungen hörte.

1775 war der hochbegabte (und häufig verliebte) junge Dichter auf Einladung des Herzogs Carl August nach Weimar übergesiedelt und wurde wenige Jahre später zu einem hohen Staatsbeamten befördert. Nebenher betrieb er ernsthafte naturwissenschaftliche Studien, unter anderem Mineralogie. Als Geheimer Rat übernahm Goethe im Jahre 1782 die Leitung der obersten Finanzbehörde; im selben Jahr wurde er von Kaiser Joseph II. in den Adelsstand erhoben.

Mit Ehren überhäuft und mit Wissen befrachtet, begann Goethe den ersten Teil seiner ›Italienischen Reise‹ mit den bekannten Sätzen: »So stand es denn in dem Buche des Schicksals auf meinem Blatte geschrieben, dass ich 1786 den 28. September, abends, nach unserer Uhr um fünfe, Venedig zum ersten Mal, aus der Brenta in die Lagunen einfahrend, erblicken und bald darauf diese wunderbare Inselstadt, diese Biberrepublik, betreten und besuchen sollte. So ist denn auch, Gott sei Dank, Venedig mir kein bloßes Wort mehr, kein hohler Name, der mich so oft, mich, den Todfeind von Wortschällen, geängstiget hat.«

Als die erste Gondel an das Schiff anfuhr, um eilige Passagiere schneller nach Venedig zu bringen, erinnerte sich Goethe eines Kinderspielzeugs, an das er schon lange nicht mehr gedacht hatte. Sein Vater hatte von seiner Venedigreise ein Gondelmodell mitgebracht, das er sehr behütete; nur ausnahmsweise durfte der kleine Sohn damit spielen. Beim Anblick der originalen Gondeln fiel Goethe das Spielzeug wieder ein: »Die ersten Schnäbel von blankem Eisenblech, die schwarzen Gondelkäfige, alles grüßte mich wie eine alte Bekanntschaft, ich genoss einen langentbehrten freundlichen Jugendeindruck.« Ein Mitreisender, der sich in Venedig offenbar auskannte, forderte Goethe auf, mit ihm zusammen ebenfalls eine Gondel zu nehmen, und so fuhr er bei Sonnenuntergang heiter gestimmt seinem Ziel entgegen.

»Ich bin gut logiert in der Königin von England«, notierte Goethe wenig später in seinem Hotel, »nicht weit vom Markusplatze, und dies ist der größte Vorzug des Quartiers; meine

Fenster gehen auf einen schmalen Kanal zwischen hohen Häusern, gleich unter mir eine einbogige Brücke, und gegenüber ein schmales, belebtes Gässchen.« Die einbogige Brücke war der Ponte dei Fuseri. Die ›Königin von England‹ wurde später das Hotel Victoria. An dem Palazzo hängt heute eine kleine Erinnerungstafel mit der deutschen Aufschrift: ›Goethe wohnte hier, 28. Sept. – 14. Oct. MDCCLXXXVI.‹ Hier wollte Goethe bleiben, bis er sich am Bild der Stadt satt gesehen hätte. »Die Einsamkeit, nach der ich so sehnsuchtsvoll geseufzt, kann ich nun recht genießen; denn nirgends fühlt man sich einsamer als im Gewimmel, wo man sich, allen ganz unbekannt, durchdrängt. In Venedig kennt mich vielleicht nur *ein* Mensch, und der wird mir nicht gleich begegnen.«

Sein unstillbarer Wissensdurst trieb Goethe am folgenden Tag mit Macht in die Stadt: »Nach Tische eilte ich, mir erst einen Eindruck des Ganzen zu versichern, und warf mich, ohne Begleiter, nur die Himmelsgegend merkend, ins Labyrinth der Stadt, welche, obgleich durchaus von Kanälen und Kanälchen durchschnitten, durch Brücken und Brückchen wieder zusammenhängt. Die Enge und Gedrängtheit denkt man nicht, ohne es gesehen zu haben.«

Die Venezianer seien nicht zum Spaß auf die Inseln geflüchtet, resümierte Goethe seine Kenntnisse über Venedigs Geschichte. »Die Not lehrte sie ihre Sicherheit in der unvorteilhaftesten Lage suchen, die ihnen nachher so vorteilhaft ward und sie klug machte, als noch die ganze nördliche Welt im Düstern gefangen lag; ihre Vermehrung, ihr Reichtum war die notwendige Folge.« Die Häuser wurden eng aneinander gebaut, weil der Platz knapp war; man ließ zwischen zwei Häusern nur gerade soviel Raum, dass die Menschen bequem hindurchgehen konnten. Häufig sind die Gassen nur so breit, dass man mit ausgestreckten Armen links und rechts an die Hausmauern stößt.

In kürzester Zeit machte sich der gut vorbereitete Goethe an Ort und Stelle ein genaues Bild von Venedig. Dabei ging er strategisch vor wie ein Feldherr, der eine Stadt erobern will. Er suchte und fand im Gassengewirr mühelos den Weg zum großen Kanal und zum Rialto. Von der Brücke aus – »sie besteht aus einem einzigen Bogen von weißem Marmor« – sah er nicht nur, wie jeder gewöhnliche Reisende, eine Menge großer und kleiner Schiffe, die den Kanal befuhren, sondern er stellte zugleich genau fest, was einzelne Boote geladen hatten und an welchen Stellen sie ein- und ausluden. Gleichzeitig fiel ihm auf, dass sich eine Menge gut gekleideter Frauen in offenen Barken zu einer Kirche fahren ließen. Um die Frauen aus der Nähe zu beobachten, verließ der Dichter die Rialtobrücke und ging zur Haltestelle der Barken. »Ich habe sehr schöne Gesichter und Gestalten darunter gefunden«, vermerkte er.

Schnell nahm Goethe die Stadt und die Lagunen in Besitz. Nachdem er zahllose Gassen aufmerksam durchwandert hatte, mietete er eine Gondel und setzte seine Erforschung Venedigs auf dem Wasser fort. Er ließ sich durch den nördlichen Teil des Canal Grande fahren, um die Insel der heiligen Clara herum, in die Lagunen und den Giudecca-Kanal hinein, bis an den Markusplatz. Jetzt war er, wie er mit Behagen empfand, »auf einmal ein Mitherr des Adriatischen Meeres.«

Eins der ›Venetianischen Epigramme‹ beschreibt Goethes entspannte Rückenlage inmitten des regen Schiffsverkehrs und spielt gleichzeitig mit dem Wort ›Lorbeer‹, das für den Ruhm steht, und dem griechischen Nymphennamen ›Daphne‹, der ebenfalls ›Lorbeer‹ bedeutet:

In der Gondel lag ich gestreckt und fuhr durch die Schiffe,
Die in dem großen Kanal, viele befrachtete, stehn.
Mancherlei Ware findest du da für manches Bedürfnis,
Weizen, Wein und Gemüs, Scheite, wie leichtes Gesträuch.
Pfeilschnell drangen wir durch; da traf ein verlorener Lorbeer

Derb mir die Wangen. Ich rief: Daphne, verletzest
du mich?
Lohn erwartet ich eher! Die Nymphe lispelte lächelnd:
Dichter sünd'gen nicht schwer. Leicht ist die Strafe.
Nur zu!

»Von Venedig ist schon viel erzählt und gedruckt worden, dass ich mit Beschreibung nicht umständlich sein will; ich sage nur, wie es mir entgegenkömmt«, hatte der Dichter sich vorgenommen. Kurz und prägnant beschrieb Goethe für Leser und Freunde, die Venedig nicht kannten, zum Beispiel den einzigartigen Blick, den man von der Piazzetta aus über das Wasser hinweg genießt: Links die Insel San Giorgio Maggiore, etwas weiter rechts die Giudecca und ihren Kanal, noch ein Stück weiter rechts die Dogana und die Einfahrt in den Canal Grande, wo dem Betrachter »gleich ein paar ungeheure Marmortempel entgegenleuchten«. Dies alles könne man sehen, wenn man zwischen den beiden Säulen auf der Piazzetta steht.

Am nächsten Tag besuchte Goethe, ohne einen ortskundigen Führer, die entferntesten Teile der Stadt. »Ich suchte mich in und aus diesem Labyrinthe zu finden, ohne irgend jemand zu fragen, mich abermals nur nach der Himmelsgegend richtend. Man entwirrt sich wohl endlich, aber es ist ein unglaubliches Gehecke ineinander, und meine Manier, sich recht sinnlich davon zu überzeugen, die beste. Auch habe ich mir, bis an die letzte bewohnte Spitze, der Einwohner Betragen, Lebensart, Sitte und Wesen gemerkt; in jedem Quartier sind sie anders beschaffen. Du lieber Gott! Was doch der Mensch für ein armes, gutes Tier ist!«

Nach kaum drei Tagen hatte Goethe nicht nur das »unglaubliche Gehecke« mehrfach durchquert, sondern auch schon einen tiefen Blick in die Mentalität der Venezianer getan. Das gelang ihm nicht zuletzt deshalb so gut, weil er Italienisch sprach und damit schnell das Vertrauen der Einheimischen gewinnen konnte. Bei wem Goethe das gelernt hatte, geht aus dem ersten Buch von ›Dichtung und Wahrheit‹ hervor. Dort erzählt Goethe von den italienischen Erinnerungen seines Vaters und erwähnt dabei auch einen »alten, heiteren italienischen Sprachmeister, Giovinazzi genannt«, der dem Vater bei der stilistischen Bearbeitung seiner italienisch verfassten Reisebeschreibungen behilflich war. »Auch sang der alte Giovinazzi nicht übel, und meine Mutter musste sich bequemen, ihn und sich selbst mit dem Klaviere täglich zu accompagnieren …«. Dabei lernte der junge Goethe ein damals bekanntes italienisches Lied auswendig, noch ehe er dessen Inhalt verstand. Der Romanist Karl Voßler hat später belegen können, dass nicht nur Johann Caspar Goethe, sondern auch seine Kinder Johann Wolfgang und Cornelia bei Giovinazzi italienischen Sprachunterricht bekommen haben.

»Heute habe ich abermals meinen Begriff von Venedig erweitert, indem ich mir den Plan verschaffte«, notierte der Dichter am Abend des 30. September zufrieden. »Als ich ihn einigermaßen studiert, bestieg ich den Markusturm, wo sich dem Auge ein einziges Schauspiel darstellt.« Es war um die Mittagszeit, bei heller Sonne, so dass Goethe ohne Fernrohr weit in die Ferne sehen konnte. Die Flut bedeckte die Lagunen, und als der Dichter zum Lido hinüberblickte, sah er zum ersten Mal das Meer. »In den Lagunen selbst liegen Galeeren und Fregatten, die zum Ritter Emo stoßen sollten, der den Algeriern den Krieg macht«, hatte er erfahren. Mit dem »Ritter« Emo war der Flottenkommandant Angelo Emo gemeint, der das westliche Mittelmeer von nordafrikanischen Piraten befreien sollte, die von Tunis aus operierten.

Vom Lido aus sah Goethe eines Tages das Meer aus nächster Nähe: »Wir stiegen aus und gingen quer über die Zunge. Ich hörte ein starkes Geräusch, es war das Meer, und ich sah es bald, es ging hoch gegen das Ufer, indem es sich zurückzog, denn es war um Mittag, Zeit der Ebbe. So habe ich auch das mit Augen gesehen und bin auf der schönen Tenne, die es weichend zurücklässt, ihm nachgegangen … Das Meer ist ein großer Anblick.«

An einem Sonntag fiel dem Dichter aber, trotz aller Venedigbegeisterung, bei einem Spaziergang etwas Unangenehmes auf, nämlich »die große Unreinlichkeit auf den Straßen …, worüber ich meine Betrachtungen anstellen musste.« Goethe erfuhr, dass es wohl »eine Art Polizei« dafür gebe, die aber nicht sonderlich konsequent darauf achte, dass die Einwohner ihren Abfall ordentlich in bestimmte Ecken schöben. Schiffe holten den Abfall ab, der zum Teil als Dünger für die Bewohner kleiner Inseln diente. Goethe fand diese Unsauberkeit unverzeihlich, da die Stadt »so gut als irgendeine holländische ganz zur Reinlichkeit angelegt« worden sei: »Alle Straßen sind geplattet«, stellte der Dichter fest, »selbst die entferntesten Quartiere wenigstens mit Backsteinen auf der hohen Kante ausgesetzt, wo es nötig, in der Mitte ein wenig erhaben, an der Seite Vertiefungen, das Wasser aufzufassen und in bedeckte Kanäle zu leiten.«

Noch andere architektonische Vorrichtungen überzeugten Goethe davon, dass die Baumeister Venedig zu einer reinlichen Stadt hatten machen wollen. »Ich konnte nicht unterlassen, gleich im Spazierengehen eine Anordnung deshalb zu entwerfen und einem Polizeivorsteher, dem es ernst wäre, in Gedanken vorzuarbeiten«, schrieb der ideenreiche Geheimrat in sein Tagebuch.

Selbstverständlich stand auch die Kunst auf Goethes komprimiertem Programm. Vor allem die Redentore-Kirche auf der Insel Giudecca begeisterte den Dichter: »ein schönes, großes Werk von Palladio, die Fassade lobenswürdiger als die von San Giorgio … Inwendig ist Il Redentore gleichfalls köstlich, alles, auch die Zeichnungen der Altäre, von Palladio …«

Den Palazzo Pisani Moretta besuchte Goethe vor allem deshalb, weil er sich dort ein Gemälde von Paolo Veronese ansehen wollte, ›Die Familie des Dareios zu Alexanders Füßen‹. Zu diesem Bild erzählte Goethe eine kleine Anekdote, die er gehört hatte: Der Künstler sei damals in diesem Palast gut aufgenommen und längere Zeit ehrenvoll bewirtet worden. Zum

Dank habe er das Bild heimlich gemalt und als Geschenk zusammengerollt unter das Bett geschoben.

Dieses Gemälde gibt nach Goethes Urteil eine gute Vorstellung von dem malerischen Können Veroneses. »Seine große Kunst, ohne einen allgemeinen Ton, der über das ganze Bild gezogen wäre, durch kunstreich verteiltes Licht und Schatten und ebenso weislich abwechselnde Lokalfarben die köstlichste Harmonie hervorzubringen, ist hier recht sichtbar, da das Bild vollkommen erhalten und frisch, wie von gestern, vor uns steht«, schrieb Goethe und gab noch einen Kommentar zu einigen Personen auf dem Gemälde: »Die Abstufung von der Mutter durch Gemahlin und Töchter ist höchst wahr und glücklich; die jüngste Prinzess, ganz am Ende knieend, ist ein hübsches Mäuschen und hat ein gar artiges, eigensinniges, trotziges Gesichtchen, ihre Lage scheint ihr gar nicht zu gefallen.«

Als Dramatiker wollte Goethe natürlich auch das venezianische Theater kennen lernen. Ein Besuch im Teatro San Moisè, in dem vor allem Komödien gespielt wurden und für das, ein paar Jahrzehnte früher, auch Carlo Goldoni einige Libretti verfasst hatte, konnte Goethe allerdings nicht zufrieden stellen: »Gestern abend Oper zu S. Moisè (denn die Theater haben ihre Namen von der Kirche, der sie am nächsten liegen) nicht recht erfreulich! ... Man könnte von keinem Teil sagen, er sei schlecht; aber nur die zwei Frauen ließen sich's angelegen sein, nicht sowohl gut zu agieren als sich zu produzieren und zu gefallen. Das ist denn immer etwas ... Das Ballett, von elender Erfindung, ward im ganzen ausgepfiffen, einige treffliche Springer und Springerinnen jedoch, welche letztere es sich zur Pflicht rechneten, die Zuschauer mit jedem schönen Teil ihres Körpers bekannt zu machen, wurden weidlich beklatscht.«

Ein paar Tage später sah Goethe sich im Teatro San Luca eine Stegreifkomödie an, die ihm Freude machte, »ein extemporiertes Stück in Masken, mit viel Natur, Energie und Bravour aufgeführt ... Mit unglaublicher Abwechslung unterhielt es mehr als drei Stunden ... Die Zuschauer spielen mit, und die

Menge verschmilzt mit dem Theater in ein Ganzes. Den Tag über auf dem Platz und am Ufer, auf den Gondeln und im Palast, der Käufer und Verkäufer, der Bettler, der Schiffer, die Nachbarin, der Advokat und sein Gegner, alles lebt und treibt und lässt sich es angelegen sein, spricht und beteuert, schreit und bietet aus, singt und spielt, flucht und lärmt. Und abends gehen sie ins Theater und sehen und hören das Leben ihres Tages, künstlich zusammengestellt, artiger aufgestutzt, mit Märchen durchflochten, durch Masken von der Wirklichkeit abgerückt, durch Sitten genähert. Hierüber freun sie sich kindisch, schreien wieder, klatschen und lärmen. Von Tag zu Nacht, ja von Mitternacht zu Mitternacht, ist immer alles ebendasselbe.«

Eines Morgens besuchte Goethe auch das Arsenal, »da ich noch kein Seewesen kenne«, und sah den Handwerkern bei der Arbeit zu. Er habe hier manches Merkwürdige gesehen, schrieb er, und ein Schiff mit vierundachtzig Kanonen, dessen Gerippe fertig stand, bestiegen. Dabei erfuhr er, dass ein Schiff der gleichen Bauart vor einem halben Jahr an der Riva de' Schiavoni in Flammen aufgegangen war. Zum Glück war die Pulverkammer nicht ganz gefüllt, so dass bei der Explosion kein großer Schaden entstand: »Die benachbarten Häuser büßten ihre Scheiben ein.«

»Das schönste Eichenholz, aus Istrien, habe ich verarbeiten sehen und dabei über den Wachstum dieses werten Baumes meine stillen Betrachtungen angestellt«, notierte Goethe und merkte befriedigt an: »Ich kann nicht genug sagen, was meine sauer erworbene Kenntnis natürlicher Dinge, die doch der Mensch zuletzt als Materialien braucht und in seinen Nutzen verwendet, mir überall hilft, um mir das Verfahren der Künstler und Handwerker zu erklären …«

Am Abend besuchte der Dichter wieder eine Theateraufführung. Diesmal war er außerordentlich amüsiert. »Ich komme noch lachend aus der Tragödie und muss diesen Scherz gleich auf dem Papier befestigen«, schrieb er nachts im Hotel. »Das Stück war nicht schlimm, der Verfasser hatte alle tragischen

Matadore zusammengesteckt, und die Schauspieler hatten gut spielen … Zwei Väter, die sich hassen, Söhne und Töchter aus diesen getrennten Familien, leidenschaftlich übers Kreuz verliebt, ja das eine Paar heimlich verheiratet.«

Es ging wild und grausam zu in dieser Tragödie, und das Publikum nahm so lebhaften Anteil, als handele es sich um Realität: »Da der Tyrann seinem Sohn das Schwert reichte und forderte, dass dieser seine eigne gegenüberstehende Gemahlin umbringen sollte, fing das Volk laut an, sein Missvergnügen über diese Zumutung zu beweisen, und es fehlte nicht viel, so wäre das Stück unterbrochen worden. Sie verlangten, der Alte sollte sein Schwert zurücknehmen, wodurch denn freilich die folgenden Situationen des Stücks wären aufgehoben worden …«. Schließlich trat der bedrängte Sohn vor den Vorhang und bat das Publikum flehentlich, sich noch einen Augenblick zu gedulden, alles werde noch ganz nach Wunsch ablaufen. Tatsächlich erstachen sich am Ende die Väter, so dass die Liebespaare endlich freie Bahn hatten.

Unter starkem Beifall fiel danach der Vorhang. Das Klatschen wurde stärker, und man rief die Schauspieler auf die Bühne, so ausdauernd, »bis sich die zwei Hauptpaare bequemten, hinter dem Vorhang hervorzukriechen, ihre Bücklinge zu machen und auf der anderen Seite wieder abzugehen.« Aber das Publikum hatte noch nicht genug, es klatschte immer weiter und rief: »I morti!« Die Rufe wurden immer lauter, bis notgedrungen die beiden toten Väter vor dem Vorhang erschienen und sich verbeugten. »Bravi i morti!« rief das Publikum begeistert und hielt die Toten durch fortwährendes Klatschen und Rufen lange auf der Bühne fest, bis der Beifall allmählich verebbte.

Wenige Tage vor seiner Abreise nach Rom konnte Goethe endlich, im Teatro San Luca, eine künstlerisch gelungene Komödie sehen, Carlo Goldonis ›Le Baruffe Chiozzotte‹. Die handelnden Personen sind Fischer, Einwohner von Chioggia, und ihre weiblichen Familienangehörigen. Aus nichtigem Anlass bricht zwischen zwei Frauen ein Streit aus, der bald darauf die vorher befreundeten Familien auseinander bringt. »Das gewöhnliche Geschrei dieser Leute, im Guten und Bösen, ihre Händel, Heftigkeit, Gutmütigkeit, Plattheit, Witz, Humor und ungezwungenen Manieren, alles ist gar brav nachgeahmt«, urteilte der amüsierte Goethe. »Das Stück ist noch von Goldoni, und da ich erst gestern in jener Gegend war und mir Stimmen und Betragen der See- und Hafenleute noch im Aug' und Ohr widerschien und widerklang, so machte es gar große Freude, und ob ich gleich manchen einzelnen Bezug nicht verstand, so konnte ich doch dem Ganzen recht gut folgen.«

Dass Goethe innerhalb von zwei Wochen eine Menge gesehen, gehört und gedacht hatte, bestätigte ihm auch ein alter Franzose, mit dem der Dichter ins Gespräch gekommen war, »weil die Einsamkeit in einer so großen Menschenmasse denn doch zuletzt nicht recht möglich sein will«, wie Goethe sich für das Abweichen von seiner ursprünglichen Absicht rechtfertigte. Der französische Reisende konnte kein Wort Italienisch, und so hatte Goethe Gelegenheit, dem Ortsunkundigen eine Menge über die Lagunenstadt erzählen zu können. Als der Franzose schließlich fragte, wie lange denn der Deutsche schon in Venedig sei, und Goethe ihm, nicht ohne intellektuelle Koketterie, antwortete: »Nur vierzehn Tage und zum ersten Mal«, meinte der Franzose verblüfft: »Es scheint so, als ob Sie keine Zeit verloren haben.«

»Das ist das erste Testimonium meines Wohlverhaltens, das ich aufweisen kann«, schrieb Goethe über das verklausulierte Lob und schob gleich eine kleine, etwas hochmütige Kritik hinterher: »Er ist nun acht Tage hier und geht morgen fort … und ich betrachtete mit Erstaunen, wie man reisen kann, ohne etwas außer sich gewahr zu werden; und er ist in seiner Art ein recht gebildeter, wackrer, ordentlicher Mann.«

Am Schluss seines Tagebuchs über die erste italienische Reise zieht Goethe, angesichts seines Venedig-Enthusiasmus, ein etwas überraschendes Fazit: Nur das Klima könne ihn reizen, im Süden zu bleiben, denn hier komme ihm, ähnlich wie den Venezianern, »das Jenseits der Alpen« düster vor. Aber: »Ich möchte hier nicht leben«, schreibt er dann entschieden, »wie überall an keinem Orte, wo ich unbeschäftigt wäre.«

Und unter dem Datum des ›14. Oktober, 2 Stunden in der Nacht‹ liest man Goethes Abschiedsgruß an Venedig: »In den letzten Augenblicken meines Hierseins: denn es geht sogleich mit dem Kurierschiffe nach Ferrara. Ich verlasse Venedig gern: denn um mit Vergnügen und Nutzen zu bleiben, müsste ich andere Schritte tun, die außer meinem Plan liegen; auch verlässt jedermann nun diese Stadt und sucht seine Gärten und Besitzungen auf dem festen Lande. Ich habe indes gut aufgeladen und trage das reiche, sonderbare, einzige Bild mit mir fort …«.

Fast vier Jahre später, im Frühjahr 1790, hielt sich Goethe noch einmal in Venedig auf. Aber dieses Mal war er nicht allein: Er sollte die Herzogin Anna Amalia von ihrer zweijährigen Reise nach Rom und Neapel wieder zurück nach Weimar begleiten. Die Herzogin bezog mit ihrem Gefolge, zu dem auch Goethe gehörte, im ›Scudo di Francia‹ an der Riva del Carbon am Canal Grande ein standesgemäßes Quartier.

Eher ungewollt verbrachte Goethe die fünf Frühlingswochen mit Empfängen, Festivitäten und zahllosen Besichtigungen, bei denen er den kundigen Führer spielte. Vielleicht war es diese missmutige Stimmung inmitten des Trubels, die ihn Venedig und dessen konstante Verherrlichung mit skeptischeren Augen betrachten ließ als bei seinem ersten Besuch. In einem von Goethes ›Venetianischen Epigrammen‹, das als Fazit seiner zweiten Venedigreise betrachtet werden kann, wird diese veränderte Einstellung deutlich. Goethe trauert dem Ideal der längst vergangenen, friedlich geordneten Zeiten der römischen Kaiserin Faustina und ihres kaiserlichen Gatten Antoninus Pius nach. Die Periode dieser Regierung, zwischen 138 und 161, gilt als die glücklichste der römischen Kaiserzeit. Kaiserin Faustina, die an den Reformen der Bildungsanstalten, der Rechtspflege und der Armenversorgung großen Anteil hatte, wurde vom römischen Senat mit dem Ehrentitel ›Augusta‹, die Erhabene, ausgezeichnet. – Diesem Idealbild Goethes konnte Venedig nicht standhalten:

Das ist Italien, das ich verließ. Noch stäuben die Wege,
Noch ist der Fremde geprellt, stell' er sich, wie er auch will.
Deutsche Redlichkeit suchst du in allen Winkeln vergebens;
Leben und Weben ist hier, aber nicht Ordnung und Zucht;
Jeder sorgt nur für sich, misstrauet dem andern, ist eitel,
Und die Meister des Staats sorgen nur wieder für sich.
Schön ist das Land! doch ach, Faustinen find' ich nicht wieder.
Das ist Italien nicht mehr, das ich mit Schmerzen verließ.

Henri Beyle de Stendhal
Entfesselte Einbildungskraft

Auch für Stendhal war Italien von Jugend auf das Land der Sehnsucht. Mit elf Jahren war er zum ersten Mal in der Lombardei. Als junger Mann trat er in den Heeresverwaltungsdienst ein und nahm als Dragonerleutnant am Feldzug nach Italien teil. Diese Begegnung löste in ihm den Wunsch aus, Italien zu seiner Wahlheimat zu machen. 1802 nahm Stendhal (der eigentlich Henri Beyle hieß, sich aber später, nach dem Geburtsort des von ihm verehrten deutschen Archäologen Johann Joachim Winckelmann, »Stendhal« nannte) seinen Abschied von der Armee, um sich völlig der Schriftstellerei zu widmen und als Literat berühmt zu werden.

Nach dem Sturz Napoleons verbrachte Stendhal sieben Jahre in Mailand. Unter einem Pseudonym veröffentlichte er zunächst Musikerbiografien und eine Abhandlung über die Malerei in Italien, für die er sich, meist ohne Nennung der Quellen, aus der italienischen Fachliteratur freizügig bediente. Auch aus Goethes ›Italienischer Reise‹ nahm er sich, was er interessant fand, auch hier ohne Quellenangabe. Goethe, der davon erfuhr, beschwerte sich in einem Brief an seinen Freund Carl Friedrich Zelter über diese »freie und freche« Aneignung.

Stendhals Traktat ›Über die Liebe‹ und sein erster Roman ›Armance‹ hatten nur wenig Erfolg, und Stendhal, der tief in Schulden steckte, dachte ernsthaft an Selbstmord. Eine Stelle als Konsul in Triest und sein Roman ›Rot und Schwarz‹, der 1831 erschien, retteten ihn; Stendhal hatte mit diesem Buch sein Ziel erreicht: berühmt zu werden. Friedrich Nietzsche lobte den französischen Autor (in seinem Essay ›Jenseits von Gut und Böse‹) 1885 als Frankreichs letzten großen Psychologen, »der mit einem napoleonischen Tempo durch sein Europa, durch mehrere Jahrhunderte der französischen Seele lief, als ein Ausspürer und Entdecker dieser Seele«.

In seinem Reisetagebuch ›Rom, Neapel und Florenz‹, das 1826 in einer erweiterten Fassung erschien, behandelte Stendhal, trotz des Titels, auch seinen Aufenthalt in Venedig – mit gelegentlichen Anleihen bei Dritten, allerdings mit ganz eigenen, intellektuell geschliffenen Urteilen.

In entspanntem Plauderton, aber häufig mit spitzer Feder, beschrieb der 34-jährige Diplomat und Schriftsteller Erlebnisse und Personen, die er auf seinen Reisen kennen gelernt hatte. Die spitze Feder brachte Stendhal gelegentlich in Schwierigkeiten; man sah ihn als politisch unzuverlässig an: 1821 war er von den österreichischen Polizeibehörden aus Mailand ausgewiesen worden, und der Chef der lombardischen Polizei bezeichnete ihn in seinen Berichten nach Wien als »ein ziemlich gefährliches Subject und Verfasser von verschiedenen sehr verderblichen Schriften«.

Als Stendhal nach seiner Ernennung zum französischen Konsul in Triest seinen Amtssitz im Winter 1830/1831 nicht weniger als drei Mal heimlich verließ, löste das bei den österreichisch-ungarischen Polizeibehörden Unruhe aus. Der Polizeichef von Venedig, Hofrat von Amberg, ließ den undurchsichtigen Diplomaten sorgfältig überwachen, konnte aber bloß ein ausgesprochen musisches Talent bei Stendhal enthüllen, weil dieser ständig Opern und Theater besuchte.

Kurz bevor Stendhal, im Juni 1817, zum ersten Mal nach Venedig hineinfuhr, traf er in Padua einen hochgewachsenen, attraktiven jungen Mann – einen Deutschen, reich, blond und von Adel. Stendhal konnte ein geistreiches Gespräch erwarten. Aber wovon der junge Mann sprach, war ganz offensichtlich nicht nach Stendhals kultiviertem Geschmack: »Er erzählte mir begeistert von einer weiten Hose, die in Deutschland eingeführt werden soll. Die Deutschen zweifeln nicht daran, dass, wenn es ihnen gelänge, wieder eine Nationaltracht einzuführen, Europa ihnen zugestehen würde, eine Nation zu sein.

Die armen Deutschen sterben vor Begierde, einen Charakter zu haben. Daran erkennt man in der Gesellschaft die Leute, die keinen haben.«

Stendhal konnte schnell auf hochmütige Art grob werden, vor allem, wenn es um nationale oder literarische Konkurrenz ging. Er fühlte die französische Literatur, und damit sich selbst, durch einige Artikel in deutschen Literaturzeitschriften angegriffen. Beispielsweise hatte August Wilhelm Schlegel in seinen ›Vorlesungen über dramatische Kunst und Literatur‹ die Komödien von Molière als »trübselige Satiren« abgetan. »Die Deutschen haben nur einen Mann, das ist Schiller, und zwei der zwanzig Bände Goethes«, urteilte Stendhal kühl. »Ich beobachte, dass sich die Deutschen bei allem, was sie tun, viel mehr von dem eitlen Verlangen leiten lassen, *Eindruck zu machen*, als von entfesselter Einbildungskraft oder dem Bewusstsein einer außergewöhnlichen Seele.«

Ob diese subjektive Ansicht über die Unterschiede zwischen der französischen und der deutschen Mentalität objektiv zutrifft, darüber ließe sich trefflich streiten. Obwohl Stendhal mit seinem literarischen Werk zweifellos ebenfalls Eindruck machen wollte, verfügte er allerdings, wie man angesichts seiner blühenden Phantasie zugeben muss, gleichzeitig über eine entfesselte Einbildungskraft und ganz sicher auch über das Bewusstsein einer außergewöhnlichen Seele.

Im Übrigen hatte Stendhal auch am französischen Wesen eine Menge auszusetzen. Besonders ging ihm ein mitreisender Landsmann wegen seines geckenhaften Benehmens auf die Nerven. Wenn so eine Stutzerrolle erträglich sein solle, dann müssten die solcherart erzogenen Franzosen, anstatt den von Genüssen Übersättigten zu spielen, sich diesen Genüssen begeistert hingeben, wie es zum Beispiel die Italiener tun, meinte Stendhal indigniert.

»Dies schreibe ich im Postboot gegenüber von Stra«, vermerkte Stendhal auf dem Weg nach Venedig. »Ich halte inne, um mir den schönen Palast anzusehen, den Buonaparte den

Pisani gestohlen hat. Ich weiß nicht, warum Buonaparte die venezianischen Adeligen zugrunde richten wollte. Sind sie nicht die besten Menschen der Welt? – Die venezianischen Adeligen nahmen sich als Herren des Staates von den Steuerzahlungen aus. Buonaparte kam auf die Idee, all diese Rückstände nachzufordern. Den Pisani, die eine ungeheure Summe schuldeten, wurde der schöne Palazzo von Stra weggenommen.«

Stendhal wohnte im Hotel de l'Europe, der ehemaligen Ca' Giustiniani Morosini, einem Palazzo aus der Mitte des 15. Jahrhunderts; das Hotel wurde vor allem von Franzosen sehr geschätzt. Heute ist es kein Hotel mehr, sondern es beherbergt Büros von venezianischen Stadtbehörden und der Biennale.

»Es gibt nichts zu schreiben: Ich langweile mich«, jammerte der französische Autor am 22. Juni 1817 in der schönsten Stadt der Welt. Doch schon am nächsten Abend wurde der Schriftsteller für seine Langeweile entschädigt. »Die Marcolini singt hier im ›Tancredi‹«, schrieb Stendhal erfreut. »Sie erregt mit dem, was ihr von einer schönen Stimme und sicherem Spiel erhalten geblieben ist, Bewunderung. Der Augenblick der Begeisterung für den Ruhm, ›Alma gloria‹, geht zu Herzen.« Die florentinische Sängerin Marietta Marcolini war in den Jahren 1805 bis etwa 1818 eine besonders für ihre Rossini-Interpretationen gefeierte Sopranistin. Allerdings fand der musikbegeisterte Stendhal, dass der Text des ›Tancredi‹ verbessert werden sollte, Rossinis Oper sei das wert. Von einem Zeitungsredakteur erfuhr Stendhal, dass ›Tancredi‹ gleichzeitig in Barcelona und in München gespielt werde.

Am folgenden Abend, der bis drei Uhr morgens dauerte, war der Schriftsteller zu einem privaten Konzert bei einem Herzog eingeladen, dessen Namen Stendhal verschwieg. Er war erstaunt, wie gut der Herzog Harfe spielte und wie kompetent er Musik beurteilte, worüber eine »Madame Al.«, die Stendhal ebenfalls nicht mit Namen nannte, sich lustig machte. In Italien, so erfuhr Stendhal, sei man sich darüber einig: Je besser jemand ein Instrument spiele, desto weniger könne er beurteilen, was er spielt. Dafür sah Stendhal drei Gründe:

1. Der Umgang mit geistlosen Virtuosen
2. Man ist gewöhnt, die schönsten Stücke, die man spielt, ohne Begeisterung anzuhören.
3. Man achtet auf andere Schwierigkeiten als auf die, das Herz der Zuhörer zu bewegen.

Zu dem letzten Punkt fiel Stendhal eine Anekdote ein, die er einmal von dem Chansonnier und Dramatiker Charles Collé gehört hatte: Ein dummer Sekretär, der den Auftrag hatte, einen Brief abzuschreiben, bemühte sich nur, schöne Buchstaben zu malen, ohne dass er merkte, dass in dem Brief von ihm selbst die Rede war.

Über Langeweile konnte sich Stendhal nun nicht mehr beklagen, er war in die Gesellschaft eingetaucht. Nach einem ausgedehnten Schlaf ging er spätabends ins Café Florian, wo sich gegen ein Uhr nachts »vierzig oder fünfzig Damen der höchsten Gesellschaft« befanden. Man erzählte ihm, dass in einer Tragödie im Teatro San Mosè ein Tyrann auftrete, der seinem Sohn seinen Degen reicht und ihm befiehlt, die Schwiegertochter zu töten. »Dieses glückliche Volk kann die Wucht einer derartigen Schwarzweißmalerei nicht ertragen«, folgerte Stendhal, »der ganze Saal schrie laut auf und befahl dem Tyrannen, seinen Degen zurückzunehmen, der bereits in den Händen seines Sohnes war. Der junge Prinz trat an die Rampe vor, und es kostete ihn viel Mühe, das Publikum zu versöhnen. Er versicherte, dass er weit davon entfernt sei, die Gefühle seines Vaters zu teilen, und er gab sein Ehrenwort, dass das Publikum, wenn es ihm nur zehn Minuten Zeit lassen wolle, sehen werde, wie er seine Frau rette.«

Den Lesern von Goethes ›Italienischer Reise‹ wird diese Geschichte bekannt vorkommen; Goethe hatte Goldonis Stück ›Streitereien in Chioggia‹ gesehen und sehr lebendig beschrieben. In den Anmerkungen zur deutschen Übersetzung von Stendhals Reisebericht ›Rom, Neapel und Florenz‹ heißt es, dass der Autor die Anekdote einer Theaterbesprechung in der ›Edinburgh Review‹ vom März 1817 entnommen habe. Ob Stendhal sie nun im Florian gehört oder in der Zeitung gelesen hat – auf jeden Fall trifft Stendhals nachfolgende Beurteilung zu:

»Goldonis Komödien im venezianischen Dialekt sind wie flämische Gemälde, das heißt, sie sind voller Wahrheit und Derbheit, denn sie schildern die Sitten des kleinen Volkes während der Zeit der Sinnenfreude und des Glückes, die der Vernichtung der Republik vorausging ... ›Le baruffe chiozzotte‹ und ›Sior Todero brontolon‹ (Der mürrische Herr Theodor) sind ausgezeichnete bürgerliche Komödien, wenn im Theater überhaupt etwas ausgezeichnet sein kann, ohne dass vorher in der Seele des Dichters *Großartiges* vor sich gegangen ist ...«

Am 25. Juni erhielt Stendhal sämtliche Briefe, die ihm während der letzten vier Monate aus Paris geschrieben worden waren. »Süße Freude, gründliche Ablenkung!« notierte der erfreute Empfänger. Die wichtigste Nachricht, die er aus Frankreich erhielt, schien für ihn zu sein, »dass sich unsere Nation seit dem schönen Wahlgesetz, das wir einzig und allein der Charakterfestigkeit unseres Königs zu verdanken haben, mit Riesenschritten auf den gesunden Menschenverstand der Amerikaner zubewegt. Das Jahr 1816 wird in der Geschichte durch folgende Randbemerkung bezeichnet werden: Erziehung *Frankreichs.* – Was die moralische Wüste Italiens wertvoll macht, ist die Tatsache, dass dieses Land, auch wenn es erst Parlamentsdebatten haben wird, sein Glück in die Kunst legt ...«

Am folgenden Tag, um ein Uhr morgens, im Pavillon eines Parks, hatte Stendhal abermals »keine Lust zu schreiben«. Was er dann schreibt, klingt zum Teil wieder verdächtig nach Goethes Aufzeichnungen, wobei Stendhal in Bezug auf die Meeresbewegung nicht ganz konsequent ist: »Ich blicke auf das ruhige Meer und die ferne Landzunge des Lido, die das Meer von der Lagune trennt und gegen die das Meer mit dumpfem Gebrüll anbrandet; der Kamm einer jeden Woge gleicht einer glänzenden Linie, der Mond bescheint friedlich dieses ruhige Schauspiel … Die Gondelfahrt entlang der Riva degli Schiavoni dauert nur zwölf Minuten, dann lande ich an der Piazzetta zu Füßen des Löwen von San Marco …«

In dieser Nacht befand er sich in einer fröhlichen Gesellschaft. Jeder der Anwesenden musste seinen komischen Eigenschaften entsprechende lächerlich-erhabene Funktionen aus den ›Sprechenden Tieren‹ erfüllen. Diese »Animali parlanti« waren ein Fabelzyklus von Giovanni Battista Casti, einem jungen Dichter, der aus Bologna nach Venedig übergesiedelt war. Der Zyklus, der 1802 veröffentlicht wurde, war eine antimonarchistische Gesellschaftssatire, in der die verschiedenen Stände der alten Gesellschaft und deren Gewohnheiten lächerlich gemacht wurden. »Wie glücklich wäre ich, wenn ich dieses Land niemals zu verlassen brauchte!« seufzte Stendhal. »Was für einen köstlichen Abend verlebte ich in Signore Cornaros Garten!«

Am nächsten Abend wartete eine neue Überraschung auf den französischen Schriftsteller: »Im Theater wurde ich Lord Byron vorgestellt. Welch himmlisches Antlitz! Schönere Augen kann es nicht geben. Ach! Ein schöner und genialer Mann! Er ist kaum achtundzwanzig Jahre alt und schon der erste Dichter Englands und wahrscheinlich der ganzen Welt. Wenn er der Musik lauscht, entspricht sein Gesicht ganz und gar dem Schönheitsideal der Griechen.«

Tatsächlich war Stendhal nicht erst im Juni 1817 in Venedig, sondern schon im vergangenen Jahr in Mailand mit Byron zusammengetroffen und hatte den jungen Lord enthusiastisch beschrieben und seine Gesellschaft gesucht. »Nie im Leben habe ich etwas Schöneres und Ausdrucksvolleres gesehen«, hielt er in seinem Tagebuch 1816 fest. »Noch jetzt, wenn ich mir überlege, welchen Ausdruck ein großer Maler dem Genius geben sollte, taucht dieser herrliche Kopf plötzlich wieder vor mir auf.«

Stendhal war offensichtlich außer sich vor Begeisterung, gleichzeitig aber ein bisschen neidisch auf das Aussehen des englischen Dichters – verständlicherweise, denn mit seinen dicken Pausbacken war er selbst weder besonders anziehend noch war er auch nur annähend so berühmt wie Byron. Aber Stendhal wurde schnell beruhigt. »Sich noch dazu vorzustellen, dass dieser Mann nicht nur ein großer Dichter ist, sondern außerdem noch das Haupt einer der ältesten Familien Englands – das ist zuviel für unser Jahrhundert. Es bereitete mir daher Freude, als ich erfuhr, dass Lord Byron ein *Scheusal* ist: Jedes Mal, wenn er Madame de Staëls Salon auf ihrem Landgut Coppet betrat, verließen alle Engländerinnen den Raum«, notierte Stendhal mit Behagen den eben gehörten Gesellschaftsklatsch. »Das arme Genie beging die Unvorsichtigkeit zu heiraten; seine Frau ist sehr wendig und tischt auf seine Kosten die alten Geschichten wieder auf. Jeder geniale Mann ist verrückt und außerdem unvorsichtig, aber dieser hier beging die Abscheulichkeit, sich zwei Monate eine Schauspielerin zu nehmen. Wenn er nur ein Dummkopf gewesen wäre, dann hätte kaum jemand davon Notiz genommen, dass er dem Beispiel aller reichen jungen Männer folgte …«

Stendhal war so vernarrt in seinen attraktiven englischen Kollegen, dass er kaum aufhören konnte, über ihn zu wettern und gleichzeitig von ihm hingerissen zu sein. Er hatte erfahren, dass Byron aus England geflohen war, weil er die Ungerechtigkeit und Bigotterie der englischen Gesellschaft nicht mehr ertragen konnte und dabei ein Menschenfeind geworden war. »Wohl bekomm's ihm!« schrieb Stendhal ironisch, um dann in belehrendem Ton fortzufahren: »Vorausgesetzt, dass man mit achtundzwanzig Jahren, und wenn man sich bereits sechs Bände schöner Verse vorzuwerfen hat, Weltkenntnis besitzen kann, dann hätte er erkennen müssen, dass es im 19.

Jahrhundert für ein Genie keine Alternative gibt: Entweder ist er ein Dummkopf oder ein Ungeheuer.«

Das war aber noch nicht das letzte Wort, denn sofort nahm Stendhal den Faden neu auf, diesmal wieder mit einer Lobeshymne: »Auf jeden Fall ist er das liebenswürdigste Ungeheuer, das ich je gesehen habe; in seiner Dichtkunst und in literarischen Diskussionen ist er naiv wie ein Kind. Er ist das genaue Gegenteil eines Akademikers: Er spricht Alt- und Neugriechisch und Arabisch und lernt hier noch Armenisch bei einem armen *Popen,* der ein bedeutsames Werk über die genaue Lage des irdischen Paradieses schreibt. Der Lord, der bei seinem düsteren Wesen für die orientalischen Dichtungen schwärmt, wird dieses Paradies ins Englische übersetzen ... An seiner Stelle ließe ich mich totsagen und würde ein neues Leben beginnen wie Mister Smith, erfolgreicher Kaufmann aus Lima.«

Mit diesem sarkastischen Vorschlag endet Stendhals intensive Beschäftigung mit Lord Byron. Schon am nächsten Tag verlässt er »schleunigst« Venedig, mit dem Hinweis: »Ich will mich nicht mehr mit trockenen Ideen beschäftigen.«

Etwas später notiert er ›Gedanken, die mir von Venedig geblieben sind‹: »In Bezug auf die Farbe ist in Paris alles *ärmlich* und in Venedig alles *leuchtend:* die Anzüge der Gondolieri, die Farbe des Meers, die Reinheit des Himmels, dessen Widerschein das Auge immerfort in dem glitzernden Wasser sieht. Die Regierung, die zur Sinnenlust ermuntert und die Wissenschaften fernhält, der Geschmack des Adels an schönen Porträts. Das sind die weiteren Grundlagen für den Charakter der Venezianischen Schule.«

Und eine hübsche Beobachtung, die ihm ebenfalls in Erinnerung geblieben war, notierte der aufmerksame Schriftsteller außerdem: »Während ihre Männer und Liebhaber draußen fischen, singen die Frauen von Malamocco und Pellestrina am Ufer die Stanzen von Tasso und Ariost; ihre Liebhaber antworten ihnen vom Wasser her mit der folgenden Stanze ...«

George Sand und Alfred de Musset
Das Liebesdrama von Venedig

Es begann im Jahre 1833 mit einem kollegialen Briefwechsel und wurde eine turbulente Liebesgeschichte: George Sand und Alfred de Musset wurden die Akteure des legendären »Liebesdramas von Venedig«.

George Sand, geborene Amantine-Aurore-Lucile Dupin, verehelichte Baronin Dudevant, lebte nach achtjähriger Ehe getrennt von ihrem Mann Casimir Dudevant in Paris. Als erfolgreiche Romanautorin und engagierte Frauenrechtlerin verkehrte sie in einem Kreis prominenter Künstler, von denen der eine oder andere zeitweise ihr Liebhaber war. Gewöhnlich trat sie in Männerkleidung auf und rauchte Pfeife, Zigarren oder Zigaretten in großen Mengen. So legendär wie ihr Tabakkonsum war auch ihre literarische Arbeitsenergie. »Nichtstun war für mich seit frühester Kindheit die schlimmste aller Strapazen«, schrieb sie in ihrer ›Geschichte meines Lebens‹. Als sie den sechs Jahre jüngeren Alfred de Musset näher kennen lernte, hatte sie bereits drei Romane veröffentlicht.

Alfred de Musset, romantischer Dichter des Weltschmerzes, lebte als frauenverwöhnter junger Dandy lustvoll in den Tag hinein. Man attestierte ihm hohe dichterische Begabung, aber manche Kritiker warfen ihm mangelnde Originalität vor und beanstandeten, dass er sich in vielen seiner Gedichte allzu sehr in den Spuren Lord Byrons bewege. Byron galt zu dieser Zeit als europäisches Dichter-Idol, und der Tod des 36-jährigen Poeten im griechischen Missolunghi, wo er am Freiheitskampf der Griechen gegen die Türken teilnehmen wollte, rief bei den Literaten Europas tiefe Bestürzung hervor. Sowohl in der äußeren Anziehungskraft als auch im literarischen Temperament sahen französische Kritiker auffällige Ähnlichkeiten zwischen Musset und Byron, die allerdings nicht nur daher rührten, dass der junge Musset sich zeitweise den Stil des englischen Romantikers angeeignet hatte.

Bei einem Mittagessen, das der Herausgeber der angesehenen ›Revue des Deux Mondes‹ in einem Pariser Nobelrestaurant für seine Mitarbeiter gab, zu denen auch Alfred de Musset gehörte, waren eine Menge Herren anwesend, aber nur eine einzige Dame. Der Gastgeber bat Musset, sie zu Tisch zu führen und nannte dabei ihren Namen: George Sand. Musset lobte höflich ihren Roman ›Indiana‹ und sie seine erfolgreich aufgeführte Komödie ›Die Launen der Marianne‹. Nach dem Essen gingen sie auseinander.

George Sands neuer Roman ›Lélia‹, der wegen seiner freizügigen Liebesphantasien bald zum Stadtgespräch wurde, war Mussets Anknüpfungspunkt für eine engere Beziehung. Er schrieb der Autorin einen Brief, in dem er, diesmal ehrlich, ihr neues Buch lobte und sie auf amüsante Weise bat, ihr einen privaten Besuch machen zu dürfen:

»Wollen Sie mich (als eine Art Kamerad, ohne Konsequenzen und ohne Rechte und folglich auch ohne Eifersucht und ohne Zwang) für eine Stunde oder einen Abend haben, wenn sie nichts tun oder wenn Sie Lust verspüren, eine Dummheit zu begehen (wie höflich ich doch bin!), so will ich, statt mit Madame Soundso, die Bücher macht, gerne mit meinem lieben Herrn George Sand zu tun haben, der von nun an ein genialer Mann ist. – Verzeihen Sie mir, wenn ich es Ihnen ins Gesicht sage: Ich habe keinen Grund, Sie anzulügen.

Von Herzen Ihr

Alfd. de Musset.«

Die Schriftstellerin hielt sich mit einer Zusage noch zurück. Stattdessen verglich sie in einer sensiblen Analyse die Gestalten in Mussets Gedichten mit den Figuren ihres Romans ›Lélia‹.

»Heute bin ich stolz darauf, dass ich einige Zeilen geschrieben habe, Monsieur, die Sie gelesen und die Sie einen Augenblick nachdenklich gemacht haben«, schrieb sie ihm am 24. Juni 1833. »Einmal ganz abgesehen vom Genius, der über Ihrem Werk schwebt: Ihre Geschöpfe haben eine andere Art von Schönheit als die meinen. Ihre tragischen Geschöpfe sind jung und haben Zukunft. Die Leidenschaften, die sie personifizieren, werden mit dem Willen identisch. Der Leser kann das hoffen; nachdem er erst einmal über diese großen Gedanken erschrocken ist, fängt er allmählich an, sie zu verstehen und in dem Gewande zu verehren, in das sie von Ihnen gekleidet worden sind. Meine Gestalten sind von viel greifbarerer, derberer Wirklichkeit. Sie haben prosaische und elende Zeiten hinter sich …

Als ich die Ehre hatte, Sie zu sehen, habe ich nicht gewagt, Sie einzuladen, einmal zu mir zu kommen. Ich fürchte noch immer, dass meine ernsthafte Art Sie erschrecken und langweilen wird. Nun, wenn Ihnen eines Tages das Leben beschwerlich vorkommt, Sie das tätige Leben satt haben und die Versuchung Sie überkommt, in meine Einsiedelei einzutreten, werden Sie dort dankbar und herzlich empfangen werden.«

Musset durfte George Sand besuchen. Und er verliebte sich in sie. Es wurde eine komplizierte Liebe, die viel Konfliktstoff enthielt: Musset sah in George Sand nicht nur die Geliebte, sondern liebte auch das Mütterliche, das sie auf ihn ausstrahlte, und er liebte sie gleichzeitig wie einen guten Freund. Ähnlich ging es George Sand, die in dem genialisch begabten Dichter nicht nur den Liebhaber, sondern auch einen jungenhaften Kameraden sah.

Um ihre Beziehung ohne die zu erwartenden Kommentare von Freunden und Bekannten leben zu können, entschlossen sie sich, für eine gewisse Zeit Paris zu verlassen und zusammen nach Italien zu reisen. Ihre Wahl fiel auf Venedig. Am 12. Dezember 1833 begannen sie ihre Reise, von Lyon bis Avignon die Rhône hinunter, in Begleitung des Schriftstellers Henri

Beyle de Stendhal. Über Bologna und Ferrara fuhren sie dann in die Lagunenstadt. Am 1. Januar 1834 stiegen sie als Herr Musset und Herr Dudevant im Hotel Danieli ab. In der noblen Herberge bezogen sie ein luxuriöses Eckzimmer mit einem wundervollen Blick auf die Giudecca, San Giorgio Maggiore, die Kirche Santa Maria della Salute und den Lido.

Musset hatte schon in Paris festgestellt, wie intensiv seine Geliebte sich trotz jeder Ablenkung noch auf das Schreiben konzentrieren konnte. »Ich habe den ganzen Tag gearbeitet«, berichtete er einem Freund. »Am Abend hatte ich zehn Verse gemacht und eine Flasche Schnaps getrunken. Sie hatte einen Liter Milch getrunken und ein halbes Buch geschrieben.«

Die gleiche Erfahrung machte der junge Dichter mit George Sand in Venedig; ohne zu schreiben, hielt sie es nicht lange aus. Selbst als sie an der Ruhr erkrankte, unterbrach sie das Schreiben kaum. Musset kümmerte sich rührend um sie, bis sie wieder einigermaßen gesund war. Doch als die Schriftstellerin nun wieder energisch ihr gewohntes Pensum absolvierte, war der verliebte Musset tief enttäuscht und warf ihr vor, gefühlskalt zu sein. Da sie aber wie unter Zwang weiterschrieb, begann er, sich mit Alkohol und Prostituierten zu trösten. Schließlich wurde er sehr krank, bekam hohes Fieber und delirierte.

Ihren Verleger François Buloz, der ein neues Buch von ihr erwartete, bat sie dringend um Geduld und Geld. Am 4. Februar 1834 schrieb sie ihm nach Paris: »Vor etwa fünf Tagen wurden wir beide gleichzeitig krank. Ich hatte eine Durchfallerkrankung, und es ging mir sehr schlecht. Ich bin noch nicht wieder völlig gesund, muss aber mit meinem bisschen Kraft Alfred pflegen, der an einem Nervenfieber leidet, das sich rasch so verschlimmert hat, dass es ihm heute sehr schlecht geht und der Arzt nicht mehr weiß, was er darüber denken soll … Wie soll ich mich in diesem Augenblick mit Literatur beschäftigen oder mit sonst irgendetwas auf der Welt? Ich weiß lediglich, dass uns zu unserm Unglück nur noch 600 frs. bleiben, dass wir horrende Ausgaben haben für die Apotheke, den Arzt und die Krankenpflege und dass wir in einem sehr teuren Hotel wohnen. Wir wollten es schon verlassen und in ein Privathaus umziehen. Aber Alfred ist jetzt nicht transportfähig, und das kann vielleicht noch vier Wochen andauern, wenn alles gut ausgeht …«

Es sah schließlich ganz danach aus, als werde Musset wieder gesund – wenn nicht der »junge und ausgezeichnete Arzt«, den die Schriftstellerin ausfindig gemacht hatte, den erschöpften Musset erneut krank gemacht hätte; diesmal hieß die Krankheit Eifersucht. Denn der venezianische Arzt, Doktor Pietro Pagello, beschäftigte sich nicht nur mit dem kranken Dichter, sondern mehr noch mit dessen Begleiterin, so dass sich Mussets Zustand zeitweise wieder verschlimmerte. Als er schließlich wieder Herr seiner Sinne war, reiste er enttäuscht und deprimiert nach Paris zurück.

Die Schriftstellerin ließ ihn fürs erste fahren und wandte sich dem jungen Doktor zu. Im Februar 1834, bevor sie sich für ihn entschied, schrieb sie ihm einen langen Brief, der viele nachdenkliche Fragen enthielt: »Geboren unter verschiedenen Himmelsstrichen, haben wir weder die gleichen Gedanken noch sprechen wir die gleiche Sprache – gleichen sich wenigstens unsere Herzen? … Die Glut Deiner Blicke, Deine ungestümen Umarmungen und die Kühnheit Deiner Begierde locken mich und machen mir Angst. Ich kann Deine Leidenschaft weder teilen noch sie bekämpfen. In unserem Lande liebt man anders; neben Dir komme ich mir vor wie eine bleiche Statue. Ich betrachte Dich mit Erstaunen, mit Verlangen und mit Unruhe.

Ich weiß nicht, ob Du mich wirklich liebst. Ich werde es wohl nie wissen … Wirst Du mein Beschützer oder mein Herr sein? … Vielleicht hat man Dich in der Überzeugung erzogen, dass Frauen keine Seele haben. Weißt Du, dass sie wohl eine haben? …

Verbleiben wir doch so, dass Du meine Sprache nicht erlernen wirst und ich in der Deinen nicht die Worte suchen will, die meine Zweifel und Ängste zum Ausdruck brächten. Ich möchte nicht wissen, wie Du Dein Leben verbringst und welche Rolle Du unter den Menschen spielst. Ich möchte Deinen Namen nicht wissen; verbirg mir Deine Seele, damit ich immer an ihre Schönheit glauben kann. –

An den begriffsstutzigen Pagello.«

George Sand und Pietro Pagello wurden ein Liebespaar. Ende Februar 1834 zog sie zu ihm. Innerhalb von zwei Monaten brachte sie den Roman ›Jacques‹ zu Papier; schon vorher hatte sie die Romane ›Leone Leonie‹ und ›André‹ sowie die ersten ihrer ›Briefe eines Reisenden‹ geschrieben.

Obgleich sich die Schriftstellerin von Pagello geliebt fühlte und ihn auf ihre differenzierte Art ebenfalls liebte, hatte sie Sehnsucht nach ihrem Dichter-Geliebten Musset. Schon kurz nach seiner Abreise schrieb sie ihm einen Brief, den sie mit den Worten beendete: »Adieu, adieu, mein Engel, adieu, mein Vögelein, behalte Deinen armen alten George immer lieb.«

Musset schrieb ihr aus Genf: »Ich liebe Dich noch zärtlich, mein Georges; in vier Tagen werden dreihundert Wegmeilen zwischen uns liegen – auf diese Entfernung gibt es keine leidenschaftlichen Ausbrüche und keine Nervenanfälle mehr. Ich liebe Dich, ich weiß, Du bist bei einem Mann, den Du liebst, und so bin ich beruhigt. Meine Tränen fließen in Strömen über meine Hände, während ich Dir schreibe, aber es sind die süßesten, kostbarsten Tränen, die ich je vergossen habe … Die Nachwelt wird unsere Namen im Mund führen wie die jener unsterblichen Liebespaare, die man im selben Atemzug nennt, wie Romeo und Julia, wie Héloise und Abaelard. Niemals wird man von dem einen sprechen, ohne auch den anderen zu erwähnen …«

Im August kam George Sand mit Pagello nach Paris und versöhnte sich kurzfristig mit Musset. Doch bald gab es neue leidenschaftliche Auseinandersetzungen und neue Trennungen. In einem verzweifelten Augenblick schnitt sich George

Sand ihr volles, langes Haar ab und schickte es zum Zeichen ihrer Trauer und Liebe an Musset. Ein guter Freund, der Schriftsteller Sainte-Beuve, riet ihr schließlich behutsam, die für beide Partner zermürbende Beziehung, die die Autorin sogar schreibunfähig gemacht hatte, zu beenden. Sie zog sich, unter dem Vorwand, ihre kranke Mutter pflegen zu müssen, auf den Landsitz der Familie in Nohant zurück, wo ihre beiden Kinder betreut und ausgebildet worden waren. In ihren ›Briefen eines Reisenden‹, die an Musset gerichtet sind, beschrieb sie ihre venezianischen Erlebnisse und versuchte zugleich, sich gegenüber Kritikern ihres Verhaltens und ihrer literarischen Schriften zu rechtfertigen. George Sand starb, 72-jährig, im Juni 1876.

Alfred de Musset starb, erschöpft von einem kompromisslos leidenschaftlichen Dichterleben, mit siebenundvierzig Jahren, in der Nacht vom 1. auf den 2. Mai 1857; er wurde auf dem Friedhof Père-Lachaise begraben. Der Dichter ruht neben Giacomo Rossini.

Eleonora Duse und Gabriele d'Annunzio
Feuer und Flamme

»Kennen Sie, Perdita«, fragte Stelio plötzlich, »kennen Sie irgendeinen anderen Ort der Welt, der in gewissen Stunden imstande ist, die menschliche Lebenskraft anzuregen und alle Wünsche bis zum Fieber zu steigern, wie Venedig? Kennen Sie eine gewaltigere Verführerin?«

Die Frau, die er Perdita nannte, hielt ihren Kopf geneigt, wie um sich zu sammeln, sie antwortete nicht; aber in allen Nerven fühlte sie das unbeschreibliche Beben, das die Stimme des jungen Freundes ihr verursachte, wenn sie plötzlich zur Offenbarerin einer leidenschaftlichen und ungestümen Seele wurde, zu der sie eine grenzenlose Liebe und eine grenzenlose Furcht zog.

»Frieden! Vergessen! Finden Sie diese Dinge dort an ihrem einsamen Kanal, wenn sie heimkehren, erschöpft und fiebernd von der Spannung des Publikums, das durch eine einzige Bewegung von Ihnen zu frenetischem Jubel hingerissen wird? Ich jedenfalls fühle, wenn ich auf diesem toten Wasser bin, wie mein Leben sich mit Schwindel erregender Schnelligkeit vervielfältigt, und in manchen Stunden scheint es mir, als ob meine Gedanken sich entzündeten, wie beim Ausbruch des Deliriums.«

»Die Kraft und die Flamme sind in Ihnen, Stelio«, sagte die Frau fast demütig, ohne die Augen zu erheben.

Dieser pathetische kleine Dialog in einer Gondel auf dem Canal Grande stammt aus dem Roman ›Feuer‹ von Gabriele d'Annunzio. Das kurze Gespräch lässt bereits ahnen, dass die Schauspielerin Perdita in dieser sich anbahnenden Liebesbeziehung die Verliererin sein wird: Der selbstverliebte Dichter und Komponist Stelio Effrena benutzt die künftige Geliebte lediglich als erotisches und poetisches Rauschmittel; als er sie altern sieht, lässt er sie fallen.

»In meinem Herzen ist tief eingeprägt ein maßloser Wunsch nach Wissen und Ruhm, der oft mit einer düsteren und quälenden Melancholie über mich herfällt und mich zum Weinen zwingt; ich dulde kein Joch«, beschrieb schon der 16-jährige Gabriele d'Annunzio in einem Brief seine hypersensible Gemütsverfassung, die später für den leidenschaftlichen Schriftsteller, Soldaten, Sammler und Liebhaber zu einem charakteristischen Dauerzustand wurde.

1863 in der Provinzstadt Pescara an der Adria geboren, betrachtete sich d'Annunzio schon früh als eine Ausnahmepersönlichkeit, die er bewusst stilisierte. Mit fünfzehn Jahren veröffentlichte er seine erste Gedichtsammlung, die bei der Kritik einen Achtungserfolg verbuchte. Um seinen Namen schneller bekannt zu machen, schickte der Schüler anonym eine Postkarte an eine Florentiner Zeitung mit der Nachricht, dass »der junge Dichter Gabriele d'Annunzio bei einem Ausritt vom Pferd gestürzt und verstorben« sei. Diese Falschmeldung wurde von mehreren Zeitungen verbreitet, während der jugendliche Verfasser zu Hause die zweite Auflage seines Gedichtbandes feierte.

Bald folgten weitere Novellen und Gedichte, darunter ein kleiner Band, in dem, wie der Dichter rückblickend schrieb, »alle Wollust besungen wurde, mit großen plastischen Versen …, die ihresgleichen nur bei den lasziven Dichtern des 16. und 17. Jahrhunderts findet, bei Aretino und bei Marino.« Kurz zuvor, im Juni 1883, war d'Annunzio durch Heirat mit Maria Hardouin di Gallese in die römische Aristokratie aufgenommen worden; mit 21 Jahren wurde d'Annunzio Vater eines Sohnes. Doch die Ehe war nicht glücklich, und das Paar trennte sich bald. Maria d'Annunzio sagte später, sie hätte lieber ein Buch des Dichters kaufen sollen, als ihn zu heiraten.

1889 veröffentlichte d'Annunzio seinen ersten Roman, ›Il Piacere‹ (Die Lust). Lust und Macht waren das Lebensthema des kleinen Mannes mit der großen erotischen Energie. Gabriele d'Annunzios ungezügelter Narzissmus, seine ungezählten Liebschaften, sein starker politischer Ehrgeiz, sein pompöser Lebensstil, vor allem aber seine sinnliche, für heutige Leser oft schwülstig anmutende Sprache lassen einen Mann erkennen, der sich selbst als den unübertrefflichen Hauptdarsteller seiner Lebensinszenierung verstand, für den seine Mitakteure nur die Stichwortgeber waren. Leitsterne seines angestrebten Übermenschen-Ideals waren Friedrich Nietzsche und Richard Wagner.

1895 lernte der inzwischen weithin bekannt gewordene Dichter in Venedig die fünf Jahre ältere Schauspielerin Eleonora Duse kennen, die längst eine gefeierte Künstlerin war. Sehr ernsthaft, zur Melancholie neigend und kompromisslos dem Theater ergeben, hatte sie nicht nur in vielen Städten Italiens gespielt, sondern auch Tourneen durch Europa, durch Nord- und Südamerika, nach Ägypten und nach Russland unternommen. Zwischen ihren erfolgreichen Theaterreisen fuhr sie immer wieder für einige Wochen in die Lagunenstadt, wo sie eine kleine Wohnung im Palazzo Barbaro-Wolkoff am Canal Grande gemietet hatte. Der Palast gehörte dem russischen Maler Alexander Wolkoff, der die Duse sehr bewunderte. Der adelige Maler ebnete der Schauspielerin den Weg nach St. Petersburg und malte in Venedig ihr Porträt.

»Ich habe mich in einer kleinen Wohnung im letzten Stockwerk eines alten Palastes eingerichtet«, schrieb Eleonora Duse einer Freundin, »unter dem Dach, mit einem großen Spitzbogenfenster, von dem aus man die ganze Stadt übersieht. Der Herbst ist ruhig; die Luft ist klar, und meine Seele ist voller Frieden.«

Im Jahre 1895 fand die erste Kunst-Biennale in Venedig statt. Am 8. November hielt Gabriele d'Annunzio im überfüllten Foyer des Theaters ›La Fenice‹ die Abschlussrede zu diesem Ereignis. Es war das erste Mal, das der Dichter vor großer Öffentlichkeit eine Rede hielt, und dieses Bad in der andächtig lauschenden Menge hatte auf ihn eine berauschende Wirkung, zumal er unter den Zuhörern die berühmte Eleonora Duse wahrnahm. Seinem Vortrag hatte d'Annunzio den Titel ›Allegorie des Herbstes‹ gegeben und in brünstigen Worten die Vereinigung eines jugendlichen Gottes mit der erwartungsvollen Venezia heraufbeschworen.

In d'Annunzios Roman ›Das Feuer‹, in dem die Liebesbeziehung des Dichters mit der Duse detailliert (und für die Schauspielerin verletzend) beschrieben wird, kann man diesen Vortrag nachlesen. Er wird dort als genialische Improvisation eingeführt, der sich in seiner überbordenden Bildhaftigkeit an Paolo Veroneses berühmter Deckenmalerei ›Apotheose Venedigs‹ im Dogenpalast orientiert. D'Annunzios Romanfigur Stelio Effrena zieht die Zuhörer in den Bann seiner Sprachmagie:

»Mit seinem Blick und seiner Gebärde hob er die Seele der Menge empor zu dem Meisterwerk, das über die Deckenwölbung des Saales einen Sonnenglanz ergoss ... Mit Staunen sahen sie das Wunder, fast, als sähen sie es zum ersten Mal oder als sähen sie es in einem vorher nicht gekannten Lichte. Der große nackte Rücken der weiblichen Gestalt mit dem goldenen Helm hob sich mit so leuchtender, lebendiger Körperlichkeit von der Wolke ab, dass von ihm eine Verführung ausging wie von lebendigem Fleisch ...«

»Üppige Busen« und »in Leidenschaft glühende Gesichter« entdeckt der Dichter auf Veroneses figurenreichem Deckengemälde, das eigentlich eine allegorische Darstellung des Friedens unter venezianischer Herrschaft ist. Aber die erotische Bildbeschreibung ist erst das Vorspiel zu einer mystischen Liebesvereinigung, die dem hochgestimmten Autor dieser Herbstbetrachtung vorschwebt.

»Eine solche Flamme«, so erzählt Stelio dem gebannten Publikum, »sah ich gestern auflodern in ungezügelter Gewalt und über Venedigs Schönheit einen nie gesehenen Ausdruck von Kraft ergießen. Die ganze Stadt entflammte vor meinen Augen in Begierde und erbebte in Bangigkeit, von ihren tausend grünen Gürteln umwunden, wie die Geliebte, die die Stunde der seligen Freude erwartet. Sie breitete ihre marmornen Arme dem spröden Herbst entgegen, dessen feuchter Hauch zu ihr drang, den Duft der fernen, mit dem köstlichen Tode ringenden Felder herübertragend … Ein welkes Blatt, das auf den vom Anlegen der Gondeln abgenutzten Stein gefallen war, glänzte wie ein Edelstein; auf der Höhe der mit gelben Moosen geschmückten Mauer öffnete sich die in Reife geschwellte Frucht des Granatbaumes wie ein schöner Mund …«

Atemlos wartet das solchermaßen vorbereitete Publikum auf den Höhepunkt der poetischen Darbietung. Und der Redner enttäuscht seine Hörer nicht: Er habe einen jungen Gott herannahen sehen, verkündet er. Auf einer Wolke sitzend wie auf einem feurigen Wagen sei er gekommen, den Saum seines Purpurmantels hinter sich herschleifend, »gebieterisch und sanft, zwischen den halb geöffneten Lippen Waldesmurmeln und Waldesschweigen, die langen Haare um den starken Hals flatternd wie eine Mähne und mit nackter Titanenbrust«. Und der junge Gott neigte sein Gesicht zu der schönen Stadt, ein Gesicht, das einen unsagbaren Zauber ausstrahlte, »etwas von weicher und grausamer Bestialität, und durch seinen ganzen Körper konnte man das ungestüme Klopfen und Rasen des Blutes verfolgen, bis in die Zehenspitzen der behenden Füße, bis in die äußersten Fingerspitzen seiner starken Hände …«

Kein Wunder, dass die schöne Stadt diesem herrlich bestialischen Gott nicht widerstehen kann. Nach einer Pause, während der die innere Erregung des Redners allmählich abgeklungen ist, stellt er eine rhetorische Frage, die gleichzeitig die Deutung seiner erschöpfenden Vision enthält:

»Wer sieht nicht in dieser Erscheinung, die für mich in jener Stunde so lebendig und wirklich war, dass sie mir fast greifbar schien – wer von meinen Hörern sieht nicht die bedeutungsvolle symbolische Übereinstimmung?

Die gegenseitige Leidenschaft Venezias und des Herbstes, die beide zum höchsten Gipfel ihrer sinnlich wahrnehmbaren Schönheit steigert, hat ihre Ursache in einer tief inneren Verwandtschaft: Venedigs Seele, die Seele, mit der die alten Künstler die schöne Stadt bekleideten, ist herbstlich.«

Venedig und der Herbst – eine inzestuöse Beziehung? In seinem feurigen Vortrag legt d'Annunzio/Stelio dies jedenfalls nahe. Doch was heutigen Lesern wie eine Parodie vorkommt, machte Ende des neunzehnten Jahrhunderts in Italien Furore. Und d'Annunzios rauschhafte Bildphantasie überschwemmte auch Eleonora Duse. Wann und wo die beiden sich kennen lernten, geht aus den vorhandenen Aufzeichnungen nicht eindeutig hervor. Folgt man einer Andeutung d'Annunzios, so traf der Dichter die Schauspielerin eines Abends zufällig im Hotel Danieli.

In einem Gespräch, an das sich die Freundin der Duse, Olga Resnevic Signorelli, genau erinnerte, hörte sich der Beginn einer großen Liebe allerdings romantischer an: »Es war bei Morgenrot in Venedig, als wir uns begegneten«, sagte sie plötzlich langsam, als spreche sie zu sich selbst, »ich irrte umher, nach einer schlaflosen Nacht ... Plötzlich sah ich ihn vor mir aus einer Gondel steigen. Wir sprachen über die Kunst, von der Misere der Kunst im heutigen Theater! Wir sprachen nicht über gemeinsame Aufgaben – aber aus dem Schweigen zwischen uns beiden war ein Bündnis entstanden ...«

Als die Liebesgeschichte zwischen Eleonora Duse und Gabriele d'Annunzio begann, war die Duse, die in ihrer dramatischen Darstellungskunst gern als ›Ästhetin des Schmerzes‹ charakterisiert wurde, siebenunddreißig Jahre alt. Das Theater war ihr Leben. Sie war in eine Schauspielerfamilie hineingeboren und musste als Kind häufig ihre tuberkulosekranke Mutter auf der Bühne vertreten. Schon mit vierzehn Jahren spielte Eleonora, bei der sich ebenfalls ein Lungenleiden bemerkbar machte, leidenschaftlich liebende Frauen, zum Beispiel Shakespeares Julia, und starb ungezählte Male den Bühnentod.

Aus einer frühen Liebesbeziehung entstammte ein Sohn, der kurz nach der Geburt starb. Krank vor Kummer suchte die junge Schauspielerin Trost beim Theater. 1881 heiratete die 23-Jährige ihren sehr viel älteren Kollegen Tebaldo Checchi, mit dem sie eine Tochter, Enricchetta, hatte. Ihre Ehe dauerte vier Jahre. Auf einer Südamerika-Tournee verliebte sich die Duse in ihren Bühnenpartner Flavio Andò, mit dem sie später eine eigene Schauspieltruppe gründete, und trennte sich von ihrem Ehemann.

Zusammen mit der vierzehn Jahre älteren Sarah Bernhardt, die auf dem Höhepunkt ihrer großen Karriere stand, galt die junge Eleonora Duse als die beste Schauspielerin ihrer Zeit. Sie spielte sogar absolute Paraderollen der »göttlichen Sarah«, zum Beispiel ›Die Kameliendame‹, mit großem Erfolg.

Dabei war die Duse, wie Zeitgenossen feststellten, im Gegensatz zu ihrer attraktiven und selbstbewussten französischen Konkurrentin, auf den ersten Blick eine eher unauffällige Frau. Der Schriftsteller Hermann Bahr, ein großer Verehrer ihrer Darstellungskunst, beschrieb sie als »klein, ein bisschen plump«, mit »schweren, trägen Gebärden«. Aber: »Solche Gewalt über jeden Muskel, über alle Nerven, über den ganzen Leib, dass alles unbedingt gehorcht und jede Verwandlung willig verrichtet, hat kein anderer Künstler jemals besessen …« In ihrer privaten Kleidung bevorzugte die Schauspielerin großzügig geschnittene Kleider, die, wie die Duse-Biografin Doris Maurer schreibt, »einen schlichten Eindruck machten, aber für die die wertvollsten Stoffe verwendet wurden«. Diesem Wunsch der Duse kam vor allem der spanische Modeschöpfer Mariano Fortuny, der in Venedig arbeitete, sehr entgegen.

Die leidenschaftliche Affäre zwischen Eleonora Duse und Gabriele d'Annunzio, die im Herbst 1895 in Venedig begann, hatte für beide Partner auch künstlerische Folgen. Die Duse kannte d'Annunzios Gedichte und Romane, und es lag nahe, dass sie von ihm auch Theaterstücke erhoffte, in denen sie spielen könnte. Sie wollte unbedingt ihr Repertoire erweitern und suchte neue Stücke, die ihrem vielfältigem Talent gerecht würden. D'Annunzio selbst hatte genau diese Absicht. In der

Duse sah er die ideale Vermittlerin für seinen großen Plan, ein nationales Theater zu schaffen, das dem Bayreuth Richard Wagners nachempfunden war.

Während Eleonora Duse auf einer Tournee durch Nordamerika war, schrieb d'Annunzio sein erstes Drama, ›La città morta‹ (Die tote Stadt), die Geschichte einer verheerenden Leidenschaft, die sich auf den archäologischen Grabungsfeldern von Mykene abspielt. Nach ihrer Rückkehr spielte die Duse das pathetische Stück in mehreren italienischen Städten. Die Schauspielerin wurde bejubelt, aber das pompöse Drama wurde mit Zurückhaltung aufgenommen. Ähnlich erging es auch weiteren Stücken, die d'Annunzio für die Duse schrieb; sie waren wenig bühnenwirksam, aber die Schauspielerin opferte sich selbst und ihr Vermögen dafür auf, sie so zu spielen, wie ihr geliebter Dichter es wünschte.

Im März 1899 schrieb d'Annunzio sein zweites Theaterstück für Eleonora Duse: ›La Gioconda‹. Das Stück fiel fast überall durch, aber die Duse wurde gefeiert. Der strenge Kritiker Alfred Kerr schrieb, völlig hingerissen: »Die Duse hat gestern in der ›Gioconda‹ gespielt. In die Knie möchte man sinken. Sie wird von hinnen gehen. Es muss sein. Die Erde trägt solche Gestalten nicht lang.«

D'Annunzios Tragödie ›La Gioconda‹ handelt von einem Bildhauer mit einem ausgeprägten Drang zum Übermenschen, der sich in sein junges Modell Gioconda Dianti verliebt hat. Als seine Frau Silvia energisch versucht, ihre Ehe zu retten, stürzt sich Gioconda voller Eifersucht auf eine seiner Statuen, um sie zu zerstören. Das fallende Kunstwerk zerquetscht Silvias schöne Hände. Mit seiner Geliebten zusammen verlässt der Bildhauer seine verzweifelte Frau.

Die Rolle der verlassenen Ehefrau hatte d'Annunzio der Duse zugedacht. Dass er ihr in diesem Stück ihre auffallend schönen, ausdrucksvoll agierenden Hände zerdrücken lässt, ist von Kritikern als eine symbolische Verstümmelung ihrer Darstellungskraft gedeutet worden, die der Dichter heimlich gewünscht habe. So schreibt die Autorin Doris Maurer in ihrer Duse-Biografie:

»Mit diesen wunderschönen Händen durfte die Duse im ganzen letzten Akt der ›Gioconda‹ nicht agieren, sie musste sie in den weiten Ärmeln ihres Gewands verstecken … Es fällt schwer, zu glauben, dass die sadistische Komponente in d'Annunzios Schauspiel zufällig sein soll. Vielmehr wirkt es so, als habe er die Duse eines ihrer stärksten Ausdrucksmittel berauben wollen, um die Zuschauer zu zwingen, sich nicht auf die Diva, sondern auf seine Verse zu konzentrieren. Teile des Publikums durchschauten die Absicht und waren empört …«

Sicher war, dass die Duse sich in fast allen Dramen d'Annunzios nicht wie gewohnt entfalten konnte. Die emotional aufgeladenen, aber meist handlungsarmen Stücke d'Annunzios schienen sich nicht für das Theater zu eignen; die Darstellungsfähigkeit der Duse fand keinen genügend großen Spielraum. Der italienische Dramatiker und spätere Nobelpreisträger Luigi Pirandello beklagte »eine verhängnisvolle Beschränkung ihrer Kunst, die so spontan und genial ist. D'Annnunzio gab ihr eine Reihe wunderbarer, eleganter literarischer Masken zu spielen, zu denen sie nicht ein einziges Detail hinzufügen durfte und denen sie sich anpassen musste, wie eine edle Metallmischung sich in die Form gießen lässt, um als Statue eine unveränderliche Haltung einzunehmen …« Er habe, sagte Pirandello, noch »niemals in einem Theater so gelitten« wie bei der ersten Aufführung von d'Annunzios ›Francesca da Rimini‹; er meinte, die Duse sei durch d'Annunzio auf dem Höhepunkt ihrer Entwicklung von den wirklich großen dramatischen Momenten, die ihre Zeit ihr bot, zum Beispiel von Ibsen, »abgelenkt« worden.

Sieben Jahre lang, von 1897 bis 1904, sogar nachdem der Dichter in seinem Roman ›Das Feuer‹ ihre intimsten Empfindungen enthüllt hatte, diente Eleonora Duse fast ausschließlich den theatralischen Versuchen d'Annunzios. Das Paar trennte sich für längere Zeit, kam wieder zusammen und trennte sich erneut – für den Dichter mochte dieses Wechselspiel einen Reiz haben, für die erschöpfte Duse wurde es eine Qual. In einer depressiven Phase sagte sie Anfang des Jahres 1900, bei einem Interview mit einer Wiener Zeitung: »Die beste Lösung aller Lebensrätsel ist ein früher Tod. Die beste. Eine Frau sollte nicht alt werden und eine Schauspielerin ihren Abgang nicht versäumen.«

Mit fünfzig Jahren, am 25. Januar 1909, gab die kranke, ausgelaugte Schauspielerin ihre Abschiedsvorstellung in Berlin, mit der Ellida in Henrik Ibsens ›Die Frau vom Meer‹. Sie gönnte sich zehn Jahre Ruhe, meist bei Freunden in Rom.

Im Sommer 1912, als Eleonora Duse wieder einmal in Venedig war, traf sie mit Rainer Maria Rilke zusammen, der bei der Fürstin Marie von Thurn und Taxis zu Gast war. Schon Jahre vorher hatte der Dichter gehofft, die Schauspielerin einmal in Berlin zu sehen, und 1904 hatte er ihr sein Stück ›Die weiße Fürstin‹ gewidmet.

Nun aber war er, wie die Fürstin von Thurn und Taxis in ihren Erinnerungen schrieb, »selig, die Duse kennen zu lernen, ihr helfen zu dürfen; er war den ganzen Tag für sie da, zu jeder Stunde bereit, doch langsam begann eine wachsende Furcht sich seiner zu bemächtigen. Er sollte bald erfahren, dass er, statt sie zu beruhigen, selbst in den Bann ihrer Qualen zu gleiten drohte. Eines Tages war er ganz verstört ... Die Duse war verschwunden. Niemand wusste, wohin sie sich geflüchtet hatte ... Der ganze Nachmittag verging unter fruchtlosem Suchen. Ohne Ergebnis musste man heimkehren. Rilke war krank vor Aufregung. Am nächsten Morgen war die Duse wieder da. Sie hatte sich nach Murano oder Chioggia geflüchtet.«

Mit 63 Jahren begann die Duse noch einmal Theater zu spielen. Sie war krank, sie fühlte sich alt, und sie hatte kaum noch Geld, sie musste spielen. Mit der ›Frau vom Meer‹ begann sie im Mai 1921 von Turin aus eine Italientournee, die sehr erfolgreich wurde. Im folgenden Sommer traf sich die Schauspielerin noch einmal mit d'Annunzio. Diesmal war es ein geschäftliches Gespräch. Es ging um das Stück ›La città morta‹, das die Duse etwas kürzen wollte; der Autor genehmigte es.

Wie dieses Treffen verlief, darüber gibt es nur Legenden. Die Schauspielerin und der Dichter sollen sich zufällig in einem Mailänder Hotel begegnet sein. Über Gabriele d'Annunzio wird berichtet, er habe beim Anblick der Duse ausgerufen: »Wie sehr haben Sie mich geliebt!« Die Freundin der Duse, Olga Signorelli, erzählte, Eleonora habe ihr später gesagt: »Und ganz für mich dachte ich: Das ist ein Mann, der noch Illusionen hat. Wenn ich ihn wirklich, als wir uns trennten, so geliebt hätte, wie er glaubt, dann wäre ich gestorben. Aber stattdessen war ich fähig zu leben.«

Bald nach diesem Treffen erfuhr die Duse, dass d'Annunzio aus einem Fenster seiner Villa ›Vittoriale‹ am Gardasee gestürzt und lebensgefährlich verletzt sei. Sie fuhr sofort zu ihm und stellte erleichtert fest, dass es ihm nicht so schlecht ging, wie man befürchtet hatte.

Es war die letzte Begegnung des ehemaligen Liebespaares. Im Juni 1923 begann Eleonora Duse eine ausgedehnte Gastspielreise nach London, Wien und Nordamerika. Die Tournee wurde ein riesiger Erfolg. Doch die Duse hatte sich völlig verausgabt. Anfang April 1924 erkrankte sie an einer schweren Lungenentzündung, von der sie sich nicht mehr erholte.

Am 21. April 1924 starb die große Schauspielerin im Schenley Hotel in Pittsburgh. Mit einem Schiff wurde die Tote nach Italien überführt. Auf dem Friedhof von Asolo, nahe bei Venedig, fand Eleonora Duse endlich Ruhe.

John Ruskin

Die Steine von Venedig

»*G*ott sei Dank, dass ich hier bin. Das ist das Paradies unter den Städten«, begeisterte sich John Ruskin bei seinem ersten Venedigbesuch im Jahre 1835. Und auch, als er sechs Jahre später wiederkam, erlebte der Maler, Zeichner und Schriftsteller die pittoreske Lagunenstadt als einen Traum, der von Menschenhänden erbaut und zu einer greifbaren Wirklichkeit geworden war. Noch ragte kein Fabrikschornstein in das märchenhaft schöne Bild.

Doch auf leisen Füßen näherte sich die »neue Zeit«. 1845 musste Ruskin erschrocken feststellen, dass sich Venedig in kurzer Zeit sehr zu seinem Nachteil verändert hatte: Eine »unruhige Silhouette niedriger und verschachtelter Ziegelbauten«, die an den Vorort einer englischen Industriestadt denken ließen, war aus dem Wasser hervorgestiegen, eine Eisenbahnbrücke, »das auffälligste Objekt weit und breit«, war gebaut worden, und »eine düstere Wolke schwarzen Rauchs« zog den Blick des Ankömmlings auf sich.

Aber trotz dieser bösen Überraschung schien Ruskin seine Paradiesstadt noch nicht verloren zu geben. »Obwohl die letzten paar Jahre, die die ganze Welt grundstürzend verändert haben, für Venedig verhängnisvollere Folgen hatten als die fünf Jahrhunderte davor, obwohl die Annäherung an die Stadt nun gar keine erhebenden Anblicke mehr bietet, höchstens für den Augenblick, da die Maschine ihren rasenden Lauf über das Eisenband verlangsamt, obwohl viele Paläste für immer zerfallen sind, liegt noch so viel Magisches in ihrer Erscheinung, dass der Reisende verleitet wird …, die Augen vor dem Ausmaß der Verwüstung zu verschließen.« Das Venedig der Roman- und Dramenliteratur gehöre nun dem Gestern an, sei eine »Blüte des Verfalls«, ein Bühnentraum, den der erste Strahl des Tageslichts zusammenfallen lasse.

Die Serenissima, die 1797 ihre Selbständigkeit an Frankreich verloren hatte, danach unter österreichische Herrschaft gekommen und anschließend wieder an Frankreich gefallen war, stand seit 1815 erneut unter der Hoheit der Österreicher. Deren Verwaltung bemühte sich, Venedig zu »modernisieren«: 1846 wurde die erste Eisenbahn eingeweiht, und zu Ruskins zusätzlicher Empörung wurden Gaslaternen installiert. »Man stelle sich den neuen Stil vor: Serenaden unter Gaslaternen!« mokierte sich Ruskin. Außerdem wurde von den Behörden ernsthaft der Plan erwogen, die Eisenbahn bis ins Zentrum der Stadt zu führen.

Der Untergang des alten Venedig schien besiegelt zu sein. Doch Ruskin wollte ihm mit künstlerischen Mitteln entgegentreten. Dafür musste er sich allerdings sehr beeilen. »Du kannst dir nicht vorstellen, was für einen unglücklichen Tag ich gestern hatte«, schrieb er im Dezember 1845 in einem Brief an einen Freund in England, »als ich vor der Ca' d'Oro saß und vergeblich versuchte, sie zu zeichnen, während Arbeiter sie vor meinen Augen demolierten. Schon an sich hätte sie mir das Höchste abverlangt, denn sie ist unendlich schwer zu zeichnen und wegen ihrer Vielfalt und Farbigkeit als Aquarellstudie kaum auszuführen, aber stell' Dir ein Arbeiten vor, wenn verdammte Maurer Stangen hochziehen und in die alten Mauern einschlagen und dabei die Profile abbrechen!«

Aber Ruskin gab nicht auf. Er fühlte sich für Venedigs Vergangenheit verantwortlich. Aus der begründeten Furcht, die Österreicher oder die Venezianer selbst könnten ihre einzigartige Stadt eigenhändig zugrunde richten, zeichnete er akribisch Kirchen und Paläste ab, vermaß Details und entdeckte zu seiner Erleichterung auch den Nutzen der Fotografie für Architekturaufnahmen, die er als »Gegengift« für all die anderen Gifte ansah, die »dies schreckliche 19. Jahrhundert« über die Menschheit ausgeschüttet habe.

Im folgenden Jahr, 1846, konnte John Ruskin seine dringende Arbeit noch fortsetzen. »Wie ein Stück Zucker im Tee, so schnell schmilzt Venedig dahin«, klagte er. Zwei Jahre später zeigte sich, wie richtig seine Eile gewesen war, Venedigs Schätze wenigstens auf dem Papier retten zu wollen. Im März 1848 hatte sich Venedig wieder zur Republik erklärt und sich von den Österreichern befreien können. Diese versuchten zunächst vergeblich, die Stadt wieder zurückzugewinnen. Der erste Luftangriff wurde sogar mit Ballons durchgeführt. Aber weder diese spektakuläre Aktion noch ein Dauerbombardement mit Kanonen, die eine Reichweite von drei Meilen hatten, konnten die Venezianer in die Knie zwingen. Schließlich bestückten die Österreicher die äußeren Befestigungen der Stadt mit schwersten Geschützen und stellten dazu im Zentrum Venedigs ebenfalls Kanonen auf. Die Armee war offensichtlich bereit, beim Ausbruch neuer Unruhen das Kronjuwel Europas zusammenzuschießen – für einen heutigen Venedigbesucher eine geradezu absurde Vorstellung. Erst nach einer fünfmonatigen Belagerung konnten die Österreicher den erbitterten Widerstand der Venezianer brechen.

Im August 1849 musste die von Hungersnot und Cholera heimgesuchte Stadt kapitulieren. Ruskin, der im fernen London machtlos die niederschmetternden Nachrichten über Venedig verfolgt hatte, reiste im September, als die Reisewege wieder frei waren, zum ersten Mal mit Effie in die kriegsbeschädigte Lagunenstadt, um mit Zeichenstift und Fotoapparat festzuhalten, was noch festzuhalten war. »John erregt lebhaftestes Staunen bei Groß und Klein«, schrieb die 21-jährige Effie an ihre Mutter nach Schottland, »und ich glaube, die Venezianer haben noch nicht herausgefunden, ob er total verrückt oder ein großer Weiser ist. Nichts kann ihn unterbrechen – der Platz mag voll oder leer sein, John steckt entweder unter dem schwarzen Tuch und macht Daguerreotypien, oder er klettert zwischen Kapitellen herum, die so mit Staub und Spinnweben bedeckt sind, dass er wie nach einem Ritt mit einer Hexe zurückkehrt.«

Für seine junge Ehefrau hatte Ruskin in diesem ersten gemeinsamen Winter nicht allzu viel Zeit. Wenn er sein Mammutprogramm, alle byzantinischen und gotischen Bauwerke Venedigs zu vermessen und zu zeichnen, tatsächlich bewältigen wollte, blieb ihm nichts anderes übrig, als jeden Tag bis in den Abend hinein zu arbeiten. Er nahm Maß von jedem Palast, jedem Haus, jedem Brunnen und jedem sonstigen Objekt von Interesse, schrieb Effie einer Freundin: »Manchmal necke ich ihn ein wenig mit seinen 60 Türen und Hunderten von Fenstern, Treppen, Balkons und anderen Teilen, mit denen er sich Tag für Tag abgibt.«

Gelegentlich konnte Effie ihren bis zur Erschöpfung arbeitenden Gatten immerhin zu einem entspannenden Abendspaziergang auf die Piazza überreden. Beide besuchten dann das Café Florian und andere Cafés am Markusplatz. »Der Platz ist wie ein großes Wohnzimmer«, berichtete Effie ihrer Mutter, »und wird von den Gaslaternen der rings umlaufenden Arkaden ausreichend beleuchtet. Dort sitzen die Damen und Herren bei Kaffee, Eiswasser und Zigarren, während eine dichte Menge von Männern, Frauen, Kindern, Soldaten, Türken und phantastischen Gestalten in griechischer Tracht in der Mitte auf und ab geht, das Ganze unter einem Nachthimmel voller unzähliger funkelnder Sterne. Ich bin dort gestern abend mit John zusammen bis nach acht Uhr ohne Haube, aber mit aufgesteckten Haaren umhergewandelt – und wir haben uns enorm amüsiert, als wir uns wie die anderen unter die Menge gemischt und unseren Kaffee unter den Arkaden genommen haben ...«

Während Ruskin sich ansonsten in der Lagunenstadt ausschließlich mit Kunst beschäftigte, tauchte die junge Effie gemeinsam mit ihrer Freundin Charlotte Ker in das bunte venezianische Alltagsleben, besuchte Theatervorstellungen und ließ sich, in aller gebotenen Zurückhaltung, von jungen Männern der gehobenen Gesellschaftsschichten den Hof machen. Sie kenne niemanden, der so ohne jegliche Eifersucht sei wie John, schrieb Effie ihrer Mutter; seine Ritterlichkeit sei ganz entzückend. Als ein junger Mann Effie eines Tages in Gegenwart ihres Mannes unverhohlen das Kompliment machte, er habe noch nie eine derart schöne Engländerin gesehen, bemerkte John dazu nur trocken, das gehe schon in Ordnung, solange seine Frau ebenso gut wie schön sei.

Effie, die, wie sie später zugab, in ihrer Ehe mit dem neun Jahre älteren, viktorianisch streng erzogenen Ruskin durchaus nicht so glücklich war, wie sie sich nach außen hin zeigte, bewegte sich anmutig und gelöst in der fremden Stadt und den ihr fremden Gesellschaften der österreichischen und der italienischen Aristokratie, soweit die italienischen Adeligen die besetzte Stadt nicht ganz mieden. Sogar ein Duell wurde Effies wegen ausgefochten, und österreichische Offiziere verliebten sich gleich reihenweise in sie. »Ich versichere Dir, dass wir den Herzen der österreichischen Offiziere und Soldaten einen tieferen Schrecken einjagen, als ihr Vorgesetzter Marschall Radetzky es könnte«, berichtete Effie heiter an ihre Mutter. Venedig war, trotz des weiterhin bestehenden Belagerungszustandes, für die lebensfrohe junge Schottin aus einer Familie mit vierzehn Kindern ein glanzvolles Fest.

Ihr Mann John dagegen sah die Lagunenstadt nun wirklich vom Untergang bedroht. Im Januar 1850 schrieb er an einen befreundeten Geistlichen in England: »Aber nun verlassen Sie die grünen Auen von Wendlefield und besteigen Sie meine Gondel und sagen Sie mir, wie sehr Ihnen der Anblick aus der Mitte der Lagune gefällt. Da ist der Markusplatz vor Ihnen, viele Leute sieht man, und eine Kapelle von 50 Soldaten spielt Walzer für sie. Ein Großteil der Zuhörer ist am Verhungern, sie gehen in der Sonne auf und ab, um sich warm zu halten. Die anderen sind da, weil sie nichts zu tun haben oder weil sie nichts tun. Aber alle würden sofort die Walzer spielenden Soldaten umbringen, wenn sie könnten. Zu Ihrer anderen Seite steht eine Kirche mit einem korinthischen Portiko, und davor steht eine Batterie von sechs Kanonen, die auf den Markusplatz gerichtet sind, um die Leute, die nichts zu tun haben, davon abzuhalten, die 50 Soldaten, die Walzer spielen, zu ermorden …«

Um seinen idealen Rettungsplan für Venedigs alte Bauten umsetzen zu können, nahm Ruskin sich morgens, wenn er sein Hotel, das Danieli, verließ, einige Helfer zum Tragen der Leitern und der fotografischen Ausrüstung mit: Seinen englischen Diener George, den italienischen Diener Domenico, seinen Gondoliere und manchmal auch noch Effie und ihre Freundin Charlotte. Zu Wasser und zu Lande wurden wichtige Bauwerke in allen Details vermessen, skizziert oder fotografiert. »Wenn es sich um extrem schwierige Ansichten handelte«, schreibt Ruskins deutscher Biograph Wolfgang Kemp, »dann legte sich Ruskin durchaus eine halbe Stunde neben dem Hochaltar von San Marco auf den Rücken und zeichnete irgendetwas in der Höhe.« Anschließend ließ er sich geduldig von seinem Diener Domenico die verschmutzte Kleidung abbürsten.

Außer Effie, die Ruskins Detailbesessenheit mit liebevoller Ergebenheit akzeptierte und ihn, so gut sie konnte, unterstützte und ermutigte, war Ruskins unmittelbare Umgebung seinem Vorhaben nicht immer günstig gesonnen, zumal das winterliche Klima für solche Art von Handarbeit denkbar unzuträglich war. Mitunter sah sich Ruskin vor der kaum lösbaren Aufgabe, stark erkältet und mit halb erfrorenen Fingern in eisiger Winterluft die Profile von Fensterbänken zu zeichnen – um anschließend festzustellen, dass diese Profile nicht mit denen der Eingangstreppe übereinstimmten. Und obwohl er zu dieser Jahreszeit wenigstens von neugierigen Touristen unbelästigt arbeiten konnte, gab es andere, unerwartete Störungen, die in der Aufzählung durchaus skurrilen Charakter annehmen.

So notierte Ruskin mit komischem Missmut, dass sein Koch ständig versuchte, am wasserseitigen Hauseingang Krebse zu fangen, ohne dass es ihm jemals gelang; von seinem italienischen Diener, der ihn an Orte schleppte, wo es nichts zu sehen gab und bei Verabredungen an der falschen Stelle wartete; von einem Fischer, der Ruskins Aufmerksamkeit empfindlich störte, indem er vor dessen Fenstern lebende Krabben als Köder aufspießte, während Ruskin das Morgenlicht auf der Kirche Santa Maria della Salute studieren wollte; von den Glocken aller Kirchen, die immer gerade dann zu läuten anfingen, wenn Ruskin im Turm arbeitete; oder vom Wind, der Ruskins Zeichnungen in den Kanal wehte und einmal sogar einen Gondoliere gleich hinterher.

»Ich glaube, die ›Stones of Venice‹ werden einigen Wert haben, wenn es denn dieses Werk ist, das er vorbereitet, aber das ist nicht ganz leicht auszumachen, denn er findet, dass er über so viele Dinge schreiben müsste, über die noch nie jemand zuvor geschrieben hat …« teilte Effie ihrer Mutter brieflich mit.

Mit ihrer Hoffnung auf »einigen Wert« der ›Steine von Venedig‹ sollte Ruskins junge Frau Recht bekommen. Insgesamt fünfzehn Monate verbrachte ihr penibler Gatte innerhalb mehrerer Jahre als gründlicher Beobachter und sorgsamer Konservator mit dem Zeichenstift in Venedig. Das Ergebnis waren 168 dicht beschriebene, großformatige Bögen, zwei große Notizbücher im DIN A4-Format mit 454 Seiten, acht kleinere Notizbücher mit insgesamt 582 Seiten exakter Aufzeichnungen, dazu etwa 3000 Detailstudien. Aus dieser Masse von geschriebenen, fotografierten und gezeichneten Informationen wurde, gekürzt, gefiltert, organisiert und durchformuliert, John Ruskins dreibändiges Werk, das mit seinen etwa tausend Abbildungen unter dem Namen ›Die Steine von Venedig‹ weltberühmt wurde.

Auch wenn inzwischen längst neue Techniken entwickelt worden sind, die den Zeichenstift überholt haben, ist Ruskins enormer Einsatz für die gefährdete Schönheit von Kunstwerken keineswegs überflüssig gewesen, weder ideell noch materiell. Denn in seiner Arbeit hat der englische Maler und Schriftsteller für die Kunstgeschichte wie für den heutigen Kunstreisenden tatsächlich festgehalten, wie Venedig aussah, bevor das Märchen von der Lagunenstadt durch die zunehmende Industrialisierung und eine zum Teil brutale Restaurierung in einer »schwarzen Wolke« zerstob.

William Dean Howells

Leben in Venedig

Als junger Schriftsteller hatte der in Ohio geborene William Dean Howells das Glück, von 1861 bis 1865 amerikanischer Konsul in Venedig zu sein; eine Biografie Abraham Lincolns, die er für dessen Wahlkampagne verfasst hatte, brachte ihm während des amerikanischen Bürgerkriegs diese Position ein. Die Einzigartigkeit der Lagunenstadt regte Howells zu kleinen Beschreibungen an, die zu seinem ersten literarisch bedeutsamen Werk wurden: eine Sammlung von Skizzen aus dem venezianischen Leben im neunzehnten Jahrhundert.

Howells verfasste später mehr als hundert Romane, er schrieb Gedichte, Dramen, Literaturkritiken. Nachdem er seine konsularische Tätigkeit in Venedig beendet hatte, wurde er Redakteur und bis 1886 dann Herausgeber der angesehenen Zeitschrift ›Atlantic Monthly‹. In dieser Funktion förderte er seine Freunde Henry James und Mark Twain sowie andere begabte Autoren durch Vorabdrucke und Rezensionen.

Seine farbigen, mit heiteren Anekdoten verknüpften Schilderungen, die Howells zunächst für nordamerikanische Zeitungen schrieb, zeigen die Schönheit Venedigs aus verschiedenen Blickwinkeln.

»O Fremder«, heißt es im ersten Kapitel von Howells' Venedigbuch ›Leben in Venedig‹, »wer immer du auch seist, der du zum ersten Mal in diese bezaubernde Stadt reist, lass mich dir sagen, wie glücklich ich dich preise. Vor dir liegt zu deiner Freude ein Schauspiel von so ungewöhnlicher Schönheit, wie sie kein Bild jemals darstellen und kein Buch schildern kann – einer Schönheit, die man nur ein einziges Mal in solcher Vollendung empfinden und nach der man sich dann ewig sehnen wird.«

Howells war nach einer anstrengenden Zugreise von Wien an einem Wintermorgen um fünf Uhr früh in Venedig angekommen und hatte sich eine Gondel gemietet, um sich zu seinem Hotel fahren zu lassen. Als er den Lichterglanz und Tumult des Bahnhofs hinter sich gelassen hatte und die Gondel in der Dunkelheit den breiten Kanal herunterglitt, vergaß er seine Erschöpfung und die morgendliche Kälte.

»Zuerst vermochte ich nichts anderes zu verspüren als jene wunderbare Ruhe, die nur durch das Eintauchen der Ruder in die vom Schein der Sterne silberglänzende Flut unterbrochen wurde«, schreibt Howells über diese erste Fahrt auf dem Canal Grande. »Dann sah ich zu beiden Seiten stattliche Paläste grau und hoch aus dem dunklen Wasser emporragen, ihre Fassaden hier und dort von einer Lampe erhellt, die für Augenblicke Balkons, Säulen und aus Stein gemeißelte Gewölbebogen hervortreten ließ und lange, dunkelrote Strahlen in den Kanal sandte. Bei diesem ungewissen, schwachen Lichtschimmer konnte ich wohl wahrnehmen, wie wunderbar dies alles war, aber nicht, wie traurig und alt; und so glitt ich dahin, noch unberührt von jenem tiefen Schmerz um den Verfall, den ich später inmitten der hoffnungslosen Schönheit Venedigs empfand …«

Die beiden seeräuberisch aussehenden Gondolieri hielten schließlich am Fuß einer Treppe vor einer fest verschlossenen Tür. Auf ihr wiederholtes Klingeln öffnete ein Hotelportier mit »biederem Gaunergesicht«, und die Gondolieri ließen ihren Gast aussteigen, nicht ohne ihn um mehr Fahrgeld geschröpft zu haben, als eigentlich vereinbart gewesen war.

Howells wohnte im Palazzo Falier, auf der linken Seite des Canal Grande, nicht weit von der Accademia-Brücke entfernt. Seine ersten Streifzüge hatten für ihn einen besonderen Reiz. Gewöhnlich hatte er ein bestimmtes Ziel, das er aber nicht immer erreichte, weil er sich, wie es den meisten Besuchern Venedigs zuerst ergeht, »in dem komplizierten Gewirr der engsten, krummsten und nutzlosesten Gässchen, die es auf der Welt gab, verlor oder schiffbrüchig auf den unbekannten Gewässern eines Kanals, so weit wie nur irgend möglich von dem angestrebten Ziel entfernt, liegen blieb. Dunkle, verborgene kleine Höfe lauerten förmlich auf meine ungeschickt umhertappenden Schritte, und ständig wurde ich von Wegen, die in die Irre führten, überrumpelt und zum Aufgeben gezwungen, wenn ich dann vor einer undurchdringlichen Mauer oder ganz unvermutet vor einem Kanalufer stand.«

Howells war sofort von Venedig fasziniert. Er stellte fest, dass »im Reiche des Schönen eine vollendete Demokratie« herrsche: Alles gefalle einem in gleicher Weise, sei es auch noch so schlicht oder von dürftiger Beschaffenheit. Eine prächtige Mondnacht in Venedig, wenn eine einsame Gondel durch das stille Wasser glitt und die im Mondlicht silbern glänzende Fläche in ein Gekräusel unzähliger Wellen verwandelte und die fernen Lichter von der Piazzetta bis zur Insel Giudecca in der Nachtluft zu einer einzigen Flamme zusammenschmolzen, bereitete dem Schriftsteller keine größere Freude als der Anblick eines alten Kaffeebrenners, den Howells eines Abends im Hof hinter dem Palazzo stehen sah: »Den ganzen Tag über war die Luft von dem Duft der wohlriechenden Kaffeebohnen erfüllt, und den ganzen Tag über hatte dieser geduldige alte Mann – wir wollen ihn einen Weisen nennen – die Blechtrommel gedreht, in der sie in der malerischen Art, wie man in Venedig den Kaffee brennt, über einem offenen Feuer geröstet wurden. Als nun der Abend anbrach, die Sterne auf ihn herabschienen und das Rot der Flamme einen geisterhaften Schein auf ihn warf, wirkte er noch erhabener und ehrwürdiger als zuvor. Er hatte den Bart eines Heiligen und die Würde eines Senators …«

Reisende, die im Winter nach Venedig kommen, stellen sich oft vor, im Süden sei der Winter milde. Für Venedig trifft das ganz sicher nicht zu. Diese Erfahrung machte im neunzehnten Jahrhundert auch William Dean Howells, der bei seinem ersten Venedig-Besuch das Winterwetter rau und trostlos fand. Die Deutschen hätten hier zwar Öfen eingeführt, schrieb er, aber diese erfreuten sich nicht der Gunst der Venezianer, die ihre Wärme für ungesund hielten und in dem Bemühen, ohne Feuer auszukommen, ein Maß an Kälte ertrügen, das Nordländer in ihren Häusern gar nicht kennen. »Sie büßen für ihre lächerliche Voreingenommenheit mit fürchterlichen Frostbeulen, und die Hände, die ebenso wie die Füße zu leiden haben, bieten bei Menschen, die der Kälte am meisten ausgesetzt sind, einen bejammernswerten und abschreckenden Anblick, wenn der Juckreiz und das Bestreben, ihn zu lindern, sie in eine Masse geschwollener Wunden verwandelt haben«, kritisiert der Autor anschaulich.

Italienische Häuser sind meistens so gebaut, dass sie in der heißen Jahreszeit, die gewöhnlich etwa acht Monate dauert, Kühle spenden. Räume, die nicht im Erdgeschoß liegen, sind groß, luftig und kühl. In den Palästen gibt es zwei Zimmerfluchten: kleinere und behaglichere Gemächer im ersten Stock für den Winter und größere, luftige Säle und Salons darüber, zum Schutz gegen die heimtückische Hitze des Schirokko. Doch die meisten Menschen müssen im Sommer wie im Winter die gleichen Räume bewohnen, und der einzige Unterschied bestand zu Howells Zeit darin, dass in der kalten Jahreszeit ein schmaler Teppichstreifen vor dem Sofa ausgebreitet wurde. Denn selbst in ärmlichen Häusern sind die Fußböden aus Stein, seien es nun marmorne Fliesenbelege oder Böden aus einer Mischung von Zement und eingefügten farbigen Marmorstückchen, die geglättet und poliert werden, bis sie völlig eben und blank wie Glas sind. Howells konnte beobachten, dass die Bewohner beim Sitzen Kissen unter den Füßen hatten und auch im Haus Pelzmäntel oder wattierte Kleidung trugen.

Männer drängten sich an Wintertagen meist in kleine, stickige Cafés, wo Rauch, Atemluft und Körperwärme die Kälte milderten – ein Vorzug, den Frauen nicht genießen durften. Ihnen blieb der »scaldino«, ein kleiner Topf aus glasiertem Steingut mit einem Henkel aus Ton. Der »scaldino« begleitete die Venezianerin im Haus von einem Zimmer zum anderen. Wenn eine Frau auf die Straße ging, hängte sie das wärmende Gerät, das bis oben mit glimmender Holzkohle gefüllt werden musste, über den Arm und war auf diese Weise einigermaßen vor Kälte geschützt.

Howells fand einen Hinweis in Goldonis ›Lebenserinnerungen‹ bestätigt, dass Venezianer sich mit Gästen kaum zu Hause treffen, sondern gemeinsam in Speiselokale oder in Cafés gehen und dort plaudern oder auch Geschäfte abschließen. Der amerikanische Autor wünschte sich insgeheim, dass diese Sitte auch im heimischen Amerika Fuß fassen würde, denn in venezianischen Cafés und Restaurants herrsche viel größere Ungezwungenheit und Freiheit, mehr Eleganz und Luxus, und einem Freund gegenüber sei man von keinerlei Verpflichtungen belastet.

Als Howells anfangs häufig seinen Weg verfehlte, wusste er noch nicht, dass der Markusplatz das Herz der kleinen Stadt Venedig ist und das verworrene System der Straßen und Kanäle den Besucher fast unweigerlich immer wieder dorthin zurückbringt. Denn ständig bewegt sich eine Menschenmenge auf den Markusplatz zu oder kommt von dorther. Man braucht also nur mit dem Strom zu schwimmen und sich auf den großen Platz treiben zu lassen oder an die Rialtobrücke, von der aus man direkt auf die Piazza kommt.

Im Sommer wie im Winter bildet die Piazza bei Tag und Nacht den beliebtesten Sammelplatz. »Zu ebener Erde ist sie von einer Reihe funkelnder Läden und Cafés umgeben; es sind die geschmackvollsten und glanzvollsten in der Welt«, fand Howells, »und sie befinden sich im unteren Geschoß der Prokuratien; und in den Arkaden, die den Platz an den drei Seiten umschließen, drängen sich die Müßiggänger und Käufer, selbst wenn dort die österreichischen Musikkapellen spielen; denn wie wir bemerkt haben, darf dann auch der aufrichtigste Patriot unter den Prokuratien umhergehen, ohne sein Gewissen zu beflecken, was dagegen hoffnungslos beschmutzt würde, wenn er die Piazza beträte.«

Von den ersten warmen Maitagen bis Ende September folgte nach Howells Beobachtungen ganz Venedig einem einzigen Impuls: dem des dolce far niente. Man sitzt plaudernd vor den Türen der Cafés an der Riva degli Schiavoni, auf der Piazza San Marco und den verschiedenen Plätzen in den anderen Stadtteilen. Aber das prächtigste Schauspiel bietet sich auf dem Markusplatz, vor allem nachts, wenn die Piazza »von einem unbeschreiblichen Glanz überstrahlt ist, den das Licht unzähliger Lampen auf den Gebäudekomplexen hervorbringt. Der stattliche Kaiserpalast Napoleons, die mit Skulpturen, Arkaden und Säulen versehenen Prokuratien und der byzantinische Zauber der Kirche – wird das alles noch vorhanden sein, wenn du morgen wiederkommst?«

Vor allem das Caffè Florian zog den Schriftsteller an, weil die dortigen Müßiggänger ihm am interessantesten vorkamen. Leute aller politischen Schattierungen trafen sich in den eleganten kleinen Salons, obwohl es auch dort gewisse Gruppen gab, die sich unter keinen Umständen mit anderen vermischten. »Die Italiener achteten sorgfältig darauf, sich in einem mit grünem Samt ausgestatteten Raum zusammenzufinden, während die Österreicher ... häufig ein Zimmer mit Möbeln, die mit rotem Samt bezogen waren, aufsuchten ...«

Howells fasste eine stille Zuneigung zu diesen trägen italienischen Bummlern, die kaum miteinander sprachen oder plötzlich in lauten Streit ausbrachen, dann aber wieder in schweigende Betrachtung versanken. »Die Älteren unter ihnen saßen, die Hände sorgfältig über dem Knauf ihres Stockes gefaltet, und starrten auf den Boden oder vertieften sich in die französischen Zeitschriften, die sie gründlich durchsahen. Die jüngeren standen viel an den Türeingängen herum, und dann und wann scherzten sie auf recht harmlose Art mit den eleganten Kellnern in schwarzen Jacken und mit weißen Krawatten, die mit Aufträgen hin und her eilten und sie in scharfem Ton dem Rechnungsführer an seinem kleinen Tisch zuriefen. Manchmal wanderten die jungen Müßiggänger zu dem Zimmer, das den

Damen vorbehalten und für Raucher verboten war, genossen lange und bedächtig den schönen Anblick und kehrten dann wieder in den Kreis ihrer schweigsamen Gefährten zurück ...«

Im Caffè Quadri gegenüber gab es ein ebenso vielversprechendes Schauspiel. Doch erstrahlte dort alles im Glanz der Uniformen, und der Müßiggang war von einer sehr geräuschvollen Unterhaltung begleitet, die in deutscher Sprache mit österreichischem Dialekt geführt wurde. «Diese Offiziere waren sehr hübsche, intelligent aussehende Leute mit überaus gutmütigen Gesichtern«, beobachtete Howells. »Unruhig kamen und gingen sie, setzten sich und schlugen dabei mit ihren Degenscheiden aus Stahl gegen die Tische, oder sie sprangen auf, und die langen Säbel stießen an ihre gespreizten Beine. Es sind die elegantesten Soldaten in der Welt, und man hat keine Vorstellung, wie schlecht sie sich anziehen können, wenn sie sich selbst überlassen sind, bis man einmal einen in Zivilkleidern gesehen hat.«

Als Howells seine Sprachkenntnisse erweitert hatte, lernte er neben dem Kaffeehaustheater auch das Spiel auf der Bühne schätzen. »Ich habe ausgezeichnete Aufführungen in venezianischen Theatern gesehen«, schrieb er, »sowohl der modernen italienischen Komödie, die sehr amüsant und gut ist, als auch der älteren Stücke Goldonis. Diese Werke sind köstlich in ihrer Urwüchsigkeit, wenn man sie in Venedig sieht, wo allein die bewundernswerte Echtheit der Zeichnung und Farbgebung höchstes Lob verdient ...«

Aber Theater fand, wie Howells feststellte, nicht nur in geschlossenen Räumen statt. Ebbe und Flut des Canal Grande waren »Zauberkraft für das Gemüt, in jener märchenhaften Straße von Palästen, auf einem reizenden kleinen Balkon an der Casa Falier«: Von dort oben sah Howells, besonders im Herbst, täglich in dichtbesetzten Gondeln ganze Bootsladungen von Engländern, die zu ihren Hotels gefahren wurden. Dabei waren Mädchen mit rosigen Wangen, die, wie Howells fand, »von rechtschaffener englischer Gesundheit zeugen. Alle tragen kleine, verwegene englische Hüte, und das Haar ergießt sich in unveränderlichen Wasserfällen über ihre breiten englischen Rücken … Morgen werden wir sie auf der Piazza sehen, im Caffè Florian, in der Markuskirche … und die jungen Damen werden … gefühlvoll die vagabundierenden Tauben des heiligen Markus füttern … Der Oktober ist der Monat der Sonnenuntergänge und der Engländer.« Die Wahrheit sei nämlich, gab Howells zu, dass die Amerikaner diese Leute nicht mögen, und er glaubte, diese Abneigung beruhe auf Gegenseitigkeit.

Auch über Lord Byron machte Howells eine kleine spitze Bemerkung: »Byron … der den Lido auf und ab zu galoppieren pflegte, auf der Suche nach jener bemerkenswerten Einsamkeit, die der aufrechte Sänger und Dichter so sehr liebte …« Und selbst Byrons damalige Wohnung wurde nicht verschont: »Der Palazzo Mocenigo, in dem Byron wohnte, sieht nach kürzlich erfolgter Instandsetzung zwar wieder wie neu aus, wirkt jedoch abscheulich, und da er einer der hässlichsten Paläste am Großen Kanal ist, kann er unser Interesse weniger denn je beanspruchen. Der Wärter zeigt den Besuchern die Räume, in denen der Dichter schrieb, aß und schlief, und ich glaube, von dem grässlichen korbförmigen Balkon über dem Haupteingang stürzte sich eine seiner Geliebten in den Kanal …«

Mehr Interesse hatte Howells für das ehemalige Wohnhaus von Carlo Goldoni: »Dieser schöne alte gotische Palast liegt genau gegenüber einem Laden mit unverdaulichem Pastetengebäck, an einem schmalen Kanal neben den Frari und an der Calle dei Nomboli.« Als der amerikanische Autor den Palazzo besichtigte, zeigte ihm ein Diener einen ganz neuen Raum unter dem Dach, in dem, wie er sagte, der große Dramatiker seine unsterblichen Komödien verfasst habe. »Da ich aber wusste, dass Goldoni schon in seiner Jugend nicht mehr hier gewohnt hatte«, schreibt Howells, »konnte ich schwerlich glauben, was der Cicerone behauptete, freute mich aber dennoch, dass er es erwähnte und überhaupt etwas von Goldoni wusste … Es schadet nicht, einen Blick in den Hof im Erdgeschoss zu werfen. Du freust dich dann vielleicht über die malerische alte Treppe, die nach oben führt – ich kann nicht genau sagen, bis zu welcher Höhe – und mit vielen kleinen Löwenköpfen verziert ist.«

Mark Twain

Ein Argloser im Ausland

*M*an kennt ihn vor allem als Verfasser der berühmt gewordenen Jugendromane ›Tom Sawyer‹ und ›Huckleberry Finn‹: Mark Twain, eigentlich Samuel Langhorne Clemens, der sich nach dem alten Seemannsruf ›mark twain‹ nannte – was bedeutet: zwei Faden Wassertiefe, nämlich die Sicherheitsgrenze für die Flussfahrt auf dem Mississippi. Dort wuchs er auf, als Kind einer typischen Pioniersfamilie, in der unberührten Landschaft der riesigen Wälder, Prärien und Ströme des Mittelwestens, dem Schauplatz seiner bekanntesten Romane. Nach der Schule machte er zunächst eine Lehre als Setzer in der Zeitungsdruckerei seines Bruders und ging dann als Drucker auf Wanderschaft. Nach einem kurzen Dienst in der Südstaatenarmee während des Bürgerkriegs arbeitete er von 1862 an als Journalist unter dem Pseudonym ›Mark Twain‹.

Als Reporter und Zeitungskorrespondent kam Twain 1867 zum ersten Mal nach Europa und auch nach Palästina; weitere, ausgedehnte Europareisen folgten 1891–1895 und 1903–1904. Seine Frau Olivia, Tochter eines reichen Industriellen, und sein Freund William Dean Howells verfeinerten anfangs seinen noch ungeschliffenen Stil, der mit derben Ausdrücken gespickt war, und verhalfen seinem großen Erzähltalent zum weltweiten Erfolg. Für sein Gesamtwerk, das Romane, Erzählungen und humorvolle Anekdoten umfasst, die in leichtem, lebendigem Stil geschrieben sind und eindringliche Milieuschilderungen enthalten, wurde Mark Twain 1907 von der Universität Oxford mit dem Ehrendoktorat für Literatur ausgezeichnet. Ernest Hemingway bezeichnete Twains anschauliche, dialogreiche Erzählweise als vorbildlich für die moderne amerikanische Epik.

›Die Arglosen im Ausland‹ heißt eine Sammlung von Twains Reisebriefen, die ursprünglich in Zeitungen erschienen waren und zwei Jahre später, 1869, in Buchform veröffentlicht wurden. Sie erzählen von einer kombinierten Vergnügungs- und Bildungsreise einer Gruppe amerikanischer Touristen in die Mittelmeerländer und ins Heilige Land. An dieser Reise, auf dem »sehr schönen und starken Raddampfer ›Quaker City‹«, wie es in der offiziellen Ankündigung hieß, nahm Twain 1867 als Journalist teil.

Nachdem Mark Twain sich schon durch seine Berichte aus dem amerikanischen Westen und Hawaii sowie seine sehr erfolgreiche, derb humorvolle Kurzgeschichtensammlung ›Der berühmte Springfrosch von Calaveras‹ einen Namen gemacht hatte, wurde er mit seinem Reisebericht über die »Arglosen«, der ein großer Publikumserfolg wurde, zum bekanntesten und bestbezahlten Schriftsteller seiner Zeit. Den durchschlagenden Erfolg hatte er nicht nur der komischen Schilderung abstruser Situationen, sondern dem Stilmittel der Ironie zu verdanken, mit der er seine »arglosen« Mitreisenden, aber auch sich selbst beschrieb. Mit viel Aufwand wird die Fahrt angekündigt:

»Monatelang wurde die große Vergnügungsreise nach Europa und dem Heiligen Land überall in Amerika in den Zeitungen besprochen und an zahllosen Kaminen diskutiert. Es war eine neue Art von Ausflug – etwas Ähnliches war noch nie zuvor erdacht worden. Es sollte ein Picknick riesenhaften Ausmaßes werden. Anstatt eine schwerfällige Dampffähre mit Jugend und Schönheit und Pasteten und Pfannkuchen zu beladen und irgendein unbekanntes Flüsschen hinaufzupaddeln, um an einer saftigen Wiese auszusteigen …, sollten die Teilnehmer auf einem großen Dampfer mit wehenden Flaggen und donnerndem Salut absegeln und einen fürstlichen Urlaub jenseits des weiten Ozeans verbringen, in manchem fremden Himmelsstrich und in manchem namhaften Land der Geschichte!«

Am 8. Juni verließ das Schiff New York zu einer mehrmonatigen Tour nach Europa. Die Reisegesellschaft bestand aus drei

Pfarrern, acht Ärzten, sechzehn oder achtzehn Damen (ganz genau wusste Mark Twain das nicht), Militär- und Marineprominenz mit klingenden Titeln und einer reichen Auswahl an Professoren verschiedener Fakultäten. Nach Besichtigung mehrerer Länder zu Schiff und mit dem Zug erreichte man schließlich auch Italien. Mit der Bahn ging es nun, vom Gardasee aus, in Richtung Venedig:

»Es war eine lange, lange Fahrt. Aber gegen Abend, als wir still dasaßen und kaum wussten, wo wir waren, rief jemand: ›Venedig!‹ Und wahrhaftig, schwimmend auf dem stillen Meer, das nur eine Meile entfernt war, lag da eine große Stadt, deren Kastelle und Kuppeln und Kirchtürme im goldenen Dunst des Sonnenuntergangs schlummerten«, schreibt Twain und beweist dann gleich, wie gründlich er sich auf die traurige Geschichte vom Niedergang der Lagunenstadt vorbereitet hat: »Dieses Venedig, das fast vierzehnhundert Jahre lang eine hochmütige, unbesiegbare, hochherrliche Republik war, dessen Armeen sich den Beifall der Welt erzwangen, wann und wo auch immer sie kämpften, dessen Kriegsflotte die Meere fast ganz beherrschte und dessen Handelsflotte auf den entferntesten Ozeanen das Weiß ihrer Segel aufleuchten ließ …, ist nun eine Beute der Armut, der Vernachlässigung und des traurigen Verfalls geworden … Dahin ist sein Ruhm, und von der verfallenden Pracht seiner Paläste umgeben, sitzt es verloren zwischen seinen trägen Lagunen, zum Bettler geworden und von der Welt vergessen … Man sollte sich wahrlich von ihren Lumpen, ihrer Armut und ihrer Demütigung abwenden und sich die Stadt nur vorstellen, wie sie war, als sie die Flotte Karls des Großen versenkte, als sie Friedrich Barbarossa demütigte oder ihre siegreichen Banner über den Zinnen Konstantinopels wehen ließ …«

Twain war anscheinend fest entschlossen, die berühmte Lagunenstadt in ihrem jetzigen Zustand trostlos zu finden. Selbst das viel besungene Hauptverkehrsmittel verwandelte sich durch seinen ironisch-pessimistischen Blick:

»Wir erreichten Venedig um acht Uhr abends und bestiegen einen Leichenwagen, der zum Grand Hotel d'Europa gehörte. Zumindest glich es mehr einem Leichenwagen als etwas anderem, obwohl es, wenigstens auf dem Papier, eine Gondel war. Das also war die gefeierte Gondel von Venedig – das Märchenboot, in dem die fürstlichen Kavaliere der guten alten Zeit das Wasser der mondbeschienenen Kanäle durchpflügten und mit der Beredsamkeit der Liebe in die sanften Augen patrizischer Schönheiten blickten, während der fröhliche Gondoliere in seidenem Wams seine Gitarre zupfte und sang, wie eben nur Gondolieri singen können! Das also ist die berühmte Gondel und das der prächtige Gondoliere! Das eine ein tintenschwarzes, verschossenes Kanu mit einem daraufgesetzten düsteren Leichenwagenaufbau und der andere ein schäbiger, barfüßiger Gassenjunge …«

Der amerikanische Autor, der sich als Opfer vorgespiegelter Illusionen von einer Märchenstadt fühlte, gab sich entsetzt. Zu allem Überfluss begann der schäbige Gondoliere plötzlich zu singen. Twain hielt es eine kurze Zeit lang aus, dann sagte er: »Jetzt hör mal her, Roderigo Gonzalez Michelangelo, ich bin ein Pilger, und ich bin ein Fremder, aber ich bin nicht gewillt, meine Gefühle von einem solchen Gejaule zerfleischen zu lassen. Wenn das nicht aufhört, muss einer von uns ins Wasser … Noch ein Quiekser, und du gehst über Bord!«

Natürlich brach der erschrockene Gondoliere seinen Gesang blitzartig ab. Twain war nun ziemlich sicher, dass es mit dem schönen alten Venedig zu Ende sei. Doch als das Boot langsam weiterfuhr, merkte er zu seiner großen Überraschung, dass er voreilig geurteilt hatte: »Binnen weniger Minuten trieben wir elegant hinaus auf den Canal Grande, und da lag im milden Mondlicht das Venedig der Dichtung und Romantik vor uns. Direkt am Rand des Wassers erhoben sich lange Reihen stattlicher Marmorpaläste; Gondeln glitten schnell hierhin und dahin und verschwanden plötzlich durch unvermutete Tore und Gässchen; schwere Steinbrücken warfen ihre Schatten quer über die glitzernden Wellen. Überall herrschte Leben und Treiben, und doch lag über allem eine Stille, eine Art verstohlener Stille, die an heimliche Geschäfte gedungener Mörder und Liebender denken ließ; halb in Mondstrahlen und halb in geheimnisvolle Schatten gehüllt, schienen die düsteren, alten herrschaftlichen Häuser der Republik einen Ausdruck an sich zu haben, als blickten sie in dem selben Moment mit einem Auge solchen Ereignissen entgegen. Musik schwebte über das Wasser herüber – Venedig war vollkommen.«

In dieser Nacht wurde ein Fest zu Ehren eines Heiligen gefeiert, und ganz Venedig war auf dem Wasser. Zweitausend Gondeln hatten sich auf der weiten Wasserfläche versammelt, jede davon war mit zwanzig oder dreißig Laternen behängt. So weit das Auge reichte, drängten sich die farbigen Lichter aneinander – »wie ein großer Garten mit vielfarbigen Blumen, nur dass die Blüten nie stillstanden, sie glitten unaufhörlich ineinander und auseinander, vermischten sich miteinander … Hier und da übergoß das grelle rote, grüne oder blaue Licht einer Rakete, die sich schwerfällig vom Boden löste, alle umliegenden Boote mit strahlendem Glanz.«

Viele Gruppen junger Damen und Herren hatten ihre Prachtgondeln stattlich geschmückt und nahmen an Bord ihr Abendessen ein, wobei sie von ihrem eigens dazu mitgebrachten Personal bedient wurden. Und von überall hörte man Musik. Auf einigen Gondeln wurde Klavier gespielt, auf anderen sangen Chöre, es gab kleine Streichorchester und Blaskapellen. Mark Twain war völlig überwältigt: »Das Fest war herrlich. Es dauerte die ganze Nacht, und ich habe mich nie besser unterhalten als in diesen Stunden.«

Bei Tage allerdings besitze Venedig wenig Poesie, fand Mark Twain am folgenden Morgen. Im verräterischen Sonnenlicht erkenne man, dass Venedig verfallen, verarmt und völlig unbedeutend sei. »Aber bei Mondlicht hüllen die vierzehn Jahrhunderte ihrer Größe die Stadt in ihren Glorienschein, und noch einmal ist sie die fürstlichste unter den Nationen der Erde:

Es steht eine stolze Stadt im blauen Meer;
Die See spült ihre Straßen, eng und breit,
Mit Flut und Ebbe; und der salz'ge Tang
Umspinnt den Marmor jedes Palasts.
Kein Fußweg, keines Menschen Schritte ziehn
Zu ihrem Tor! Der Pfad führt übers Meer,
Unsichtbar; und das Land verließen wir,
Als triebe auf den Wellen diese Stadt.
Wir glitten durch die Straßen wie im Traum,
So sanft und still, an manchem Dom vorbei,
Moscheengleich, und manchem Säulengang,
Der Statuen zum blauen Himmel reckt;
An manchem Haus, das mit des Orients Stolz
Ein Handelskönig einst zum Sitz sich schuf;
Wohl hat die Zeit die Fronten schon zernarbt,
Doch glühn sie noch in Farben hehrer Kunst,
Als flösse über drin verborgne Pracht.

Nach der inneren Versöhnung mit dem gegenwärtigen Venedig ging es weiter auf Besichtigungstour. Im Dogenpalast bekam die Reisegruppe bis zur Erschöpfung zahlreiche historische Gemälde und Porträts erklärt. Doch in Bann gezogen fühlte sich die Gruppe von einer leeren Stelle an der Wand; es war ein schwarzes Viereck inmitten einer Galerie von Dogenporträts – dort hätte das Bild von Marino Faliero hängen müssen. An Stelle des Porträts stand dort eine kurze Inschrift, die besagte, dass der Verschwörer für sein Verbrechen den Tod erlitten habe.

Oben an der Gigantentreppe, wo der Doge Marino Faliero enthauptet worden war und wo man in alten Zeiten die Dogen krönte, wies man die Reisenden auf zwei schmale Schlitze in der Steinmauer hin. Es waren »zwei harmlose, unbedeutende Öffnungen, die niemals die Aufmerksamkeit eines Fremden erregen würden – doch dies waren die furchtbaren Löwenrachen! Die Köpfe waren weg (von den Franzosen abgeschlagen, als sie Venedig besetzt hielten), aber dies waren die Schlünde, durch die die anonymen Beschuldigungen hinabglitten, die heimlich mitten in der Nacht ein Feind hineinwarf und die manchen unschuldigen Mann dazu verurteilten, über die Seufzerbrücke zu schreiten und in den Kerker hinabzusteigen, den niemand mit der Hoffnung betrat, die Sonne wiederzusehen …«

Gewissenhaft resümiert Mark Twain für seine amerikanischen Leser, was er bei seiner ersten Sightseeingtour in Venedig gesehen hat – es sind oft ganz sachliche Berichte, die einem Reisehandbuch entnommen zu sein scheinen, angereichert mit persönlichen Beobachtungen. Dann wird die Schilderung wieder sehr lebendig, wie zum Beispiel in der festlichen Mondnacht oder auch bei der Fahrkunst des Gondoliere, die den am Wasser aufgewachsenen Autor ganz besonders fasziniert. »Die venezianische Gondel ist so gelöst und anmutig in ihrer gleitenden Bewegung wie eine Schlange … Das Heck des Bootes ist mit einem Deck versehen, und darauf steht der Gondoliere. Er benutzt ein einziges Ruder – ein langes Blatt natürlich, denn er steht fast aufrecht … Wie in aller Welt er rückwärtsgleiten und beschleunigen, geradeaus schießen oder plötzlich um eine Ecke huschen kann, und wie er es fertig bringt, sein Ruder in diesen kümmerlichen Kerben zu halten, ist mir ein Rätsel und beschäftigt mich unaufhörlich … Manchmal schneidet er eine Ecke so scharf oder verfehlt eine andere Gondel nur um Haaresbreite, dass ich das ›Kribbeln‹ kriege …«

Eine Art vertrautes Kribbeln bekommt Twain auch, wenn er der Unterhaltung junger Venezianerinnen zuhört. Es kommt ihm irgendwie bekannt vor, wie sie da auf einer Freitreppe stehen und lachen, sich zum Abschied küssen und fächeln und – in Mark Twains launiger Beschreibung – sagen: »Komm doch bald mal – aber bestimmt – wir haben eine entzückende Wohnung – so günstig zum Postamt und zum Christlichen Verein junger Männer – wir haben so viel Betrieb und so viele Schwimmwettbewerbe auf dem Hinterhof – du *musst* einfach kommen, es ist doch gar keine Entfernung, wenn du an der Markuskirche vorbei- und unter der Seufzerbrücke durchfährst und die Seitengasse abschneidest und bei der Frari-Kirche herauskommst und in den Canal Grande einbiegst, da ist *kein bisschen* Strömung – also komm bestimmt, Sally Maria – ciao!«

Fast zu Tränen gerührt ist der Autor, wenn er den Venezianerinnen beim Einkaufen zusieht: »Es gleicht so sehr meiner lieben Heimat«, schreibt er, wenn die Damen von Straße zu Straße und von Laden zu Laden flitzen, nur dass sie statt eines Privatwagens die Gondel ein paar Stunden an der Bordkante warten lassen, während die netten jungen Verkäufer ihnen tonnenweise Samt und Seide und alte Moiréstoffe von den obersten Regalen herunterholen – »und dann kaufen sie ein Päckchen Nadeln und paddeln davon«.

Zwölf Jahre später kam Mark Twain noch einmal nach Europa, diesmal mit mehr Muße. Bei seiner Ankunft im Hamburger Hafen nahm sich der Schriftsteller vor, zu Fuß durch Europa zu wandern. Aber dann setzte er sich doch in die Bahn nach Frankfurt. Und aus dem geplanten Marsch wurde zwar ein gemächlicher Bummel durch Europa – aber selten zu Fuß.

Jetzt wollte er nachholen, was er bei seinem letzten Aufenthalt versäumt hatte. Seit mehreren Wochen hatte er deshalb von anderen Touristen alle Informationen über Italien gesammelt, die er bekommen konnte. Alle Reisenden waren sich in einer Hinsicht einig – man müsse damit rechnen, von den Italienern auf Schritt und Tritt übers Ohr gehauen zu werden.

Diese Behauptung wurde schnell widerlegt: In Turin gab Twain einem Puppenspieler eine kleine Schweizer Münze, weil er kein italienisches Geld hatte. Dem Puppenspieler kam die Münze aber viel zu wertvoll vor, und er wollte sie an Twain zurückgeben – was Twain erst glauben konnte, als ein Dolmetscher ihm das bestätigte. Twain notierte sich sofort, dass Italiener, die irgendetwas mit der Bühne zu tun haben, nicht betrügen.

Einen wirklichen Betrug glaubte Twain allerdings bei einer Streiterei unter Italienern zu erkennen. Sie tanzten wild umher und gestikulierten mit dem Kopf, den Armen, Beinen, mit dem ganzen Körper, gelegentlich stürzten sie in einem plötzlichen Wutausbruch vor und fuchtelten einander mit den Fäusten vor der Nase herum. »Eine halbe Stunde vergeudeten wir dort und warteten darauf, beim Zusammenschnüren der Toten mithelfen zu können«, erzählte Twain, »aber schließlich umarmten sie einander herzlich, und der Ärger war völlig vergessen. Der Zwischenfall war zwar interessant, aber wir hätten ihm nicht die ganze Zeit geopfert, wenn wir gewusst hätten, dass nichts als Versöhnung dabei herauskommen würde.« Der Autor empfand diesen Streit als einen Betrug an den Zuschauern.

Bei seinem ersten Venedigaufenthalt hatte Mark Twain kein Gemälde gesehen, das ihn besonders beschäftigt hatte. Nun fand er gleich zwei, im Dogenpalast. Eins davon war, so Twain, »Tintorettos drei Morgen großes Gemälde« im Saal des Großen Rates. Vor zwölf Jahren hatte ihm ein Fremdenführer fälschlich erzählt, es stelle einen Aufstand im Himmel dar.

Twain fand die enorme Bewegung auf dem Bild sehr imposant. In Twains Schilderung hört sich das so an: »Es sind zehntausend Figuren darauf, und sie tun alle irgendetwas. In der ganzen Komposition liegt ein wunderbarer Schmiss. Einige Figuren tauchen mit gefalteten Händen kopfüber nach unten, andere schwimmen durch die Wolkenbänke – manche auf der Brust, manche auf dem Rücken –, große Züge von Bischöfen, Märtyrern und Engeln kommen aus verschiedenen Randbezirken rasch zur Mitte hingeströmt, überall begeisterte Freude, stürmische Bewegung. Fünfzehn oder zwanzig Figuren mit Büchern sind hier und da verstreut, aber sie können ihre Aufmerksamkeit nicht der Lektüre widmen – sie bieten die Bücher anderen an, aber niemand will jetzt lesen. Der Markuslöwe mit seinem Buch ist da; der heilige Markus mit erhobener Feder ist da; er und der Löwe blicken einander ernst an und erörtern die Schreibung eines Wortes – der Löwe schaut in verzückter Bewunderung auf, während der heilige Markus buchstabiert. Das ist von dem Künstler wunderbar dargestellt. Das ist das Meisterhafte dieses unvergleichlichen Gemäldes.«

Twain war von dem grandiosen Werk so begeistert, das er jeden Tag wieder hinging, um es zu betrachten. Die Bewegung auf dem Gemälde sei fast unvorstellbar stark, schreibt er. »Die Gestalten singen, und viele blasen Trompete. So lebhaft drückt das Gemälde Lärm aus, dass Betrachter, die sich hinein vertiefen, fast immer anfangen, ihre Kommentare einander in die Ohren zu schreien und aus den gekrümmten Händen Schalltrichter zu machen, weil sie fürchten, sie wären sonst nicht zu hören«, behauptet der Autor. »Oft sieht man, wie ein Tourist, dem verräterische Tränen die Wangen hinabrinnen, die Hände trichterförmig an das Ohr seiner Frau legt und hindurchbrüllt: ›O, dort zu sein im ewigen Frieden!‹«

Früher, so meint Twain, hätte er dieses Bild nicht würdigen können. Erst ein Kunststudium in Heidelberg habe ihm seine vortreffliche Bildung geschenkt. Ihm verdanke er alles, was er heute in der Kunst sei.

Eine weitere Probe seines ungewöhnlichen Kunstverständnisses gibt Mark Twain bei der Analyse eines Gemäldes, das er »Bassanos unsterblicher Fellkoffer« nennt; es hängt im Saal des Rates der Zehn, neben zwei anderen großformatigen Gemälden. »Der Fellkoffer wird dem Betrachter nicht sozusagen an den Kopf geschleudert, wie so oft der Hauptgegenstand eines unsterblichen Werkes«, erklärt Twain im Ton eines fachmännischen Interpreten. »Nein, er wird sorgfältig davor bewahrt, aufzufallen, er wird eingeordnet, er wird im Hintergrund gehalten, er wird höchst gewandt und geschickt aufgespart, der Meister führt höchst vorsichtig und geistreich auf ihn zu, und deswegen wird der Betrachter, wenn er endlich zu ihm gelangt, überrumpelt, er ist unvorbereitet und stößt mit betäubender Plötzlichkeit darauf.«

Ein Blick auf das Bild im Ganzen, warnt Twain, könne niemanden darauf bringen, dass darauf ein Fellkoffer dargestellt ist. Der Fellkoffer ist im Titel auch gar nicht erwähnt. Der Titel des Gemäldes lautet vielmehr: ›Papst Alexander III. und der Doge Ziani, der Bezwinger des Kaisers Friedrich Barbarossa‹. »Man sieht«, so schließt Twain seine komischen Betrachtungen, »der Titel wird tatsächlich dazu benutzt, die Aufmerksamkeit vom Koffer abzulenken; so wird, wie ich sage, die Anwesenheit des Koffers durch keinerlei Fingerzeig angedeutet, jedoch führt alles Schritt für Schritt zu ihm hin.«

In Venedig halte man sich ziemlich viel in der Markuskirche auf, hatte Mark Twain beobachtet. Sie besitze eine merkwürdige Anziehungskraft – teils, weil sie so alt, und teils, weil sie so hässlich sei. Vielen anderen berühmten Gebäuden fehle eine Kardinaltugend: die Harmonie. Sie bestünden aus einer planlosen und verwirrenden Mischung von Schönheit und Hässlichkeit. Bei ihrer Betrachtung habe man ein Gefühl des Unbehagens, der Unruhe und Bedrücktheit, ohne zu wissen, warum. Bei der Markuskirche sei dies ganz anders, man bleibe ganz gelassen bei ihrer Betrachtung, denn ihre Details seien »meisterhaft hässlich«. Nirgends drängten sich falsch angebrachte und unpassende Schönheiten auf, und das Ergebnis sei ein großartiges, harmonisches Ganzes an wohltuender, beruhigender, seelenerquickender Hässlichkeit.

»Sie ist so total hässlich, dass es mir schwer fiel, ihr längere Zeit fernzubleiben«, schreibt Twain. »Jedes Mal, wenn ihre untersetzten Kuppeln aus meinem Blickfeld schwanden, überkam mich ein Gefühl der Verzagtheit; immer, wenn sie wieder erschienen, empfand ich aufrichtiges Entzücken. Ich habe keine glücklicheren Stunden erlebt, als die, welche ich täglich vor dem Caffè Florian verbrachte, von wo aus ich die Kirche über den großen Platz hinweg betrachten konnte. Auf ihre lange Reihe niedriger, dickbeiniger Säulen gepflanzt, den Rücken mit Kuppeln bepflastert, sah sie aus wie eine riesige, warzige Wanze, die nachdenklich spazieren geht.«

Immerhin habe er während seiner Venedigaufenthalte eine Menge über die bildende Kunst gelernt, meint Twain. Vor allem bei Darstellungen von Mönchen und Märtyrern kenne er sich jetzt ziemlich gut aus: »Sehen wir einen Mönch, der still zum Himmel aufblickt und einen Löwen bei sich hat, so wissen wir, das ist der heilige Markus. Sehen wir einen Mönch mit Buch und Feder, der still zum Himmel aufblickt und über ein Wort nachgrübelt, so wissen wir, das ist der heilige Matthäus. Sehen wir einen Mönch, der auf einem Felsen sitzt und still zum Himmel aufblickt, nur einen menschlichen Schädel neben sich hat und kein sonstiges Gepäck, so wissen wir, das ist der heilige Hieronymus ... Sehen wir jemanden, der still zum Himmel aufblickt und nicht merkt, dass sein Körper über und über von Pfeilen durchbohrt wird, so wissen wir, das ist der heilige Sebastian. Sehen wir andere Heilige, die still zum Himmel aufblicken, so fragen wir immer, um wen es sich handelt. Das tun wir, weil wir lernen möchten ...«

Henry James
Eine permanente Liebesaffäre

Seit 1869 lebte Henry James, der gebürtige Amerikaner irischer Abstammung, ständig in Europa; seine Werke werden deshalb gleichermaßen zur englischen wie zur amerikanischen Literatur gerechnet. Als kosmopolitischer Autor war er mit der Kultur beider Hemisphären vertraut und konfrontierte sie – die amerikanische Frische und Unschuld gegenüber der Erfahrung des »alten Europa« – miteinander in mehreren Romanen, von denen einige auch verfilmt wurden, wie zum Beispiel ›Porträt einer Dame‹, den er in Venedig beendete. Die Lagunenstadt war Schauplatz für seinen Roman ›Die Flügel der Taube‹ und auch für seine Novelle ›Die Aspern-Papiere‹.

In seinem Essay ›Italienische Stunden‹ heißt es gleich zu Anfang, unter dem Stichwort ›Venedig‹: »Es ist eine große Freude, dies Wort zu schreiben. Aber ich bin nicht sicher, ob es nicht ein bisschen unverschämt ist, ihm etwas hinzuzufügen. Venedig ist viele tausend Male gemalt und beschrieben worden, und von allen Städten der Welt ist Venedig die einzige, die man besuchen kann, ohne hinzufahren. Schlag das erstbeste Buch auf, und du wirst einen Lobgesang über die Stadt finden. Geh in den erstbesten Laden, und du wirst drei oder vier bunte Ansichten davon finden. Es gibt über Venedig bekanntlich nichts mehr zu sagen. Jeder ist schon mal dort gewesen und hat eine Menge Fotos mitgebracht. Um den Canal Grande gibt es ebenso wenig Geheimnis wie um unsere lokale Hauptstraße, und der Name der Markuskirche ist so vertraut wie das Klingeln des Briefträgers ... Es gibt nichts Neues darüber zu erzählen.«

Als Henry James in die Lagunenstadt kam, war der Symbolcharakter Venedigs schon buchstäblich festgeschrieben, auch von James' englischen und amerikanischen Zeitgenossen. Lord Byrons Klage, in seinem ›Childe Harold's Pilgrimage‹, über den Verfall Venedigs hatte englische wie amerikanische Venedigphantasien geformt: »Statuen aus Staub – allesamt zersplittert – die lange Reihe ihrer toten Dogen ist in den Staub gesunken …« Robert Browning in vielen seiner Gedichte; William Dean Howells mit seiner Beschreibung des ›Lebens in Venedig‹; John Ruskin mit seinem künstlerischen Versuch, ein vermeintlich untergehendes Venedig zu retten, hatten das Bild mit ihrer eigenen Anschauung erweitert.

Im frühen 19. Jahrhundert begann in der amerikanischen Literatur demnach nicht nur das Bild der vergangenen Pracht Venedigs in seiner glorreichen Zeit Gestalt zu werden, sondern auch das Thema von Verfall, Verarmung, Niedergang und der Tyrannei einer fremden politischen Macht. Henry James kam aus eigener Anschauung zu einem positiven Bild. Über John Ruskins Pessimismus, zum Beispiel, bemerkt er gelassen, der englische Autor habe Venedig zwar anscheinend aufgegeben – aber erst, nachdem er ein halbes Leben lang Freude und unermesslichen Ruhm daraus gezogen hatte. Schließlich könne man über Venedig nichts Besseres lesen als bei Ruskin. Die Lagunenstadt habe zwar viel an Macht und Pracht eingebüßt, aber auch wenn die Venezianer nicht mehr viel hätten, was sie ihr eigen nennen könnten, lebten sie doch immer noch in der schönsten Stadt der Welt.

An dieser Sicht orientierte sich Henry James neben seiner Schreibarbeit in Venedig. »Große, aber einfache Vergnügungen« wurden für ihn: einen Tizian betrachten oder einen Tintoretto, in einer Gondel herumfahren, über eine Balkonbrüstung lehnen oder bei Florian Kaffee trinken.

Das einzig Missliche für einen empfindsamen Reisenden sah James darin, dass er zu viele Konkurrenten habe. Er möchte gern allein seine ganz eigenen Entdeckungen machen. Es gebe in Venedig zwar einige unliebsame Dinge, aber nichts sei so unangenehm wie viele Besucher. Sie störten eine aufkommende Liebesbeziehung. Erst wenn man Tag für Tag in Venedig lebe, empfinde man den ganzen Charme der Stadt:

»Dies Geschöpf verändert sich ständig, wie eine übersensible Frau, die man erst dann richtig kennt, wenn man alle Aspekte ihrer Schönheit wahrgenommen hat. Sie ist gut gelaunt oder niedergeschlagen, sie ist blass oder rot, grau oder rosa, kalt oder warm, frisch oder matt, je nach Wetter oder Stunde. Sie ist immer interessant und fast immer traurig; aber sie verfügt über tausend Spielarten der Anmut und ist immer für Glück verheißende Überraschungen gut ... Man fängt an, dies alles sehr gern zu mögen; man verlässt sich darauf; es wird zu einem Teil des eigenen Lebens. Der Ort scheint sich in eine Person zu verwandeln, menschlich und empfindungsfähig zu werden und deine Zuneigung zu spüren. Du willst sie umarmen, zärtlich zu ihr sein, sie besitzen. Und schließlich wächst dieser Besitzdrang, und dein Besuch wird zu einer permanenten Liebesaffäre ...«

Wenn man allerdings, wie es der Autor bei einer Gelegenheit tat, etwa Mitte März nach Venedig kommt, kann man eine Enttäuschung erleben. James war mehrere Jahre nicht in Venedig gewesen, und was er nun dort ansehen musste, machte ihn wütend wie einen tief gekränkten Liebhaber, dem sein Besitz, die geliebte Frau, entrissen worden ist. In der Zwischenzeit hatte die schöne und hilflose Stadt nämlich, wie James es schildert, unter Verletzungen leiden müssen, die immer noch zunehmen:

»Die Barbaren haben sie völlig in Besitz genommen, und du wartest zitternd darauf, was sie noch tun werden. Von dem Moment deiner Ankunft an wird dir vor Augen geführt, dass Venedig als Stadt kaum noch existiert; es existiert nur noch als eine übel zugerichtete Peepshow und ein Basar. Eine Horde von wilden Deutschen kampierte auf der Piazza, und sie füllte den Dogenpalast und die Accademia-Galerie mit ihrem Gebrüll. Die Engländer und Amerikaner kamen etwas später. Sie kamen gleichzeitig mit einer großen Menge Franzosen, die diskret genug waren, sehr lange mit dem Essen im Caffè Quadri zuzubringen, so dass sie während dieser Zeit außer Sichtweite waren. Die Monate April und Mai des Jahres 1881 waren keine günstige Saison für Besuche im Dogenpalast und in der Accademia ...«

Ein Horrorerlebnis für den sensiblen Schriftsteller, der voller Abscheu miterlebt, wie Fremdenführer mit röhrender Stimme in verschiedenen Sprachen ihre orientierungslosen Herden im Triumph durch Kirchen und Museen treiben. Die Piazza ist verseucht, und überall fühlt er sich von Touristengruppen verfolgt. Direkt vor dem Markusdom betreiben Händler und Geldwechsler ihr schmutziges Geschäft, sie folgen ihm über die Schwelle in das dunkle Heiligtum, ziehen ihn am Ärmel, zischen ihm ins Ohr und raufen sich miteinander um Kunden. »Der Markusdom wird höchst unehrenhaft behandelt, und wenn Venedig, wie ich sage, ein großer Basar ist, so ist dieses exquisite Gebäude die größte Marktbude.« Bilder, die haften bleiben, zumal der zornige Schriftsteller hier dic bekannte Szene aus dem Neuen Testament beschwört, als Jesus die Händler und Wechsler aus dem Tempel jagt.

Doch zum Glück für die Leser verraucht der Zorn des Autors – es gibt zu viele Dinge, die ihn in Venedig anziehen, auch wenn er sich darüber klar ist, dass vor ihm, mit ihm und nach ihm ungezählte andere von den gleichen Dingen angezogen werden. Warum Henry James dennoch, und zwar ausführlich, in und über Venedig schreibt, begründet er einleuchtend und mit sympathischer Bescheidenheit:

»Ich behaupte nicht, ich könne den Leser aufklären. Ich behaupte nur, ich könne sein Gedächtnis etwas auffrischen. Und ich glaube, jeder Autor ist hinreichend gerechtfertigt, der sein Thema liebt.«

Dass Henry James seine Themen liebte und die Stadt, wo er sie ansiedelte, bewies er ständig wieder. Im Jahre 1881 wohnte er für einige Monate in der Nähe des Hotels Danieli, kurz hinter dem schmalen Durchgang, der zur Kirche San Zaccaria führt. Das Danieli war seit 1822 im früheren Palazzo Dandolo untergebracht, in dem interessanterweise, wie der Autor Hugh Honour berichtet, die erste Oper in Venedig aufgeführt worden war: Claudio Monteverdis ›Die geraubte Proserpina‹.

James arbeitete damals am letzten Teil seines Romans ›Porträt einer Dame‹. Seine Wohnung lag im vierten Stock und hatte eine faszinierende Aussicht. Wenn er mit seiner Arbeit ins Stocken kam, nahm er ein Fernglas und sah aus dem Fenster, in der Hoffnung, dass draußen auf dem Kanal vielleicht »das Schiff des richtigen Gedankens« in Sicht kommen werde.

Gerührt und begeistert äußerte sich der Schriftsteller in seinem Tagebuch rückblickend über seine Gefühle als 39-Jähriger: »Es war eine zauberhafte Zeit; eins von den Erlebnissen, die sich nicht wiederholen. Ich glaubte beinahe, wieder jung zu werden. Der liebliche venezianische Frühling kam und ging und brachte eine Überfülle von Eindrücken, von köstlichen Stunden. Ich begann die Stadt, das Leben dort, die Leute, die Sitten leidenschaftlich zu lieben. Manchmal fragte ich mich, ob es nicht eine glückliche Idee wäre, dort eine kleine Wohnung zu mieten, die man für immer behalten könnte … Ich wohnte auf der Riva, 4161, *quarto piano.* Der Blick aus meinen Fenstern war *una bellezza*. Die weitschimmernde Lagune, die blassroten Mauern von San Giorgio, der sinkende Bogen der Riva, die fernen Inseln, das Leben auf dem Kai, die Gondeln im Profil. Hier schrieb ich täglich fleißig und beendete, jedenfalls im Wesentlichen, meinen Roman …«

Manchmal schien ihm sein Leben in Venedig fast unwahrscheinlich, wie ein ständiger Festtag. Morgens ging er aus dem Haus, zuerst ins Caffè Florian zum Frühstück. Dann spazierte er in der Stadt herum, besuchte Museen, beobachtete das Straßenleben – bis zum Mittag, wenn er sein zweites Frühstück im Caffè Quadri einnahm. Anschließend ging er nach Hause und arbeitete bis fünf oder sechs Uhr abends. Gelegentlich nahm er sich Zeit für eine oder zwei Stunden Fahrt mit einer Gondel, vor dem Abendessen. Abends bummelte er wieder umher, ging ins Florian und hörte der Musik auf der Piazza zu.

An zwei oder drei Abenden in der Woche besuchte der Schriftsteller die gastfreundliche Amerikanerin Mrs. Katherine de Kay Bronson, deren Haus später das Hotel Regina wurde. Bei Mrs. Bronson fand James zwar eine heimatlich vertraute Atmosphäre, aber das Milieu war ihm zu amerikanisch, obwohl dort auch ein bedeutender englischer Dichter verkehrte: »Oft konnte man Robert Browning oder Henry James beim Genuß einer Zigarette auf ihrem Balkon sehen«, erzählt der Italienkenner Hugh Honour in seinem Venedigbuch.

1887 und 1892 reiste James wieder nach Venedig. Beide Male wohnte er im Palazzo Barbaro, der damals einer Familie Curtis gehörte. Dieser Palazzo gibt auch den Schauplatz für James' Roman ›Die Flügel der Taube‹ ab. Außerdem schrieb James hier seine Venedig-Novelle ›Asperns Nachlaß‹. Im Nachwort zu seinem Roman ›Die Flügel der Taube‹, der 1902 erschien, schrieb Henry James über den Inhalt des Buches, dessen Hauptperson eine Frau ist: »Es handelt sich, auf das Wesentliche reduziert, um die Idee, dass ein junger Mensch sich seiner großen Lebensfähigkeit bewusst, aber schon früh, vom Schicksal geschlagen und dem Untergang geweiht, dazu verurteilt ist, nach kurzem Aufschub zu sterben, während er zur selben Zeit die Welt über alles liebt; dass dieser junge Mensch obendrein um seinen Untergang weiß und sich leidenschaftlich danach sehnt, vor dem Ende dennoch so viele der zarteren Empfindungen wie möglich aufzubringen und auf diese Weise, wenn auch nur unvollkommen und für kurze Zeit, das Gefühl zu gewinnen, wirklich gelebt zu haben.«

Milly Theale, eine junge, reiche New Yorkerin, die sich von einer tödlichen Krankheit bedroht weiß, ist die »Taube« in Henry James' Venedig-Roman: »Sie ließ ihre Blicke über den Raum schweifen ..., über die Sala, die über der unteren Sala lag und mit ihren gotischen Bögen auf den Canal Grande hinabsah. Die Fensterflügel zwischen den Bögen standen offen, der Sims des Balkons war breit, und darunter lag in einem herrlichen Schwung der Kanal, und die losen weißen Vorhänge, die in die Luft hinausflatterten, schienen ihr eine Aufforderung zu irgendetwas zu enthalten, was sie nicht hätte beschreiben können. Aber einen Augenblick später war das ganze Geheimnis verschwunden; noch nie hatte sie so sehr die Aufforderung gespürt, dies und nur dies zu ihrem Abenteuer zu machen – gerade den Ort, an dem sie sich aufhielt …«

James' Novelle ›Asperns Nachlaß‹ spielt ebenfalls in Venedig. Die drei Hauptpersonen sind bei James Amerikaner, obwohl es in der Originalanekdote, auf die James sich stützt, nur eine Amerikanerin und zwei Engländerinnen waren, Claire Godwin Clairmont und ihre Nichte. Die erstere war eine Freundin des Dichters Shelley gewesen und war die Mutter von Lord Byrons Tochter Allegra. Die Geschichte, wie Henry James sie hörte, berichtete von einem englischen Kunstkritiker, der herausgefunden hatte, dass einige Briefe von Shelley, den er bewunderte, und von Byron im Besitz zweier Damen in Florenz waren. Er mietete sich bei ihnen ein, in der Hoffnung, in den Besitz der Dokumente zu kommen. Nach dem Tod der alten Claire, bot deren Nichte ihm die Briefe an, allerdings zu einem Preis, der den Kunstkritiker eilig das Weite suchen ließ.

Henry James machte eine neue Geschichte aus dem alten Stoff. Bei ihm verschmolzen Shelley und Byron zu einer einzigen Person, einem imaginären amerikanischen Dichter. 1888 veröffentlichte der Schriftsteller die Novelle in der Zeitschrift ›Atlantic Monthly‹ und im selben Jahr als Buch.

Zwischendurch fand Henry James genügend Zeit, sich mit Kolleginnen und Kollegen zu beschäftigen, die ebenfalls in und über Venedig geschrieben hatten. Über das Liebesverhältnis zwischen George Sand und Alfred de Musset im Hotel Danieli fühlte er sich allerdings nicht ausreichend informiert:

»Madame Sands berühmtes venezianisches Jahr hat in letzter Zeit gewaltig Staub aufgewirbelt – ein Kübel voll schmutziger Wäsche, den die Muse der Geschichte, mit ordentlich hochgekrempelten Ärmeln, sogar jetzt noch nicht öffentlich zu Ende gewaschen hat … Als alter Sandianer – gewiss nicht der ersten

Stunde, aber des schönen Mittags und des goldenen Nachmittags ihrer großen Karriere – war ich allerdings zu wenig aktiv, wie ich gestehe, um meine Neugier auf einige Punkte in der Topografie des herausragenden Abenteuers, auf das ich hier anspiele, stillen zu können – ich bin nie über das kleine öffentliche Faktum hinausgekommen – für einen Sandianer immer ein bisschen aufregend –, dass das jetzige Hotel Danieli die Szenerie für die ersten bemerkenswerten Stadien gewesen war ...«

James wunderte sich darüber, dass man so neugierig den Fußstapfen des Genius folgt. Er kam zu dem Schluss, dass alles, was hinreichend interessante Menschen tun, interessant wirkt und eine gewisse Wichtigkeit bekommt, selbst wenn nichts weiter passiert ist (wie im genannten Falle), was dem Geschehen besondere Würde gäbe.

Auch Robert Brownings venezianische Gedichte ›Zwei in einer Gondel‹ und ›Eine Toccata von Galuppi‹ hatte Henry James, allerdings eher beiläufig, zur Kenntnis genommen. Seine Beziehung zu Browning wurde erst in Asolo etwas intensiver, wo Mrs. Bronson später ein alternatives Refugium hatte, das wiederum zu einem Ort literarischer Gespräche wurde.

Mark Twain hatte in seinem Reisetagebuch auf die Suche vieler Amerikaner nach einem möglichst adeligen europäischen Vorfahren hingewiesen; ›American claimants‹, amerikanische Titelanwärter, nannte er sie. Der Schriftsteller Gore Vidal gab ihm noch Jahrzehnte später recht. Eine Tante hatte ihm erzählt, dass mindestens drei Dogen Vorfahren der Vidals waren. Stolz fuhr Vidal nach Venedig, fand aber in den betreffenden Dokumenten zu seinem größten Bedauern nicht einen einzigen Dogen dieses Namens.

Henry James sah sich selbst auf aktivere Weise als einen »amerikanischen Titelanwärter«, wie er seiner Familie schrieb: »Ich nehme die alte Welt in Besitz – ich atme sie ein – ich eigne sie mir an.«

Doch nach langen Italienaufenthalten räumte James ein, er habe kaum mit irgendwelchen anderen Italienern gesprochen als mit Wäscherinnen und Kellnern. Er müsse zugeben, dass dies seine eigene Dummheit sei, schrieb er, aber es zeige, »dass selbst jemand, der von der italienischen Szenerie so stark beeindruckt ist wie ich, es schwer hat, einen Zugang zu dem zu finden, was dahinter liegt.«

Marcel Proust
Auf der Suche

*I*m Mai 1900 war Marcel Proust mit seiner Mutter zwei Wochen in Venedig. In seinem siebenteiligen Roman ›Auf der Suche nach der verlorenen Zeit‹, in dem sich gegenwärtige Erlebnisse und erinnerte Vergangenheit ständig überlagern, spielt auch die farbenreiche Lagunenstadt eine prägnante Rolle.

Proust, 1871 als Sohn eines Arztes in Paris geboren, war schon seit seiner Kindheit psychisch überempfindlich und dazu von asthmatischen Krämpfen geplagt, die sich später zu einer schweren chronischen Krankheit entwickelten. In seinem Roman benutzt Proust den Ich-Erzähler Marcel, einen hochsensiblen Ästheten, als Sprachrohr für seine eigenen Erlebnisse in der Stadt seiner frühen Jugendträume. Kopien von Tizian-Zeichnungen und Giotto-Fresken hatten diese Träume zum ersten Mal in ihm hervorgerufen.

Dass ›Marcel‹ sich entschließt, tatsächlich nach Venedig zu reisen, liegt an seiner komplizierten Beziehung zu seiner Freundin Albertine, die ihm während eines Streitgesprächs gesteht, dass sie ihn mit einer Frau betrogen hat. Der von diesem unverhofften Geständnis völlig überraschte Erzähler, der sein Verhältnis zu Albertine eigentlich schon hatte abbrechen wollen, weil es ihm zu langweilig geworden war, erkennt einerseits die Möglichkeit, nun von Albertine unbelastet nach Venedig fahren zu können, andererseits drängen ihn seine Eifersucht und eine selbstquälerische Neugier, bei Albertine zu bleiben, um sie zu kontrollieren. Er überhäuft Albertine sogar mit Geschenken, vor allem mit kostspieligen Mänteln und Kleidern aus dem noblen Atelier des spanisch-venezianischen Malers und Modeschöpfers Mariano Fortuny y Madrazo, der zu Beginn des zwanzigsten Jahrhunderts die Pariser Damenwelt mit eleganten Kleidern, Mänteln und Halstüchern in Entzücken versetzte. Fortuny hatte 1907 in Venedig ein Modegeschäft und bald darauf zwei Vertretungen in Paris eröffnet.

An einem Frühlingsabend kommt es zwischen Albertine und Marcel zu einer heftigen Auseinandersetzung. Marcel, der befürchtet, dass ihm Albertine einen Trennungsvorschlag machen und damit gegen ihn »gewinnen« könnte, will ihr zuvorkommen und ohne sie in seine Traumstadt reisen. Ein Fortuny-Kleid bestärkt ihn in dieser Absicht:

»Das Kleid von Fortuny, das Albertine an diesem Abend angelegt hatte, kam mir wie ein lockender Schatten jenes unsichtbaren Venedigs vor. Es war mit morgenländischen Ornamenten überzogen, wie Venedig, wie jene gleich Sultaninnen hinter durchbrochenen Steinvorhängen verborgenen venezianischen Paläste …, wie die Säulen mit den orientalischen Vögeln, die abwechselnd Tod und Leben symbolisieren und hier unzählige Male auf dem schillernden Gewebe von tiefem Blau wiederkehrten, das unter meinem vorwärtstastenden Blick sich in schmiegsames Gold verwandelte … Die Ärmel aber waren in jenem kirschrosa Ton gefüttert, der so eigentümlich venezianisch wirkt, dass man ihn Tiepolorosa nennt.«

Der »lockende Schatten« Venedigs wird noch größer, als Marcel mit Albertine eine Ausfahrt nach Versailles machen möchte. Als er in ihr Zimmer kommt, liest Albertine gerade in einem Buch. Sie trägt einen Morgenrock, wiederum von Fortuny, ist aber gleich bereit, auf Marcels Vorschlag einzugehen. »Sie zögerte einen Augenblick zwischen zwei Mänteln von Fortuny, um ihren Morgenrock damit zu bedecken – ganz, wie sie gezögert hätte, welchen von zwei Freunden sie mitnehmen wollte –, wählte einen wundervollen dunkelblauen und steckte eine Nadel in ihren Hut.« Marcel glaubt sicher sein zu können, dass Albertine sich wieder mit ihm ausgesöhnt hat. Gerade deshalb aber spürt er plötzlich wieder einen starken Freiheitsdrang. Er will jetzt unbedingt nach Venedig, ohne sie.

Am folgenden Nachmittag fängt Marcel an, seine Reisevorbereitungen zu treffen und klingelt nach der Hausdame. Doch zu seiner größten Überraschung teilt diese ihm mit, dass Albertine schon am frühen Morgen mit ihren Koffern aus dem Haus gegangen sei; sie habe ihm einen Abschiedsbrief hinterlassen.

Marcel ist bestürzt. Obwohl er von seiner Gleichgültigkeit gegenüber Albertine überzeugt gewesen ist, trifft ihn diese unverhoffte Mitteilung tief. Er kann und will sich nicht vorstellen, dass die Trennung endgültig sein soll und glaubt, Albertine trotz der Unstimmigkeiten zwischen ihnen beiden doch wieder an sich binden zu können. Ungeduldig wartet er auf einen Brief oder ein anderes Zeichen von ihr. Er überwindet seinen Stolz und bittet sie telegrafisch, zu ihm zurückkommen. Doch noch am selben Tag zerschlagen sich jäh seine Hoffnungen: Marcel erhält von einer Verwandten ein Telegramm mit der Nachricht, dass Albertine mit ihrem Pferd tödlich verunglückt sei.

Trotz der ständigen Differenzen, die er mit Albertine ausgefochten hatte, braucht Marcel lange, um die Todesbotschaft zu verkraften, besonders, da ihn nach dieser Nachricht noch zwei Briefe von Albertine erreichen, in denen sie ihm ihre bedingungslose Rückkehr ankündigt. Marcel versucht, seinen Schmerz zu verdrängen, indem er sich die Probleme in seiner Beziehung zu Albertine ins Gedächtnis ruft. Doch diese intellektuelle Selbstüberlistung gelingt ihm nur teilweise. Seine Mutter schlägt ihm vor, für einige Zeit den Ort zu wechseln und mit ihr nach Venedig zu reisen. Marcel ist einverstanden.

Sie verbringen geruhsame Tage in Venedig. Vormittags flaniert Marcel mit der einen oder anderen jungen Venezianerin auf der Piazetta, besucht ein oder zwei Museen oder fährt mit einer Gondel durch den Canal Grande. Mittags macht er im Hotel ein Schläfchen, anschließend spaziert er über die große Piazza, bewundert die Mosaiken in San Marco oder setzt sich mit seiner Mutter ins Café Florian, wo sie das herrliche

›granita‹-Eis löffeln. Den Abend verbringen beide dann meistens im Café Quadri, wo sie eine Kleinigkeit zu sich nehmen, bevor sie sich mit der Gondel zum Hotel fahren lassen.

Doch trotz aller Ablenkungen in der genußreichen Lagunenstadt denkt Marcel ständig an die verlorene Geliebte, die, wie er empfindet, auf dem Grunde seines Herzens »wie in den Bleikammern eines inneren Venedig eingeschlossen« liegt.

Eines Tages öffnen sich jedoch diese Bleikammern, wenn auch nur für einen kurzen Augenblick. Den Schlüssel dazu bietet ein Gemälde des venezianischen Renaissancekünstlers Vittore Carpaccio, ›Das Wunder der heiligen Kreuzreliquie‹. In einem Saal der Accademia sieht Marcel zum ersten Mal das berühmte, 1494 gemalte Bild, das den Patriarchen von Grado zeigt, der mit der Kreuzreliquie einen Besessenen heilt.

Auf dem Gemälde heben sich vor einem rotvioletten Himmel die hohen, nach oben ausladenden Formen der Schornsteine wie dunkle Tulpen ab. Von der alten Rialtobrücke, die zu Carpaccios Lebzeiten noch aus Holz gebaut war, wandern Marcels Blicke zu den mit vergoldeten Kapitellen geschmückten Marmorpalästen und verweilen dann auf dem Kanal, auf dem Jünglinge in rosafarbenen Röcken und mit federgeschmückten Kappen auf dem Kopf ihre schwarzen Gondeln lenken. Am Ufer des Kanals hat sich eine große Menschenmenge gebildet.

Im Vordergrund des Gemäldes stehen mehrere junge Venezianer in weiten Brokat- und Damastgewändern und mit Kappen aus kirschrotem Samt. Als Marcel sich diese Gruppe etwas genauer ansieht, spürt er plötzlich in seinem Herzen einen leichten Stich. In dem gold- und perlenverzierten Umhang eines der jungen Männer erkennt er den dunkelblauen Fortuny-Mantel wieder, den Albertine bei ihrer letzten gemeinsamen Ausfahrt nach Versailles getragen hat. Marcel traut seinen Augen nicht. Ist dies Traum oder Wirklichkeit? Spielt ihm seine Erinnerung einen Streich?

Doch nach der ersten Überraschung findet Marcel schnell eine ganz simple Erklärung für diesen schier unglaublichen

»Zufall«, der fast fünf Jahrhunderte überspringt: Mariano Fortuny, der Modeschöpfer aus dem 20. Jahrhundert, hat offensichtlich bei Vittore Carpaccio, dem Maler aus dem 15. Jahrhundert, künstlerische Anleihen gemacht. »So zauberten die Roben von Fortuny, getreu den alten nachgeahmt und doch überaus eigenwillig … jenes ganz vom Orient überflutete Venedig hervor, in dem sie getragen wurden«, stellt Marcel fest. Seine Aufregung ist verflogen, der Stich im Herzen schmerzt nicht mehr.

An den folgenden Abenden streift Marcel allein durch das Labyrinth der kleinen Gassen. Bei seiner bildhaften Schilderung der venezianischen Häuser erinnert man sich sofort an seine Beschreibung des Carpaccio-Gemäldes in der Akademie: »Abends bildeten sie mit ihren hohen, ausgekehlten Häuseressen, denen die Sonne die lebhaftesten rosa und lichtesten roten Töne verleiht, einen oberhalb der Häuser blühenden Garten mit so verschiedenartigen Farbnuancen, dass man hätte meinen können, man habe die über der Stadt angelegten Blütenfelder eines Tulpenliebhabers aus Delft oder Haarlem vor sich …«

Albertine schwindet während dieser venezianischen Tage fast ganz aus Marcels Gedanken. Gemeinsam mit seiner Mutter genießt er bis zum Abend die Schönheiten der Lagunenstadt: »Während die Gondel, die uns heimwärts trug, den Canal Grande hinauffuhr, sahen wir, wie die aufgereihten Paläste, zwischen denen wir dahinglitten, Licht und Stunden auf ihren rosigen Fronten widerspiegelten, weniger in der Art privater Behausungen oder berühmter Bauwerke als vielmehr wie eine Kette von Marmorklippen, zu deren Füßen man am Abend längs der Fahrrinne spazieren fährt, um den Sonnenuntergang zu bewundern.« Mit solchen Bildern im Kopf reist der Erzähler nach zwei traumähnlichen Wochen aus Venedig ab.

Für Proust, den Autor des Romans, war die Lagunenstadt vor allem durch John Ruskins Buch ›Die Steine von Venedig‹ zu einem greifbaren Traum geworden. Im Sommer und Herbst

1899 hatte Proust das Werk mit heißem Herzen gelesen und war von der akribischen Darstellung des englischen Kunstgelehrten völlig hingerissen. Allem Anschein nach verband ihn eine Wahlverwandtschaft mit Ruskin, der, wie er selbst, aus dem gebildeten Großbürgertum stammte, als Kind verzärtelt worden war und sich von früh auf damit beschäftigt hatte, Vögel und Wolkenbildungen zu beobachten und die Formen von Pflanzen und Blumen vergleichend zu untersuchen.

Um Ruskins Denkweise womöglich noch besser zu begreifen, machte sich Proust, der kaum Englisch verstand, sogar daran, Texte von Ruskin, die noch nicht übersetzt waren, ins Französische zu übertragen. Er ließ sich dazu von Freunden eine Rohübersetzung anfertigen und überarbeitete sie dann sprachlich mit größter Sorgfalt. In Ruskin sah Proust lange Zeit einen geistigen Mentor: »Meine Bewunderung für Ruskin gab den Dingen, die ich durch ihn lieben lernte, eine solche Wichtigkeit«, erklärte er, »dass sie für mich wertvoller zu sein schienen als das Leben selbst.«

Als Proust im Mai 1900 mit seiner Mutter in Venedig war, mieteten sie sich deshalb im Hotel Danieli an der Riva degli Schiavoni ein, wo Jahrzehnte vor ihnen auch John Ruskin gewohnt hatte. Aus den hohen Fenstern des Hotels konnte man über die Lagune hinweg die Insel San Giorgio sehen, und weit in der Ferne ahnte man die niedrigen Dünen des Lido. Jahre später schrieb er an eine Bekannte: »Als ich nach Venedig fuhr, kam es mir unglaublich und dabei doch ganz einfach vor, dass mein Traum zu meiner Adresse geworden sein sollte!«

Prousts zweiwöchiger Aufenthalt verlief fast ganz in den Spuren von Ruskin. Morgens, wenn es noch nicht so heiß war, bestieg Proust gewöhnlich eine Gondel und ließ sich zu allen Kirchen und Palazzi fahren, die in den ›Steinen von Venedig‹ eingehend gewürdigt werden. »Selige Tage« nennt Proust diese Zeit in Venedig, als er zusammen mit anderen Bewunderern des englischen Meisters »bei jedem Heiligtum Halt machte, das aus dem Meer nur deshalb aufzusteigen schien, um uns den

Gegenstand seiner Beschreibungen und das Urbild seiner Gedanken vorzuführen«.

Als Proust während der Jahre des Ersten Weltkriegs seinen Roman erweiterte, machte er, wie Luzius Keller, der Herausgeber der neuen Frankfurter Ausgabe von ›Auf der Suche nach der verlorenen Zeit‹ vermerkt, »aus den Fortuny-Kleidern ein Leitmotiv, das die neu eingeführte Figur Albertine mit dem althergebrachten Thema verbindet«. In einem Brief vom 17. Februar 1916 an Madame de Madrazo, die mit einem Onkel Fortunys verheiratet war, erklärte Proust, wie er das Thema in seinem Roman entwickeln werde: »Das ›Leitmotiv‹ Fortuny«, schrieb er, »erscheint nur selten, ist aber von größter Bedeutung, es spielt bald eine sinnliche, bald eine poetische, bald eine schmerzliche Rolle.«

Hermann Hesse
Stille Tage in der Gondel

»Venedig! Man steigt in der großen Halle des Bahnhofs aus, tritt ins Freie und hat eine breite, ins Wasser hinabführende Treppe vor sich, an welcher, wie bei uns die Droschken, die Gondeln warten. Mit dem Rufe ›gondola! gondola!‹ drängen sich die zahlreichen Gondoliere auf. Man wählt sich eines der schlanken schwarzen Fahrzeuge aus, setzt sich in die weichen Polster und fährt leise mit behaglichem Wiegen in die fremde Welt der Kanäle hinein.«

Wer mit der Bahn nach Venedig gefahren ist und aus dem Bahnhof kommt, hat heute das gleiche Bild vor sich wie Hermann Hesse im Jahre 1901, als er zum ersten Mal die Lagunenstadt betrat. Und auch das enthusiastische Ausrufezeichen, das der Schriftsteller hinter das Wort ›Venedig‹ gesetzt hat, wird der staunende Reisende beim ersten Anblick der Stadt bedingungslos mitempfinden. Ein heutiger Besucher wird sich allerdings angesichts der Preise wahrscheinlich nicht sofort in eine Gondel setzen, sondern einen Vaporetto nehmen, um etwas billiger an den gewünschten Ort zu kommen.

Am 1. Mai 1901 war Hesse von Padua, das er »reizend heimelig« fand, nach Venedig gefahren. Nichts sei so spannend wie die Bahnfahrt nach Venedig, wenn allmählich die Bahn in die Lagune kommt und dann die Stadt aus dem Wasser aufsteigt, notierte er. In Venedig kam er am späten Nachmittag frierend bei regnerischem Wetter an und ließ sich in einer Gondel zu seiner Unterkunft fahren. »Wege zu Fuß zu finden, ist in Venedig im Anfang fast unmöglich«, schrieb er am folgenden Tag leicht resigniert in sein Notizbuch. »Ich schreibe dies in einem Wirtshaus und weiß noch nicht, wie ich an mein Haus kommen werde, in dem ich dann noch extra reichliche Gelegenheit habe, mich zu verirren. Meine Bude liegt neben dem Theater Fenice über einem stillen kleinen Kanal.« Eine hilfsbereite Gondel zeigte dem Dichter den Weg zurück.

Alle freiwilligen Reisen seines Lebens waren nach Süden gerichtet gewesen, merkte Hermann Hesse in einem ›Kurzgefasster Lebenslauf‹ an. Der Dichter und Schriftsteller, 1877 als Sohn eines Missionars-Ehepaares im württembergischen Calw geboren, war zwischen 1901 und 1914 etwa zehnmal in Italien, zusammengerechnet mehr als ein halbes Jahr. »Venedig übte auf mich einen stärkeren Zauber aus als irgendeine andere italienische Stadt«, schrieb er. Als Leser und Autor sah sich Hesse in der gleichen Lage wie vor ihm schon Goethe und unzählige andere Schriftsteller, die die Lagunenstadt bereist hatten: Über Venedig schien schon alles gesagt zu sein – was blieb noch zu schildern übrig? Hermann Hesse zog sein eigenes Fazit: »Beschreiber und Dichter haben von dieser eigenartigen kleinen Wasserwelt in unzähligen Büchern erzählt; ich begnüge mich, einige einzelne Erlebnisse und Stimmungen zu berichten ...«

Von vielen anderen Schriftstellern unterscheidet sich Hesses Einstellung auch insofern, als er nicht nur die Kultur und die Landschaft Italiens kennen lernen wollte, sondern auch den Kontakt zur Bevölkerung suchte, was dadurch erleichtert wurde, dass er Italienisch sprach. Viele Strecken legte der junge Dichter entweder zu Fuß oder in Eisenbahnabteilen der dritten Klasse zurück; zum einen, weil er nicht viel Geld hatte, zum anderen, weil er gern mit Einheimischen ins Gespräch kommen wollte und nicht mit wohlhabenden Reisenden, die die teureren Abteile benutzten. Überhaupt schien Hesse die Stadt von Anfang an, ohne fremdelnde Befangenheit, zielsicher für sich erobern und das Geheimnis Venedigs dichterisch enthüllen zu wollen, wie es sein Gedicht ›Venedig‹ deutlich macht:

> Ein Frühlingsabend. Meine Gondel sucht
> Mit halbem Rauschen ihre leisen Wege

Durch der Kanäle dämmernd enge Flucht.
Ich wiege mich im weichen Sitz und lege
Den Arm ausruhend auf den schmalen Bord,
Indessen meine Seele süß verwirrt
Nach einem neu geahnten Zauberwort
Sich müde sucht und ganz in Traum verirrt.

Dennoch nicht rasten will ich und nicht weitergehen,
Eh' ich auch dieses Zaubers Kern erkannt,
Dem schönen Wunder auf den Grund gesehen
Und seines Rätsels Ziel und Lösung fand.
Dann aber wird von unsagbaren Dingen
Mein Mund zu sagen wissen und zu singen.

Bei seinem ersten Venedig-Aufenthalt wohnte Hermann Hesse bei einem »Frl. Hüller«, Fondamenta Fenice 2551, an der Rückseite des Opernhauses. Die Lage dieser Wohnung, von der nur eine einzige schmale Gasse mit großen Umwegen nach den wichtigeren Plätzen der Stadt führte, brachte es mit sich, dass der Schriftsteller sehr häufig eine Gondel nahm. Solchen Fahrten verdankte er, wie er schrieb, »eine Reihe intimer, poetischer Eindrücke. Schon das Fahrzeug, die schwarze, leichte, schlanke Gondel, und die lautlos sanfte Art der Bewegung hat etwas Fremdartiges, träumerisch Schönes und gehört als wesentlicher Faktor in die Stadt des Müßigganges, der Liebe und der Musik.« Wenn man aus einer Kirche, einem Palast oder einem Museum komme, verliere man durch das lebhaft bunte Straßenleben leicht die Eindrücke, die man von den Kunstwerken gerade bekommen habe. Auf der Fahrt mit einer Gondel auf dem stillen Wasser könne man dagegen das Gesehene ungestört nachgenießen.

Dass eine Gondel sogar Schutz gegen unerwartete Ereignisse bieten kann, erzählt Hesse sehr anschaulich in der folgenden Episode: Ganz zu Beginn seines Aufenthalts in Venedig rief der Dichter eines Abends vom Fenster seines Zimmers aus einen Gondoliere, der ihn zum Rialto fahren sollte, wo Hesse zu Abend essen wollte. Hesse stieg vor der Haustür in die Gondel. Es war ein schwüler Tag gewesen, und man spürte, dass ein Gewitter bevorstand. In den engen Kanälen, die durch die hohen Häuserreihen ohnehin nie ganz hell waren, wurde es schnell noch dunkler. »Seltsam war es«, schreibt Hesse, »den starken Gewitterwind, vor dem unser schmaler Kanal völlig geschützt war, über die Dächer brausen zu hören, während unten kein Lüftchen rege war.« Hesse versprach dem Gondoliere ein Trinkgeld, wenn er es schaffen würde, vor Ausbruch des Regens beim Rialto anzukommen, und der Gondoliere ruderte nach Kräften. Aus dem engen Kanal bogen sie in einen noch engeren, der schon fast völlig dunkel war. Eilig glitten sie an den finsteren Wänden entlang, zwei, drei Regentropfen klatschten in das schwarze Wasser. Der Kanal mündete in einen anderen, breiteren, und das Tosen des Windes, den man in einiger Entfernung hören konnte, wurde stärker. Als die Gondel die Mündung des Canal Grande erreichte und der Gondoliere einbiegen wollte, wurde das Boot vom Gewittersturm zur Seite gedrängt. Der Gondoliere versuchte es nochmals, musste aber nach längerer Anstrengung seine Versuche aufgeben. »So warteten wir denn an der Kanalecke in vollkommen stillem Wasser, während zwei Schritt von uns der breite Kanal vom Sturm durchpfiffen und stark erregt war. Ich ermunterte den Ruderer zu einem neuen Versuch, die Biegung zu gewinnen. Auch dieser misslang. In diesem Augenblick brach plötzlich eine fahle Helle durch die tiefe Dämmerung – der erste Blitz. Auf diesen folgte ein dichter, toller Regenguss. Ich rief dem Ruderer zu, eiligst ins Trockene zu flüchten, und wir fuhren nun so rasch als möglich im selben Kanal zurück, bis wir die nächste Brücke erreichten.«

Unter dem niedrigen Brückenbogen machten sie, in völliger Finsternis, Halt. Die Breite der Brücke entsprach genau der Gondellänge, so dass sich der Dichter und der Gondoliere absolut sicher fühlen konnten. Hesse saß in der Mitte der Gondel behaglich im Dunkeln, neben ihm stand der Gondoliere, der die Gondel an der Mauer festhielt, und zu beiden Seiten rauschte ein gewaltiger Regen herab. Nach wenigen Minuten suchte eine zweite Gondel Schutz unter der Brücke und legte neben ihnen an. Es dauerte nicht lange, bis eine dritte Gondel dazukam. Die drei Boote füllten den ganzen überbrückten Raum knapp aus. Die Insassen konnten einander in der Dunkelheit zwar nicht erkennen, aber trotzdem entstand aus vereinzelten Ausrufen und Späßen bald ein gemeinsames Gespräch. »So hingen nun die drei Gondeln unter der kleinen Brücke wie flüchtige Vögel untergekrochen, und von Gondel zu Gondel ging in der Finsternis vertrauliche Rede und Antwort hin und her«, schildert Hesse die ungewöhnliche Situation, »eine Viertelstunde voll seltsamer Märchenplauderstimmung, geheimnisvoll und fröhlich zugleich, die mir wie ein kleines trauliches Lied mit der Begleitung des niederstürzenden Regens in der Erinnerung liegt.«

Obwohl die Gondeln Hesses bevorzugter Aufenthaltsort waren, musste der Dichter eines Tages das Fahrzeug wechseln. Er war mit einer Gondel von den Zattere aus zur Insel Giudecca gefahren, um die Redentore-Kirche zu sehen. Ohne an die Rückfahrt zu denken, hatte er die Gondel verlassen, und als er aus der Kirche zurückkam, fand er keine Gondel vor. Ein planmäßiges Schiff sollte erst in einer Stunde kommen, aber Hesse musste viel früher fahren, weil er am Markusplatz mit Freunden verabredet war.

Zu seiner Erleichterung sah er schließlich in der Nähe das Segelboot eines Fischers vorüberfahren. Er rief so lange über das Wasser zu dem Fischer hinüber, bis dieser merkte, was der Fremde am Ufer von ihm wollte. Das Segelboot legte an, und der Dichter durfte einsteigen. Und nicht nur das: »Unterwegs verzehrte ich eine Handvoll frische Austern, die mir der Fischer aus seinem Korb anbot, und die, vom herben Meerwasser gewürzt, mir köstlich mundeten. Es gelingt mir nicht, das zu schildern, was diese morgendliche Bootfahrt mir lieb und wertvoll macht, – ich erinnere mich ihrer als eines unschätzbaren Genusses. Wer die Lagune kennt, wie sie an sonnigen Tagen ist, wird mich verstehen: das vielfache Glänzen des ebenen Wassers, die gegen den blauen Himmel traumhaft aufsteigende Stadt mit dem Dogenpalast im Vordergrund, der blendend leuchtende Globus der Dogana und dahinter die elegante Kuppel der Salute, dazu der herbe Duft des Wassers, der Glanz des roten Segels und das stille Kreuzen der größeren Schiffe – das alles ist von so berückender Schönheit, dass man sich träumend glaubt und beständig fürchtet, das so unwirklich scheinende, auf dem Wasser stehende Bild der Wunderstadt möchte plötzlich wie das Irisspiel einer sonnigen Wolke verschwinden.«

Im glitzernden Lagunengewässer fand Hesse sein eigenes Leben gespiegelt, wie er in einem Gedicht mit dem Titel ›Lagune‹ demonstriert:

Von keiner starken Welle je erreicht
Mein Leben seltsam der Lagune gleicht,
Der farbig hellen Flut, die fern dem Meer
Verhaltnen Taktes schaukelt hin und her.

Die Schätze goldner Zeiten spiegeln sich
In ihr, und Lieder, deren Text verblich,
Bewahrt und singt nach alter Melodie
Zu Niemands Lust in warmen Nächten sie.

Paläste liegen welk und sonnverbrannt
Mit gotischen Galerien an ihrem Rand,
Und Kirchen glänzen festlich, reich und alt
Von großer toter Meister Hand bemalt.

Seit langem sind die Prachtpaläste leer,
Dort singt kein Sänger, malt kein Maler mehr.
So bin auch ich ein Sohn vergangner Zeit,
Das Heute ist mir fremd, nicht lieb noch leid.

Es leben leis die schönern meiner Tage
Sich hin in Poesie, in Traum, in Sage
Und wiegen schaukelnd meine scheue Seele
In schwarzer Gondel über die Kanäle.

Der leicht melancholische Ton dieses Gedichts entsprach durchaus nicht der sonstigen Gemütsverfassung des sinnenfrohen Dichters. In seinen venezianischen Tagen hatte Hesse reichlich Gelegenheit für heitere Empfindungen. Wenn er keine Kirchen und Museen besuchte, badete er am Lido oder legte sich mit nacktem Oberkörper in eine Gondel, um seine noch winterbleiche Haut bräunen zu lassen – immerhin war es denkbar, dass er hier und da eine zarte Beziehung anknüpfen würde. »Die Frauen tragen hier malerische Schultertücher«, beobachtete der Schriftsteller wohlgefällig, »sie verhüllen Arme und Taille und fallen hinten mit langem Zipfel herab. Ich sah eine Menge hübscher Gesichter, alles derselbe sympathische Typus, in denen nur die Augen Leben und Ausdruck haben und denen die schöne, typische venezianische Frisur besonderen Reiz verleiht ... Ich betrachtete sie heute wieder, wie sie über die Riva promenierten mit ihrem weichen, lässig koketten Feierabendschritt, den man in keiner anderen Stadt so wieder sieht.«

Ganz und gar nicht angetan war Hesse dagegen von einigen Landsleuten, die er eines Morgens während einer Messe im Markusdom laut miteinander reden hörte. »Die Kirche ist mit fabelhaftem Luxus ausgestattet, die ganzen riesigen Wände von Pfeilerhöhe an, Decken und Kuppeln alles von Goldmosaik, Fußboden und alles reichste Arbeit und edles Material«, begeisterte sich der Schriftsteller. »Die Mosaiken sind alle nicht so edel wie die viel älteren in Ravenna, aber so prunkvoll und in so verblüffender Masse und Ausdehnung da, dass man beim ersten Anblick sprachlos ist. Die deutschen Bierbäuche freilich nicht – dieser Pöbel klatschte mitten in all der Pracht und trotz des Gottesdienstes weiter. Wie gemein so ein feister deutscher Kommerzienrat neben einem italienischen Bettelbuben aussehen kann!«

Mit kultivierten deutschen Freunden unternahm Hesse gelegentlich Ausflüge in die Umgebung, zum Beispiel auf literarische Spurensuche nach Murano, das in der Zeit der Renaissance als Treffpunkt von Künstlern und humanistischen Gelehrten wie Pietro Bembo, Trifone Gabriele und Pietro Aretino berühmt gewesen war. »Der Anblick«, notierte Hesse über die Insel Murano, »beschwor in mir das sehnliche Gedächtnis jener Glanzzeit, da die Rosengärten dieser Insel alle frohen Geister der üppigen Stadt beherbergten und da der geistreiche Bembo, der gütige Trifone Gabriele, der bissig-witzige Aretino sich hier im Schatten von Zedern und Lorbeerbäumen unterhielten, von denen kein einziger übrig geblieben ist. Ich sah den Aretino vor mir, wie Tizian ihn gemalt hat, rüstig, bärtig, hochmütig und rätselhaft, und hinter ihm die blanke Seefläche und den unbegrenzten Horizont mit der golden dämmernden Lagunenluft ...«

In einer warmen Nacht im Frühling erlebte Hermann Hesse eine Szene, die man als Inbegriff der Venedigsehnsucht betrachten kann. »Gestern ein Abend voll Eichendorff-Melodie«, schreibt Hesse. »Eine Frühlingsmondnacht, warm und hell. Über der scharfen Silhouette der Giudecca hing still und rein der Mond. Unregelmäßige, mild leuchtende, silberne Lichter umglänzten jeden Ruderschlag.« Der Dichter fuhr in seiner Gondel auf dem stillen Canal Grande, auf der Kuppel der Kirche Santa Maria Salute glänzte das Mondlicht, und von weitem hörte er Geigenklänge, die von einem festlich geschmückten Schiff herüberklangen. Selbst der Gondoliere, der sonst eher zurückhaltend war, fühlte sich von dem schönen Abend berührt und murmelte: »Che bella serata!«

Langsam und still entzückt ließ sich Hesse durch »die schönste Straße der Welt« fahren, zwischen den prächtigen mondbeschienenen Palästen hindurch. Plötzlich hörte sein Gondoliere auf zu rudern, ohne dass der Dichter es ihm gesagt hätte, und reckte horchend seinen Kopf in die Luft. Hesse wollte schon zum Weiterfahren drängen, da hörte er selbst den Ton, der den Gondoliere offenbar so angezogen hatte. Aus einem matt erleuchteten offenen Fenster des Palastes, vor dem die Gondel angehalten hatte, war leises Gitarrenspiel zu hören.

»In dem Augenblick, da wir Halt machten, verstummte es und statt seiner drang ein Lied in die Nacht zu uns stillen Horchern heraus. Ein altes, schlichtes Lied, dessen Text ich nicht verstehen konnte, von einer tiefen, süßen Frauenstimme gesungen, flutete mit weichem Wohllaut durch die milde Luft und über den dunklen, toten Kanal.« Die beiden Männer in der Gondel hörten regungslos dem wundervollen Gesang zu. Eine zweite Gondel und gleich darauf eine dritte kamen näher, und sie hielten ebenfalls an.

»Und während im Banne der schönen Frauenstimme die drei schlanken Gondeln auf dem beschatteten Wasser stille standen, dachte ich an die Sage von dem griechischen Sänger, dessen Liedern die Menschen, Tiere und leblosen Dinge gehorchten und nachfolgten. Und ich freute mich, in diesem Lied, das vielleicht so alt oder älter als mancher von den Palästen war, die ewige Jugend der Kunst und den Sieg der Schönheit zu vernehmen und mitzufeiern.«

Ezra Pound

Venezianische Cantos

*E*zra Pound, der amerikanische Dichter, der durch seine ›Cantos‹, vor allem die ›Pisaner Gesänge‹, in der literarischen Welt berühmt wurde, sich aber durch seine Radioreden zugunsten Mussolinis für lange Zeit diskreditierte, fühlte sich mit Venedig ungewöhnlich eng verbunden. In Pounds komplexer Dichtung scheint das vielgestaltige Bild der Stadt immer wieder an prominenter Stelle durch. Venedig honorierte diese starke geistige und gefühlsmäßige Zuneigung: Ezra Pound gehört zu den ganz wenigen ausländischen Persönlichkeiten, die auf dem »schwimmenden Friedhof« San Michele ihre letzte Ruhe fanden.

Schon früh lernte Pound die Lagunenstadt kennen. Im Sommer 1898 reiste er drei Monate lang durch Europa »in der Obhut meiner schwergewichtigen Großtante Frank, in meinem dreizehnten Lebensjahr«, wie der amerikanische Dichter später in seinen Erinnerungen schrieb. Auf dieser Reise besuchte er auch Venedig. Die Stadt faszinierte den Jungen so sehr, dass er beschloss, bei nächster Gelegenheit unbedingt wieder dorthin zu fahren. Im Sommer 1902 kam er wieder, als Student an der Universität von Pennsylvania, diesmal in Begleitung seines Vaters, kurz nach dem überraschenden Zusammenbruch des Campanile auf dem Markusplatz. Und im Februar 1908, inzwischen 23 Jahre alt und gerade wegen verbotenen Damenbesuchs aus dem Wabash College in Indiana, wo er romanische Sprachen studiert hatte, entlassen, erschien Ezra Pound allein in Venedig. Er hatte achtzig Dollar und eine Sammlung von etwa vierzig Gedichten in der Tasche und wollte sich, solange das Geld reichte, in der Lagunenstadt aufhalten. Venedig sei schließlich ein ganz wunderbarer Ort für jemanden, der aus Crawfordsville, Indiana, komme, erklärte der junge Poet selbstironisch.

Pounds erstes Zimmer lag im Stadtteil Dorsoduro, einem ruhigen Wohnquartier, das vor allem von Engländern bevorzugt wurde. »Dorso duro«, harter Rücken, wird der südwestliche Bezirk Venedigs genannt, weil dort, im Gegensatz zu anderen Stadtteilen, fester, teilweise sogar felsiger Baugrund vorherrscht. Zum Dorsoduro gehört der noblere Teil am Canal Grande, mit der Kirche Santa Maria della Salute, der Accademia-Galerie, dem Guggenheim-Museum und Teilen der Universität, aber auch der Hafen und die einfachere Wohngegend um San Nicolò di Mendicoli und die Insel Giudecca.

Pound wohnte über einer Bäckerei, Ponte San Vio 861, auf dem Weg zwischen der Accademia-Brücke und der Salute-Kirche. In einem seiner ersten venezianischen Gedichte, das aus seinem Skizzenbuch ›San Trovaso‹ stammt und hier auszugsweise wiedergegeben wird, beschreibt er sein neues Lebensgefühl:

PRÄLUDIUM: ÜBER DEM OGNISSANTI

Hoch oben wohne ich über den Menschen hier,
Meist allein mit der Schönheit,
Einsam?
Wie kann ich das sein,
Da ich doch meine eigenen großen Gedanken habe? …

Auch habe ich die Schwalben und den Sonnenuntergang,
Und ich sehe viel Leben unter mir,
Im Garten, auf dem Wasser,
Und zu mir schweben die Schatten der Lieder,
die sie singen
Zum Klang der abgegriffenen Mandoline und des
plätschernden Wassers …

Vom Dorsoduro aus erkundete Pound die Lagunenstadt und versuchte, mit dem wenigen Geld, das er von zu Hause mitgebracht hatte, auszukommen. Zum Frühstück aß er oft nur billige gebratene Süßkartoffeln an einem Straßenstand und abends einen Teller Graupensuppe. In seinem Essay ›Die Renaissance‹ schrieb er sieben Jahre später, er halte viel von Hunger, weil Hunger eine Erfahrung sei, und ein Künstler könne nie genug Erfahrungen machen.

Nach Europa war Ezra Pound wegen der Literatur und der Literaten gekommen. Vor allem in Italien erhoffte sich der Dichter offenere Ohren für seine Lyrik als daheim in Idaho. Die unabhängige Republik Venedig war für ihn, nach dem, was er gelesen und gehört hatte, ein aufgeklärter Staat, der seine Künstler förderte. Um sich möglichst schnell als ein solcher bekannt zu machen, entschloss sich Pound, auf eigene Kosten einen Gedichtband herauszugeben. Er fügte seiner mitgebrachten Sammlung noch einige in Venedig entstandene Gedichte hinzu und brachte das Ganze unter dem Titel: ›A Lume Spento‹ (›Bei gelöschtem Kerzenlicht‹, ein Zitat aus Dantes ›Purgatorio‹) zu einem Drucker und Verleger im Stadtteil Cannaregio.

Das kleine Buch erschien im Juni 1908 in einer Auflage von hundert Exemplaren. Es hatte einen grünen Pappumschlag, und man sagte, die 72 Seiten seien aus den Papierresten eines kirchengeschichtlichen Werkes gedruckt worden. Um mit dem Gedichtband Geld zu verdienen, plante Pound, ihn in England oder Amerika neu drucken zu lassen und die Gedichte mit lobenden Vorausbesprechungen von guten Bekannten zu versehen. In einem dieser frühen Gedichte, der ›Nachtlitanei‹, die in seinem venezianischen Skizzenbuch ›San Trovaso‹ enthalten ist, dankt der junge Dichter in feierlichen Worten dafür, dass Gott »die Schönheit dieses Venedig« zu ihm herabgesandt habe. Und weiter:

O Gott, welche guten Taten
Haben wir in vergangenen Zeiten getan
Und sie vergessen,
Dass du uns dieses Wunder schenkst,
O Gott der Wasser?

Und wie die Vision eines mythischen Venedig heißt es in dem frühen ›Canto XVII‹:

> Blank der Wasserspiegel vor mir,
> Bäume entwachsen dem Wasser,
> Marmorstämme aus Stille,
> Weiter, vorbei an Palazzi,
> In der Stille,
> Das Licht hier nicht von der Sonne.

Während des letzten Teils dieses venezianischen Aufenthalts nahm Pound ein Zimmer in der Calle dei Frati, im Sestiere San Trovaso, ganz in der Nähe von San Vio. Eins seiner Fenster sah in einen ummauerten Garten hinunter, das andere auf den Zusammenfluss der Kanäle San Trovaso und Ognissanti. Genau gegenüber seinem Zimmer, auf der anderen Kanalseite, befand sich eine kleine Gondelwerkstatt, in der auch heute noch Gondeln repariert und mit einem neuen Anstrich versehen werden.

Während der drei Monate, die Pound diesmal in Venedig verbrachte, war der kontaktfreudige Dichter durchaus nicht isoliert. Da er romanische Sprachen studiert hatte, fiel es ihm nicht schwer, Zugang zu einigen jungen einheimischen Literaten zu finden. Um so schwerer wurde ihm der Abschied von der Lagunenstadt, den er in seinem Gedicht ›Partenza di Venezia‹ ausdrückt. Es beginnt mit den Worten:

> Nie habe ich den Abschied von einer geliebten Frau
> so empfunden,
> wie ich jetzt meinen Weggang von dir empfinde,
> ja, alle deine Wasser rufen: Bleib bei mir!
> Und glitzerndes Lachen flammt verlockend auf.
> O Märchenland, das ich drei Monate lang kennen
> gelernt habe,
> Venedig der Träume! …

Doch fünf Jahre später, im Mai 1913, nach Reisen quer durch Europa, fuhr Ezra Pound zum vierten Mal nach Venedig. In den literarischen Kreisen von Paris und London hatte er mit seinen Gedichten tatsächlich die erhoffte große Resonanz gefunden. Eine Londoner Zeitung schrieb sogar, er sei der bemerkenswerteste englische Dichter seit Robert Browning. In einem Salon in London traf Pound auch einen venedigerfahrenen Landsmann, den inzwischen siebzigjährigen Henry James, dessen massiver Kopf und lange, druckreif gesprochene Sätze den jungen Dichter sehr beeindruckten. Aber auch Pounds Privatleben kam nicht zu kurz: In London hatte er eine junge Malerin aus wohlhabendem Hause kennen gelernt, die 1921 seine Frau werden sollte: Dorothy Shakespear. Ihr schrieb er – mit einem Browning-Zitat – aus Venedig, wo er zwei Wochen lang im Albergo Bella Venezia, Calle dei Fabbri wohnte:

> Liebste,
> Madame Brass (eine Bekannte von einem früheren Venedig-Besuch) gab mir eine Karte für das Konzert gestern im ›Fenice‹ – die Musik überraschend gut – und ganz Venedig war da und amüsierte sich, und der ganze Effekt war gefälliges 18. Jahrhundert – Goya, Rossini, Goldoniartig, was meinen Sinn für Historisches entzückte. Es hätte mich überhaupt nicht gewundert, Browning oder Verdi dort zu sehen, wie sie ›auf Rossini hinuntersahen, der geduldig auf seinem Konzertsessel sitzt‹.

Besonders beeindruckt war Pound, wie es sowohl in Briefen als auch in den ›Pisaner Gesängen‹ zum Ausdruck kommt, von der Kirche Santa Maria dei Miracoli. Sie wurde in den Jahren 1481-1489 von Pietro Lombardo und seiner Werkstatt um ein wundertätiges Marienbild herumgebaut und sieht von außen, vor allem wegen ihres halbrunden Fassadengiebels, des vielfarbigen Marmors und der zierlichen Ranken- und Figurenornamente, wie ein kostbarer Reliquienschrein aus. Auch die Innenwände der Kirche sind über und über mit Marmor verkleidet. Eine wunderbar geschnitzte Holzdecke überspannt als Tonnengewölbe das Innere. Der erhöhte Altarraum, in dem sich das Gnadenbild befindet, wird durch zahlreiche Fenster vom Tageslicht beleuchtet. Pound war vom Gesamteindruck so begeistert, dass er in mindestens zwei Briefen Fotopostkarten mit dem Inneren der Kirche an Dorothy schickte und es in seinem Brief vom 9. Mai »ein Porträt von dir und eine Erinnerung an die genaue Bedeutung des Begriffes ›quattro cento‹«, des 15. Jahrhunderts, nannte. Auch in seinen ›Pisaner Gesängen‹ erinnerte sich Pound an Santa Maria dei Miracoli und sah sie als optische Entsprechung zu dem, was er in seiner Dichtung anstrebte: »Klarheit, Präzision, konkrete Schönheit«.

Nachdem Ezra Pound einige Jahre in London als Literaturredakteur und Musikkritiker seinen Lebensunterhalt bestritten und die literarischen Arbeiten seiner Freunde James Joyce und T. S. Eliot kompetent begleitet hatte, reiste er im Frühjahr 1920 mit Dorothy in die Lagunenstadt, allerdings nur für wenige Tage. Mit dem Gefühl, dass er zu einer seiner intensivsten frühen Erfahrungen zurückgekehrt sei, begann er seine Autobiografie ›Indiskretionen‹ zu schreiben, die mit einer Meditation über Venedig einsetzt. Dort heißt es: »Venedig gab einem jedes Mal entweder den gewohnten Kick oder eine völlig neue Wahrnehmung.«

Wieder in London, lernte das frisch vermählte Paar eine junge amerikanische Geigerin kennen, Olga Rudge. Es wurde eine folgenreiche Begegnung – bei der abermals Venedig ins Spiel kam. Olga Rudge, die musikalisch hochbegabte Tochter eines wohlhabenden Immobilienmaklers aus Ohio, war schon als Kind mehrere Male in Europa gewesen. Während einer Italienreise hatte sie, damals zwanzig Jahre alt, den Wunsch geäußert, eine kleine Ferienwohnung in Venedig zu besitzen. Ihr Vater tat ihr den Gefallen und kaufte für sie ein schmales Haus in der Calle Querini, auf dem venezianischen Dorsoduro.

Keiner von den drei jungen Leuten konnte zu diesem Zeitpunkt ahnen, dass das kleine Haus in der engen Calle Querini viel spater einmal Ezra Pounds Wohnhaus und sein Sterbeort werden würde.

Im Herbst 1924 zogen Pound und seine Frau Dorothy in das ruhige Rapallo, wo der Dichter die folgenden zwanzig Jahre in rastlosem Produktionsdrang verbrachte. Olga Rudge war meist in der Nähe, in einer Mietwohnung in Sant' Ambrogio. Zwischen Pound und der amerikanischen Geigerin entwickelte sich eine Liebesbeziehung, die nicht ohne Folgen blieb: Im Sommer des Jahres 1925 wurde ihre gemeinsame Tochter Mary geboren, die bei befreundeten Bauersleuten in Südtirol aufwuchs. Etwas mehr als ein Jahr später bekam Pounds Ehefrau Dorothy einen Sohn, Omar, der in die Obhut seiner Großmutter in England gegeben wurde. Ezra Pound, der zweifache Vater, schrieb und schrieb. Zwischendurch unternahm er immer wieder Stippvisiten in sein vertrautes Venedig.

Gemessen an dem, was Pound in den folgenden Jahren politisch bevorstand, waren seine privaten Probleme eher geringfügig. Im Kriegsjahr 1940 erreichte ihn ein Angebot vom faschistischen Sender Radio Rom, in Rundfunkreden zu selbstgewählten Themen zu sprechen. Pound, der in Mussolini einen Mann zu erkennen glaubte, der in Italien für Ordnung und Gerechtigkeit sorgen, Korruption und Misswirtschaft beseitigen und die Kultur zu einer neuen Blüte führen würde, nahm das Angebot gern an. Zwischen Januar 1941 und Juli 1943 las der Dichter aus seinen ›Cantos‹, sprach über europäische Literatur und über Konfuzius, griff aber zwischendurch immer wieder den seiner Meinung nach kriegs- und machtlüsternen Präsidenten Roosevelt und die ihn umgebenden jüdischen Finanzberater an.

Pounds römische Radioreden wurden in den Vereinigten Staaten aufmerksam registriert – mit dem Ergebnis, dass der Dichter im Frühjahr 1945 festgenommen und in ein amerikanisches Militärstraflager bei Pisa überführt wurde. Dort steckte man den Sechzigjährigen wie einen Schwerverbrecher in einen Drahtkäfig, der nachts von einem Scheinwerfer angestrahlt wurde. Pounds Befürchtungen über sein weiteres Schicksal lassen sich aus ›Canto LXXXIII‹ deutlich ablesen:

> Werd' ich je die Giudecca wiedersehen?
> mit den Lichtern davor, Ca' Foscari, Ca' Giustinian,
> oder die Ca', die man die der Desdemona nennt,
> oder die beiden Türme, wo die Zypressen nicht mehr stehn,
> oder die Kähne, die vor le Zattere vertäut sind ...?

Fast ein halbes Jahr verbrachte Ezra Pound, mehr tot als lebendig, auf Betonboden in seinem Käfig. Im November 1945 transportierte man ihn nach Washington, wo der Gefangene wegen Landesverrats vor Gericht gestellt werden sollte. Ein Psychiaterteam rettete den Dichter vor dem elektrischen Stuhl. Vier Ärzte, unter ihnen der Leiter des St. Elizabeths Hospitals, Winfred Overholser, untersuchten Ezra Pound mehrere Tage lang. Sie kamen schließlich zu der Auffassung, Pound sei »geistig verwirrt und einem Gerichtsverfahren seelisch nicht gewachsen«. Seine Radioreden halte er keineswegs für Landesverrat, sondern habe damit, im Gegenteil, »die amerikanische Verfassung retten« wollen. Sein paranoider Zustand mache es ihm unmöglich, an einem Gerichtsprozess teilzunehmen.

Der politisch verirrte Dichter wurde für dreizehn Jahre in die Heilanstalt St. Elizabeths eingewiesen, die er 1958, im Alter von zweiundsiebzig Jahren, als »nicht geheilt, aber ungefährlich«, verlassen durfte.

Die folgenden Jahre verbrachte Ezra Pound wieder in seiner Wahlheimat Italien, zunächst mit seiner Frau Dorothy, bei seiner Tochter Mary und ihrer Familie, auf der Brunnenburg in Südtirol. Nach der Trennung von Dorothy zog der Dichter mit Olga Rudge nach Venedig, wo er in der Calle Querini seine letzten Lebensjahre verbrachte. Er schrieb nur noch wenig und sprach fast gar nicht mehr. Freunde meinten, er befinde sich »in einem Zustand tiefster Reue«. Einem französischen Journalisten gegenüber äußerte Pound: »Ich bedauere meine früheren Irrtümer. Aber ich hoffe, wenigstens ein bisschen für einige Künstler getan zu haben.«

Am 1. November 1972 starb Ezra Pound, zwei Tage nach seinem siebenundachtzigsten Geburtstag. Eine schwarze Totengondel brachte den Sarg nach San Michele, wo der Liebhaber Venedigs im evangelischen Teil des Friedhofs beigesetzt wurde.

Olga Rudge
Im Museum des eigenen Lebens

*I*ch hatte mich telefonisch zu einem Gespräch angemeldet, und die Stimme einer alten Dame hatte mir den Weg zur Calle Querini erklärt. Aber bevor ich jetzt dem bronzenen Löwenkopf an der Haustür Nr. 252 den kleinen Klingelknopf in den Rachen drücke, wiederhole ich vorsichtshalber ein paar Zeilen aus Ezra Pounds ›Usura‹-Canto. Denn ich habe in einem Zeitungsartikel gelesen, dass Pounds Lebensgefährtin nur noch Gäste ins Haus lässt, die durch eine literarische Probe nachweisen können, dass sie sich ernsthaft für Pounds Werk interessieren. Olga Rudge hat offenbar zu viele Besucher gehabt, die einfach nur neugierig gewesen waren, das private Umfeld eines berühmten Dichters in Augenschein zu nehmen.

Als ich klingele, öffnet sich oben im ersten Stockwerk des schmalen Hauses ein Fenster, ein weißhaariger Kopf erscheint, verschwindet sofort wieder, und dann höre ich Schritte eine Treppe hinuntertappen. Gleich darauf wird von innen die Tür geöffnet, und eine zierliche alte Dame bittet mich herein. Über eine hochstehende Marmorplatte, die als Schutz gegen Hochwasser vor den Hauseingang zementiert worden ist, steige ich in den winzigen Flur, vorbei an einer kleinen Küche, aus der Espressoduft strömt.

Die weißhaarige Bewohnerin entschuldigt sich für die Unordnung im Eingang, wo sich Kisten, Kartons und Teppiche stapeln. Ein junger Amerikaner hat ihr gerade einen Teil der Wohnung frisch gestrichen, die Zimmerdecke zwischen den Holzbalken hellblau. Die alte Dame ist zufrieden. »Die Idee hatte früher auch Ezra schon«, sagt sie und räumt dabei zwei benutzte Tassen und Teller zur Seite. »Ich hatte gerade Besuch, von zwei amerikanischen Literaturstudenten«, sagt sie entschuldigend. »Die kamen einfach so herein, weil sie gerade in Venedig sind, und wollten *alles* über Ezra wissen.« Im Kamin prasselt ein Holzfeuer, das in dem schummrigen Zimmerchen für zusätzliche Beleuchtung sorgt. Eine Sitzbank, zwei, drei niedrige Stühle, Bücher ringsum, ein gerahmtes Zeitungsfoto von Ezra Pound an einer Wand. Ein Gipsabguss der Pound-Büste von Henri Gaudier-Brzeska in einer Ecke, die man vom Flur aus sofort sieht; in einer anderen Ecke die Skulptur eines Liebespaares, auch von Pounds Freund Gaudier. Pound-Briefe und -Fotos auf einem Bücherbord – Olga Rudge wohnt im Privatmuseum ihres eigenen Lebens.

Dass sie schon zweiundneunzig ist, sieht man ihr nicht an. Sie wirkt elastisch, kontrolliert, hat einen klaren Blick und spricht temperamentvoll. Vor einigen Monaten hat sie sogar ihre langjährige Haushälterin entlassen. »Es hat mir wirklich Leid getan«, bedauert sie, »sie war sehr fleißig und zuverlässig, aber es ging einfach nicht mehr – sie nahm mir jede Arbeit ab. Ich hatte allmählich das Gefühl, ganz unselbständig zu werden.«

Olga Rudge, in Youngstown, Ohio, geboren, war schon von früh auf mit Europa vertraut. »In gut situierten Familien gehörten Europareisen einfach zur Ausbildung der jungen Leute«, erklärt sie. Zu einer gut situierten amerikanischen Familie mit europäischen Bildungsidealen gehörte auch die Musik. Olga entschied sich für die Violine und brachte es im Geigenspiel zu einer solchen Fertigkeit, dass sie daraus einen Beruf machen konnte. »Ich war zwar keine gesuchte Berühmtheit, aber immerhin –« sagt sie lachend. »Oben habe ich noch einige Konzertplakate und Kritiken – wenn Sie die sehen wollen?«

Wir steigen eine Treppe hoch, in ein kleines Zwischengeschoss. Kartons und Kisten auch hier, Bücherstapel, gebündelte Briefe. An einem Paravent hängt ein Plakat, das mit großen Lettern auf ein Konzert der Geigerin Olga Rudge mit dem amerikanischen Komponisten und Pianisten George Antheil hinweist. Eine Jahreszahl steht nicht dabei, aber Olga Rudge weiß genau, wann das war: 1923. In dem Jahr lernte sie in Paris den jungverheirateten Dichter Ezra Pound kennen, der ihrem Leben als behütete Tochter aus bürgerlichem Haus eine Wende gab.

Pound, der nicht nur Dichter, Literaturkritiker und Lektor war, sondern zeitweise auch als Musikkritiker arbeitete, hatte eine Oper nach Texten von François Villon geschrieben. Sein musikalisches Interesse führte ihn in Paris mit George Antheil zusammen, dessen moderne, mit Jazzelementen durchsetzten Kompositionen allerdings selbst in der aufgeschlossenen französischen Hauptstadt nicht immer auf Verständnis stießen. Bei Antheil-Konzerten kam es häufig zu Tumulten, so dass der Komponist sich angewöhnte, zu solchen Anlässen vorsorglich eine Pistole mitzunehmen, die er in einem Halfter unter seinem Smoking verbarg. Als einmal eines seiner Konzerte in wütendem Protestgeschrei des Publikums unterzugehen drohte, legte der Künstler, der seine eigenen Klavierstücke oft selbst interpretierte, behutsam seine Pistole für alle sichtbar auf den Steinway-Flügel. Von dem Moment an war jede Note zu hören. »Er war ein bisschen exzentrisch«, lacht Olga Rudge. »Aber er war ein begabter Musiker. Ezra schätzte ihn sehr.«

Bei einem Nachmittagstee im Hause Natalie Barneys, einer wohlhabenden Amerikanerin, die in Pariser Künstlerkreisen als »die Päpstin von Lesbos« bekannt war, lernten Ezra Pound und Olga Rudge einander näher kennen. »Er hatte schon in London ein Konzert von mir gehört und eine sehr gute Kritik über mich geschrieben«, erinnert sich die alte Dame. »Aber gesprochen hatten wir damals noch nicht miteinander. – Wollen Sie jetzt Ezras Zimmer sehen?«

Wieder steigen wir eine Treppe hoch. Oben, in einem türlosen Raum, steht neben dem Treppengeländer ein kleiner Tisch, auf dem einige Fotos liegen; das oberste zeigt Pound und Olga Rudge auf einem Spaziergang. »Das war in Sant'Ambrogio, bei Rapallo, ich hatte da eine Wohnung und – sehen Sie«, unterbricht sie sich und zeigt auf das Kostüm, das sie jetzt trägt und dann auf das auf dem Foto – »ja, es ist dasselbe. Ich habe es nun schon seit über zwanzig Jahren, und es passt mir immer noch!« Dabei lacht sie vergnügt wie ein junges Mädchen.

Dann wird sie auf einmal ernst. Vielleicht wartet sie jetzt auf eine Frage, die ihr vermutlich viele ihrer täglichen Besucher stellen, die *alles* über Pound wissen wollen und die sie, seine Vertraute, natürlich immer nur auf eine und dieselbe Weise beantwortet. Ich stelle die inzwischen stereotype Frage nach Pounds Verwicklung in Faschismus und Antisemitismus trotzdem. Denn in Rapallo traf Pound die folgenschwere Entscheidung, Vorträge im faschistischen Radio Rom zu halten, die in Amerika als Landesverrat und Antisemitismus betrachtet wurden.

Olga Rudge reagiert auf meine Frage nicht einfach routiniert, sondern so dringend, als hoffe sie, mich mit ihren Worten von ihrer eigenen Glaubenswahrheit überzeugen zu können. »In Wirklichkeit war Ezra nie Faschist, glauben Sie mir«, sagt sie und sieht mich dabei fast beschwörend an. »Im Herzen war er das nie. In Mussolini hat er sich geirrt – aber das haben schließlich auch andre getan. Ezra war einfach ein Dichter, der sich für alles interessierte und immer Stellung nahm, auch zu Wirtschaft und Politik – wenn Sie die Cantos gelesen haben, wissen Sie das ja. Und Antisemit? So ein Unsinn! Er war nie gegen *die* Juden, das können Sie in seinen Reden nachlesen. Er war ausdrücklich nur gegen die, die Amerika in den Krieg ziehen wollten! Deswegen ist er doch sogar nach Washington gefahren, um mit dem Präsidenten zu reden! Aber man hat ihn einfach nicht vorgelassen.«

Im Zwischengeschoss klingelt das Telefon. Unglaublich flink steigt die alte Dame die steile Treppe hinunter. Ein kurzes lebhaftes Gespräch, dann ist Olga Rudge schon wieder oben. »Das war Mary, meine Tochter«, sagt sie. »Ich hatte schon erwartet, dass sie anrufen würde. Ihr Buch ist gerade herausgekommen, bei Mondadori – sie hat doch die Cantos ins Italienische übersetzt, *alle* Cantos! Eine ungeheure Arbeit! Ich bin wirklich froh, dass sie es tatsächlich geschafft hat – jahrelang hat sie daran gesessen!« Sie ist sichtlich stolz auf die Leistung ihrer Tochter, Mary de Rachewiltz, die mit ihrer Familie auf der Brunnenburg in Südtirol lebt. Und sie ist zufrieden darüber, dass damit ein weiteres Stück von Ezra Pounds Lebenswerk in seiner Wahlheimat Italien zugänglich geworden ist.

Während der Dichter seine dreizehnjährige Haftstrafe in der Heilanstalt St. Elizabeths abbüßte, bemühte sich seine Frau Dorothy immer wieder vergeblich um seine Entlassung. Freunde wie T. S. Eliot und Ernest Hemingway unterstützten sie und auch Olga Rudge mit Appellen an die amerikanische Regierung und an die Öffentlichkeit. Olga Rudge, die inzwischen vorwiegend als Sekretärin bei der international renommierten Musikakademie in Siena tätig war, nutzte ihre Kontakte, um berühmte Künstler für Bittschriften zugunsten Ezra Pounds zu gewinnen. »Landesverrat!« lacht die kleine weißhaarige Frau bitter. »Sehen Sie mal hier.« Sie zieht aus einem Bücherregal eine grüne Broschüre heraus und gibt sie mir. ›If this be treason‹ heißt das kleine Buch, ›Wenn das Verrat sein soll‹. Es enthält fünf Vorträge über Literatur, ausgewählt aus Pounds römischen Radiosendungen, die sich für den Dichter so verhängnisvoll ausgewirkt haben. Es ist eine unpolitische Auswahl, die Olga Rudge 1948 hatte veröffentlichen lassen, um Pounds vorzeitige Entlassung aus St. Elizabeths zu erreichen.

Aber Olga Rudge und Dorothy Pound mussten noch zehn Jahre warten. Am 18. April 1958 wurde der mittlerweile zweiundsiebzigjährige Dichter schließlich aus der Anstalt entlassen. Zunächst versuchten die drei, gemeinsam auf der Brunnenburg zu leben. Als das nicht mehr möglich schien, zog Pounds Ehefrau Dorothy allein zurück nach London. Pound ging mit Olga Rudge nach Venedig.

Das Zimmer des Dichters, der gegen *usura*, gegen Wucher, Luxus und Verschwendung antrat, ist karg: ein Arbeitstisch, den er selbst aus rohen Brettern zusammengenagelt hatte; ein japanischer Lampion, der weißes Licht auf gekalkte Wände verstrahlt; ein Sofa, das sich mit wenigen Handgriffen zu einem Bett umbauen lässt; eine Waschecke hinter einer Stellwand; ein einfacher Kleiderschrank, in dem noch Pounds Sachen hängen. Bücherstapel, eine Reiseschreibmaschine.

»Er wollte Ordnung und Gerechtigkeit«, sagt die alte Dame, während wir die Treppe hinuntergehen. »Aber ein Faschist war er nie, auch wenn die Faschisten ihn immer auf ihre Seite ziehen wollten – sogar heute noch. Und Antisemit? Hätte er dann bis zu seinem Tod jüdische Freunde gehabt? Warten Sie, ich zeige Ihnen noch etwas.« Die Zweiundneunzigjährige, die nun schon seit fünfzehn Jahren Pounds Erbe hütet, nimmt ein großes Notizheft aus einem Regal und schlägt es auf. »Hier, sehen Sie.« Ich lese Tagebucheintragungen in Pounds Handschrift. Ein Blatt schließt mit dem Satz: »Antisemitism is idiocy.« Der Satz steht unter dem Datum des 7. August 1971.

(Juni 1987)

Boris Pasternak

Das Sternbild der Gitarre

»Als ich aus dem Bahnhof trat, der eine provinzielle Halle im Zollhausstil hatte, schlüpfte etwas Weiches ganz sacht unter meine Füße. Etwas bösartig Dunkles, wie Spülwasser, in dem sich zwei, drei Sterne spiegelten. Es hob und senkte sich fast unmerklich und glich einem von der Zeit geschwärzten Gemälde in einem schwankenden Rahmen. Ich begriff nicht sofort, dass dieses Bild von Venedig tatsächlich Venedig selbst war und dass ich nicht nur träumte …«

Der Canal Grande bei Nacht, von einem übermüdeten Dichter erlebt. Aus Marburg, wo er Philosophie studierte, war der 22-jährige Boris Pasternak 1912 nach Venedig gekommen. Seine erste Enttäuschung hielt nur minutenlang an, dann führte ihn ein Motorboot »zu den fernsten Wundern dieser schwimmenden Galerie auf der Kloake«, an den Palazzi des großen Kanals vorbei, die langsam hinter ihm zurückblieben. »Man nennt sie Palazzi, man könnte sie auch Märchenschlösser nennen – Worte vermögen keine Vorstellung von ihren Teppichen aus buntem Marmor zu geben, die in die nächtliche Lagune herabhängen wie in die Arena eines mittelalterlichen Turniers.«

Pasternak, 1890 in Moskau geboren, war der Sohn eines Malers und Grafikers und wuchs in Künstlerkreisen auf. Zunächst wurde er Schüler des berühmten Komponisten Alexander Skrjabin, dann studierte er Philosophie in Moskau und, da er Deutsch gelernt hatte, auch in Marburg; schließlich wandte er sich ganz der Dichtung zu. Obgleich er einer der maßgeblichen russischen Lyriker war, wurde er erst durch seinen Roman ›Doktor Schiwago‹ weltbekannt, der wegen seiner differenzierten Behandlung der russischen Revolution in der

Sowjetunion nicht erscheinen durfte, 1957 aber in italienischer und 1958 in deutscher Übersetzung erschien.

Auch als Übersetzer von Goethes ›Faust‹, Kleists ›Prinz Friedrich von Homburg‹ und Gedichten von Rilke, der unter den Lyrikern zu seinen Vorbildern gehörte, erwarb Pasternak großes Ansehen; dem Andenken des in Prag geborenen Dichters, der durch ausgedehnte Reisen mit Russland vertraut war, widmete Pasternak seinen 1931 erschienenen ›Geleitbrief – Entwurf zu einem Selbstbildnis‹. Das kleine Buch enthält auch ein sehr konzentriertes Venedigporträt.

In einer mondhellen venezianischen Nacht fand der junge Pasternak nach langer Suche in der Nähe der Akademie ein kleines Gasthaus, das noch geöffnet hatte. Der ziemlich ungepflegte Wirt servierte dem jungen Mann auf schmutzigem Tischtuch etwas kalten Kalbsbraten, den der müde Reisende heißhungrig verschlang. Dann wurde er eine schmale Treppe hoch zu einer Kammer geführt, tastete sich im Dunkeln zum Bett, legte sich hin und schlief sofort ein.

Er erwachte an einem hellen, sonnigen Morgen nach zehn Stunden gesunden, tiefen Schlafes. Ein Märchen war Wirklichkeit geworden, er befand sich in Venedig. Und schon am ersten Tag erlebte er das Glücksgefühl, dass man in Venedig »Tag für Tag zu einem Stelldichein mit einem Stück bebauten Raumes gehen kann, als treffe man sich mit einem Menschen«, denn »man hat das Gefühl, dass Venedig eine Stadt ist, die von Gebäuden bewohnt wird … Außerdem ist es mit der jahrhundertealten Begeisterung von Besuchern wie mit Muscheln überwachsen.«

Mit dem gleichen Enthusiasmus begann der junge Dichter die Stadt zu erkunden. Von seiner schlichten Herberge aus durchstreifte er Venedig kreuz und quer und gelangte immer wieder einmal zum Markusplatz. Nach kurzer Zeit hatte er den Eindruck, dass er jedes Mal, wenn er in die Nähe der Piazza kam, unwillkürlich seine Schritte beschleunigte und seine Füße ihn wie von selbst auf den großen Platz trugen. Wenn er Engländer beobachtete, die vor dem Einsteigen in die Gondel, die sie zum Bahnhof bringen sollte, ein letztes Mal auf der Piazza standen, in einer Haltung, als nähmen sie von einem Menschen Abschied, empfand Pasternak ein bisschen Neid, weil nach seinem Empfinden keine einzige europäische Kultur Italien so nahe gekommen war wie die englische.

»Nicht weit von der Piazza träumte die Flotte früherer Zeit ... mit Generationen wie mit goldenen Fäden verflochten, drängten sich einst drei prächtig ineinander verwobene Jahrhunderte unter standartentragenden Masten ...«

Pasternak war fasziniert von der Vorstellung, dass Venedig einmal einen »Wald von Schiffen« hatte und die Menschen sich darauf bewegten wie auf festem Land. Im 15. Jahrhundert besaß Venedig schon dreieinhalbtausend Handelsschiffe, mit siebzigtausend Matrosen und Schiffszimmerleuten, die Kriegsfahrzeuge nicht mitgerechnet: »Die Flotte war Venedigs wahre Wirklichkeit, die prosaische Grundlage seines Märchens«, schrieb Pasternak ganz unsentimental. »Paradox gesprochen, bildete ihre schaukelnde Tonnage den festen Boden der Stadt, ihre unterirdischen Warengewölbe und Gefängnisse.«

Als Sohn eines Malers und mit seiner eigenen Gabe für das Erfinden von Bildern durch Worte waren Pasternaks Augen auch für die Malerei geschärft. Seit seiner Kindheit war er durch Reproduktionen von Gemälden vertraut mit der venezianischen Kunst. Nun, am Ort ihrer Entstehung, konnte er endlich die Originale betrachten. »Man muss Carpaccio und Bellini sehen, um zu begreifen, was Darstellung ist«, schrieb er Jahre später in seinem ›Geleitbrief‹. »Man muss Veronese und Tizian sehen, um zu verstehen, was Kunst ist. Endlich erkannte ich – wobei ich freilich diese Eindrücke noch nicht gebührend zu schätzen wusste –, wie wenig ein Genie braucht, um in aktive Erregung versetzt zu werden ... Man muss Tintoretto, den Michelangelo Venedigs, sehen, um zu verstehen, was Genie ist, das heißt: was ein Künstler ist.«

Boris Pasternak war nur kurze Zeit, wahrscheinlich nur ein paar Tage, in der Lagunenstadt. Aber seine frühen dichterischen Aufzeichnungen wirken nachhaltig, und die später reflektierten Beobachtungen seiner venezianischen Tage machen ebenfalls deutlich, »was ein Künstler ist«.

Eines Abends erlebte er auf dem Markusplatz ein Konzert »mit Illumination«. Die Fassaden um die Piazza herum waren von oben bis unten mit kleinen Lämpchen übersät. Plötzlich fiel feiner Regen auf die erhitzten Gesichter des Publikums; er hörte zwar ebenso schnell auf, wie er gekommen war, aber die Szenerie hatte sich verändert. In Pasternaks Worten:

»Der Glockenturm der Markuskirche schnitt wie eine rote Marmorrakete in den rosa Nebel, der bis zu seiner Mitte emporgestiegen war. Nicht weit davon kreisten dunkelolivfarbene Dämpfe, und in ihnen verbarg sich das fünfköpfige Gerippe der Kathedrale wie in einem Märchen. Jene Seite des Platzes sah aus wie ein Königreich unter dem Meer. Auf der Vorhalle der Kathedrale leuchtete ein Viergespann in goldenem Glanz, das aus dem alten Griechenland hervorgesprengt und hier wie an einem Abgrund stehen geblieben war.«

In der Nacht vor seiner Abreise wachte der Dichter vom Klang einer Gitarre auf, der im Moment seines Erwachens jäh abbrach. Pasternak stand eilig auf, lief zum Fenster, unter dem das Wasser plätscherte, und starrte in den weiten Nachthimmel, als könne er dort die Spur der plötzlich verstummten Musik finden. »Hätte ein Fremder meinen Blick beobachtet, dann hätte er gewiss gesagt, dass ich zwischen Schlaf und Wachen zu ergründen suchte, ob über Venedig nicht ein neues Sternbild aufgegangen sei, von dem ich bereits eine vage Vorstellung hatte – das Sternbild der Gitarre.«

Am 23. Oktober 1958 wurde Boris Pasternak der Nobelpreis für Literatur zugesprochen. Daraufhin erklärte der sowjetische Schriftstellerverband die Verleihung als »feindseligen politischen Akt« gegen die Sowjetunion und schloss Pasternak aus seinen Reihen aus. »Mit Rücksicht auf die Gesellschaft, in der ich lebe« lehnte der Dichter die Annahme des Preises ab.

Ernest Hemingway
Eine Liebe in Venedig

»*E*s ist eine sonderbare, knifflige Stadt, und von irgendeinem Punkt zu einem anderen gegebenen Punkt zu gelangen, ist amüsanter als Kreuzworträtsel lösen«, lässt Ernest Hemingway in seinem Roman ›Über den Fluss und in die Wälder‹ einen alten Oberst über die komplizierte Topografie Venedigs sinnieren. »Herrgott, wie ich diese Stadt liebe! sagte er, und ich bin heilfroh, dass ich damals, als ich noch ein Knirps war und die Sprache nur ungenügend beherrschte, mitgeholfen habe, sie zu verteidigen. Bis zu jenem klaren Wintertag, als ich nach hinten geschickt wurde, um mir die kleine Wunde verbinden zu lassen, hatte ich sie noch nicht einmal gesehen, und *da* sah ich sie aus dem Meer aufsteigen. Scheiße, dachte er, in jenem Winter da oben an dem Knotenpunkt haben wir uns sehr gut gehalten.«

Hemingway kannte die nähere und weitere Umgebung von Venedig schon seit der Zeit des Ersten Weltkriegs. Im April 1917 hatte er sich als Ambulanzfahrer für das amerikanische Rote Kreuz in Norditalien betätigt und war bei einem Rettungseinsatz am Bein verwundet worden. In einer Klinik in Mailand, wo er ärztlich behandelt wurde, lernte der neunzehnjährige Hemingway einen irischen Adeligen kennen, der als Berufsoffizier in der britischen Armee diente. Chink Dorman-Smith wurde für Hemingway das Männlichkeitsideal par excellence. Chink war kampfesmutig und diszipliniert, aber auch elegant, witzig und sehr gebildet. Beide Männer befreundeten sich miteinander und blieben auch nach dem Krieg in ständigem Kontakt. Chink wurde später der Pate von Hemingways erstem Sohn und Vorbild etlicher Männerfiguren in Hemingways Romanen.

»Der Oberst sah aus den Fenstern und durch die Tür der Bar auf das Wasser des Canal Grande. Er konnte den großen, schwarzen Pfahl, an dem die Gondeln festmachten, sehen und das spätnachmittägliche Winterlicht auf dem windgepeitschten Wasser. Auf der anderen Seite des Kanals war das ›Palace‹, und ein Holzkahn kam schwarz und breit den Kanal herauf; sein stumpfer Bug warf eine Welle auf, obwohl der Wind von hinten kam.

›Geben Sie mir einen Martini, extra dry‹, sagte der Oberst. ›Einen doppelten.‹«

Hemingway fuhr immer wieder einmal nach Venedig, allerdings fast nie im Sommer. Dazu hatte er eine Theorie, die er seinem Biografen A. E. Hotchner bei einem gemeinsamen Besuch der Lagunenstadt auseinandersetzte: »Die Steine von Venedig wirken in der Sonne nicht«, meinte Hemingway. »Nur im Winter sieht man das wahre Venedig.« Erst das Licht des grauen adriatischen Winters bringe die Farben richtig zur Geltung.

Dies wahre Venedig beschrieb Hemingway besonders plastisch in Alltagsszenen: »Er ging durch eine Gasse und war auf dem Fischmarkt. Auf dem Markt lagen die schweren graugrünen Hummer mit den magentaroten Obertönen, die bereits ihren Tod im siedenden Wasser ankündigten, auf dem glitschigen Steinboden ausgebreitet oder in Körben oder Kisten, die mit Henkeln aus Tauen versehen waren. Sie sind alle durch Hinterlist zu Gefangenen gemacht worden, dachte der Oberst, und ihre Scheren sind geknebelt …

Jetzt musterte er all die vielen kleinen Schalentiere, die scharfrandigen Venusmuscheln, die man nur dann essen sollte, wenn man mit seinen Typhusimpfungen nicht im Rückstand war, und all die kleinen Köstlichkeiten.

Er ging an ihnen vorbei und blieb stehen, um einen Händler zu fragen, woher er seine Muscheln bekäme. Sie kamen von einer guten Stelle, wo keine Abwässer waren, und der Oberst ließ sich sechs davon öffnen.

Er trank den Saft und schnitt das Fleisch heraus; er schnitt mit dem gebogenen Messer, das ihm der Mann gereicht hatte, ganz dicht an der Muschel entlang …«.

Hotchner erzählt in seiner Hemingway-Biografie von einer gemeinsamen Gondelfahrt auf dem Canal Grande, bei der sich der Schriftsteller als intimer Kenner der Verhältnisse zeigte: »Hemingway machte mich auf einen Palazzo aufmerksam, den ein Garten mit vielen Bäumen vom Kanal trennte. ›Hier hat Lord Byron gewohnt. Der Palast gehört jetzt einer alten Contessa, einer guten Bekannten von mir. Sie erlaubt niemandem, in Byrons Bett zu schlafen.‹ Als nächstes deutete er auf eine kleine, heimelige Villa, die hinter einigen Bäumen versteckt lag. ›Hier wohnte der große italienische Dichter d'Annunzio, einer meiner Favoriten« Und als die Gondel schließlich am Holzsteg des Nobelhotels Gritti anlegte, erklärte Hemingway: »Dies war früher der Palast eines bedeutenden Venezianers, des Dogen Andrea Gritti. Jetzt ist es ganz einfach das beste Hotel in Venedig – das heißt, wenn man in einer angenehm luxuriösen Umgebung wohnen möchte, in der man nicht von übereifrigem Personal belästigt wird.«

Später gab der Schriftsteller seinem Biografen noch den Hinweis, vor dem nächsten Venedig-Besuch unbedingt John Ruskins berühmtes Buch ›Die Steine von Venedig‹ zu lesen – auch wenn vieles darin stehe, was man vielleicht nicht so interessant finde: eine gründlichere Einführung gebe es nicht.

1948, drei Jahrzehnte nach dem Ersten Weltkrieg, wollte Hemingway an einem ruhigen Ort in der Nähe der damaligen Kriegsschauplätze seine frühen soldatischen Erfahrungen zu einer Erzählung verarbeiten. Torcello, die abgeschiedene Insel, eine knappe Bootstunde von Venedig entfernt, schien der ideale Ort dafür zu sein.

»An Allerseelen plätscherten wir durch die Lagune, kamen an Murano vorbei, der Glasbläser-Insel, und an Burano, der Klöppelspitzen-Insel, um auf Torcello zu essen, wo uns das Gasthaus sehr gut gefiel – Cipriani von ›Harry's Bar‹ war und ist noch der Besitzer –, und nachdem Papa die Zimmer gesehen hatte, einen kleinen Salon mit Kamin, großen Glastüren, durch die man in den Garten und auf die Kathedrale sah, und ein geräumiges Schlafzimmer mit zwei großen Betten und einem gelb gestrichenen Bad, beschloss er, hier zu bleiben«, notierte Mary Hemingway im Winter 1948 in ihr Tagebuch.

Am 4. November hatte das Ehepaar Hemingway mit zahlreichen Koffern das hübsche kleine Apartment in der Locanda Cipriani auf Torcello bezogen. Zwei Wochen später verließ Mary die Insel, um Freunde in der Toskana zu besuchen. Hemingway, der sich, mit patriarchalischer Attitüde, gern »Papa« nennen ließ, blieb auf Torcello zurück, um sich während der folgenden Monate der Entenjagd und einem neuen Buchmanuskript zu widmen.

Doch im winterlichen Venetien passierte dem fünfzigjährigen Schriftsteller, der gerade in vierter Ehe verheiratet war, etwas Unvorhergesehenes. Bei einem Jagdausflug mit italienischen Bekannten trat, wieder einmal, eine neue Muse in sein Leben. Die dunkelhaarige venezianische Schönheit hieß Adriana Ivancich, war neunzehn Jahre alt und entstammte einer wohlhabenden, alteingesessenen Familie. Hemingway verliebte sich sofort.

Adrianas Vorfahren waren zur Zeit der Dogen reiche Kaufleute gewesen. Die Familie wohnte in einem Palazzo an der Calle de Remedio, der noch heute von Nachfahren bewohnt wird. Außerdem besaß sie ein großes Hotel, in dem schon die englische Königin Victoria zu Gast gewesen war. Adriana verbrachte eine behütete Kinderzeit, bis der Zweite Weltkrieg die ruhige Sicherheit jäh zerstörte. Adrianas älterer Bruder wurde im Krieg schwer verwundet, mehrere ihrer Freunde starben als Soldaten, und ein Teil des Familienbesitzes wurde durch amerikanische Bombenangriffe dem Erdboden gleich gemacht. Der härteste Schlag traf die damals fünfzehnjährige Adriana im Sommer des Jahres 1945, als ihr Vater eines Morgens vor seinem Haus ermordet aufgefunden wurde.

Dass die inzwischen erwachsene Venezianerin mit den tiefschwarzen Haaren, den melancholischen Augen und den feinen Manieren das Interesse des eher ungebärdigen Hemingway erregen würde, war leicht zu begreifen. Adriana sah in dem bärtigen Hünen zunächst mehr eine Vaterfigur, zumal Hemingway sie ohne Umstände als »Tochter« anredete. Erst als der Schriftsteller sie mehrmals zu Jagdausflügen, Bootsfahrten und zu Drinks in ›Harry's Bar‹ einlud – allerdings immer in Begleitung gemeinsamer Bekannter –, begriff sie, dass der weltbekannte Autor, Großwildjäger und Frauenheld in sie verliebt war.

Doch anstatt von der Zuneigung des berühmten Mannes geschmeichelt zu sein, war die wohlerzogene Adriana, die von Hemingways Ehe wusste, irritiert. Hemingway dagegen, von der jugendlichen Muse aufs höchste angeregt, begann umgehend mit der Arbeit an seinem geplanten Buch. Kriegserlebnisse und Entenjagd sollten jetzt allerdings nur noch den Rahmen zu dem bilden, was ihm eigentlich am Herzen lag: Eine Liebesgeschichte zwischen einem alternden Mann und einer schönen jungen Frau. Ein Jahr lang schrieb Hemingway an diesem Buch, zunächst auf Torcello, später zu Hause auf Kuba.

Held des Romans ist ein amerikanischer Oberst, etwa fünfzig Jahre alt, der eine Liebesbeziehung mit einer jungen venezianischen Adeligen, Contessa Renata, hat. Durch lange Zwiegespräche über Mut und Gelassenheit, Liebe, Jugend und Alter versuchte Hemingway den beiden ungleichen Charakteren klare Konturen zu geben.

Doch der Roman mit dem Titel ›Über den Fluss und in die Wälder‹, der im September 1950 in Amerika erschien, fand wenig Anklang. Amerikanische wie europäische Kritiker empfanden ihn als Hemingways schwächstes Werk. Die Charakterzeichnungen seien klischeehaft, hieß es, die Dialoge ebenso, die Handlung dürftig.

Nach dem großen Erfolg seines Buches ›Wem die Stunde schlägt‹, zehn Jahre zuvor, war Hemingway über die negative Aufnahme seines neuen Romans niedergeschmettert. Dazu quälte ihn der Gedanke, Adriana geschadet zu haben. Er hatte nämlich, unruhig herumreisend, in einem Brief von ihr erfahren, dass halb Venedig sich die Mäuler über ihre sogenannte »Affäre« zerriss. Die Gestalt der jungen Contessa war allzu leicht als Adriana zu identifizieren.

Hemingway und Adriana blieben befreundet, auch als der Schriftsteller nach Kuba zurückreiste. Seine Frau Mary konnte beruhigt sein, dass ihre Ehe nicht wirklich in Gefahr war, denn Adriana hatte ihr in einem vertraulichen Gespräch glaubhaft versichert, dass sie eine Liebesbeziehung zu dem viel älteren Mann völlig ausschließe. Hemingways Romanfiguren waren Produkte seiner Phantasie, die mit Wunschprojektionen gespielt hatte.

Aber die äußeren Umstände, die die Folie für die Romanhandlung abgaben, waren real, und sie sind die selben geblieben: Die Paläste am Canal Grande, in denen Lord Byron, Robert Browning oder Gabriele d'Annunzio gelebt haben, stehen noch unverrückt am selben Platz. Der Fischmarkt am Rialto ist immer noch so bunt und glitschig wie zu Hemingways Zeiten. Das Hotel Gritti gehört nach wie vor zu den ersten Hotels von Venedig. Und Hemingways bevorzugte Bar erfreut sich trotz massiv gestiegener Preise anhaltender Beliebtheit:

»Als Oberst Cantwell aus der Tür des Gritti trat, schritt er hinaus in das letzte Sonnenlicht dieses Tages. Auf der entgegengesetzten Seite des Platzes war noch Sonne, aber die Gondolieri suchten Zuflucht gegen den kalten Wind und lungerten lieber im Schutz des Gritti herum, anstatt den letzten Rest von Sonnenwärme auf der windgepeitschten Seite des Platzes auszukosten …

Als er auf der anderen Seite der Brücke hinunterschritt, sah er zwei wunderschön aussehende Mädchen. Sie waren bezaubernd und hutlos, ärmlich, aber schick gekleidet, und sie redeten äußerst geschwind aufeinander ein, und der Wind blies in ihr Haar, als sie mit ihren langen, weitausschreitenden venezianischen Beinen hinaufstiegen. Und der Oberst sagte zu sich: Ich hör lieber auf mit dem Schaufenstergaffen hier auf dieser Straße. Nimm die nächste Brücke, und zwei Karrees danach biegst du scharf rechts ab und gehst immerzu geradeaus, bis du bei Harry bist. Genau das tat er … er ging mit seinem alten gewohnten Schritt und sah nur flüchtig die Leute, an denen er vorbeikam. Was für eine Menge Sauerstoff in der Luft ist, dachte er, als er gegen den Wind anging und tief atmete.

Dann zog er die Tür von Harry's Bar auf und war drinnen, und er hatte es wieder einmal geschafft und war zu Haus.«

Torcello

Ganz privat bei Hemingway

*M*it gedrosseltem Tempo biegt das Taxiboot von der Lagune in einen schmalen Kanal ein und legt nach kurzer Fahrt vor der Locanda Cipriani an. Signor Dario, der vor der Tür der kleinen Inselherberge auf mich gewartet hat, führt mich durch die niedrige Diele über eine teppichbelegte Holztreppe durch einen schmalen, dezent beleuchteten Korridor zu meinem Apartment im oberen Stockwerk. Dario, Empfangschef in der Locanda, arbeitet schon seit Jahrzehnten hier. Er hat viele berühmte Gäste kommen und gehen sehen: Königin Elizabeth II. und Prinz Philip, Prinzessin Diana und Prinz Charles, Valéry Giscard d'Estaing und andere Nobilitäten, die hier genächtigt haben.

Auch Ernest Hemingway ist hier gewesen, drei Jahre nach dem Zweiten Weltkrieg. Einen ganzen Winter lang hat er hier gewohnt, geschrieben und getrunken. »Ein imposanter Mann«, erinnert sich Dario, der damals ein junger Kellner war. »Er war mit seiner Frau hier. Aber sie fuhr bald wieder ab, weil sie ihn nicht beim Schreiben stören wollte. – Wir haben die Einrichtung im Wesentlichen so gelassen, wie sie zu seiner Zeit war«, versichert er, während er mir die Tür mit der Aufschrift ›S. Fosca‹ öffnet.

Ein geräumiges Schlafzimmer mit zwei einfachen Betten, zwei Nachttische daneben. Zwischen den Betten ein breiter Gang, der in ein kleines Wohn- und Arbeitszimmer führt. Ein zierlicher Schreibtisch in einer Ecke, neben der Balkontür. Zwei weiße Sessel vor einem Kamin. Ein Blumenstrauß in einer dickbauchigen Vase aus grünlichem Muranoglas auf einem Tischchen in der Mitte des anheimelnden Raumes. Warum die kleine Wohnung ›Santa Fosca‹ heißt, stelle ich, nach einer traumreichen Nacht in Hemingways Bett, am nächsten Morgen fest: Man kann von hier aus, über Ciprianis Garten hinweg, die alte Kirche Santa Fosca sehen.

Auf Torcello, der stillen Insel in der venezianischen Lagune, hat sich seit Jahrzehnten nichts verändert. Eigentlich sogar seit Jahrhunderten nicht, wenn man von ein paar Gartenlokalen absieht, die sich hier nach und nach aufgetan haben. Doch das Ziel von Gourmets in aller Welt ist vor allem die ›Locanda Cipriani‹.

Wer mit dem üblichen Liniendampfer von Venedig kommt, den zwingt die lange Pause bis zur Rückfahrt zu einem der eindrucksvollsten Spaziergänge, die man sich denken kann, eindrucksvoll nicht nur wegen der Dinge, die dort zu sehen, sondern auch wegen derer, die dort nicht zu sehen sind. Denn Torcello, heute ein Inselchen mit ein paar Dutzend Bewohnern, die Ackerbau und Fischfang betreiben, war vor tausend Jahren einmal eine mächtige Handelsstadt, dicht besiedelt mit Häusern, Kirchen, Klöstern und Palästen, reicher und einflussreicher als Venedig. Aber irgendwann zwischen dem 14. und dem 15. Jahrhundert entvölkerte es sich, warum, weiß man bis heute nicht ganz genau. Einige sprechen von verheerenden Naturkatastrophen, die die Insel damals heimgesucht hätten, andere meinen, dass Malaria, durch Mückenschwärme über versumpftem Gelände verbreitet, die Bewohner getötet oder vertrieben habe. Von den leer stehenden, verfallenden Palästen holte sich Venedig später das kostbare Material für seine eigenen prachtvollen Bauwerke.

Wo früher Kriegs- und Handelsschiffe vor Anker lagen, lädt heute der Liniendampfer, Nummer 12, Touristen und venezianische Schülergruppen ein und aus. Von der Haltestelle, einem schiefen alten Holzhäuschen, führt ein schmaler Weg zwischen umzäunten Gemüsefeldern auf der einen und einem kleinen Kanal auf der anderen Seite zu den letzten Zeugen einer großen Vergangenheit: zwei niedrigen Palästen, in denen ein Inselmuseum untergebracht ist, und zwei uralten Kirchen. Die eine von ihnen, die Kathedrale Santa Maria Assunta, wurde schon 693 gegründet, 864 neu erbaut und später stark verändert. Der Bau in seiner heutigen Form wurde zwischen dem 9. und 11. Jahrhundert errichtet. Santa Maria Assunta ist die älteste Kirche der Lagune und vor allem berühmt wegen ihrer byzantinischen Mosaiken, die die Gottesmutter und die zwölf Apostel zeigen. Die andere Kirche, Santa Fosca, ist im 12. Jahrhundert erbaut worden und einer Märtyrerin aus Ravenna geweiht. Auf der kleinen Piazza zwischen den alten Bauten wächst jetzt Gras. Drei Katzen liegen träge blinzelnd in der Herbstsonne, und Eidechsen huschen lautlos über Mauerreste und geborstene Säulen.

Im Jahre 452 brachen Barbarenstürme über das venetische Küstenland herein. Sie eroberten Aquileja und brannten es nieder. Auf der Flucht vor den Hunnenheeren des Königs Attila suchten die Einwohner von Altinum und anderen Orten an der Küste eine sichere Bleibe und gründeten zwischen dem 5. und 7. Jahrhundert eine Niederlassung auf Torcello. Im Jahre 638 verlegte der Bischof seine Kathedrale und die Reliquien aus dem gefährdeten Altinum nach Torcello.

Den Besuchern der Insel gibt John Ruskin in seinen ›Stones of Venice‹ den wohlbegründeten Rat, gegen Sonnenuntergang auf den Campanile zu steigen und die Aussicht zu betrachten, die sich jenseits der »Einöde wilden Meeresmoores« erstreckt, wie Ruskin die Lagune nannte. Wenn man sich nach Nordosten wendet, sieht man am Horizont die Berge; im Osten erkennt man die Adria. »Sodann blicke weiter nach Süden«, empfiehlt der englische Schriftsteller. »Jenseits der sich verbreiternden Arme der Lagune erhebt sich aus dem dunklen See, in dem sie sich sammeln, eine Vielzahl von Türmen dunkel und zerstreut zwischen den eckigen, gedrungenen Formen der sich zusammendrängenden Paläste, eine lange, unregelmäßige Linie, die den südlichen Himmel kräuselt.

Mutter und Tochter – du siehst sie beide in ihrem Witwentum – Torcello und Venedig.

Vor dreizehnhundert Jahren sah das graue Sumpfland genauso aus wie heute, und die purpurfarbenen Berge standen ebenso strahlend in den tiefen Fernen des Abends. Aber am Horizont mischten sich seltsame Feuer mit dem Licht des Sonnenuntergangs, und der Klagelaut menschlicher Stimmen vermischte sich mit dem murmelnden Gekräusel der Wellen auf den Sandrippen. Die Flammen stiegen aus den Ruinen von Altinum auf, der Klagelaut aus der Menge seines Volkes, das wie einst Israel auf den Pfaden des Meeres eine Zuflucht vor dem Schwert suchte.

Das Vieh grast und ruht an der Stelle der Stadt, die sie verließen; die Sense des Mähers ist heute bei Morgengrauen über die Hauptstraße der Stadt, die sie erbauten, hingegangen, und die Garben weichen Grases schicken jetzt ihren Duft in die Nachtluft hinauf, der einzige Weihrauch, der den Tempel ihrer alten Gottesverehrung füllt. Begeben wir uns hinab auf jenen kleinen Flecken Wiesengrund.«

Hundert Jahre nach John Ruskin hat man vom Campanile aus immer noch fast die gleiche Szenerie im Blick – bis auf ein paar kulinarische Neuerungen, von denen Ruskin sich nichts hätte träumen lassen; seine junge Frau Effie hätte sie aber sicherlich goutiert. In warmer Oktobersonne betrete ich am Mittag den breiten Kiesweg im Restaurant-Garten der ›Locanda Cipriani‹. Denn nicht nur die Reste alter Baukunst haben das Andenken Torcellos überleben lassen, auch die Kunst der Küche zieht viele Reisende auf die Laguneninsel. In dem wohligen Bewusstsein, dass man in dieser prestigeträchtigen Locanda auch durchaus preisgünstig essen kann, lasse ich mich an einem der wenigen noch freien Tischchen nieder, hinter mir das flache Landhaus mit den grünen Fensterläden, vor mir die beiden alten Kirchen, um mich herum Blumenrabatten und Gemüsebeete, eine Menge gut gelaunter, vorwiegend ausländischer Gäste und eine Schar gewandter und entspannter Kellner, deren flinke Schritte den Kies dezent knirschen lassen. In der Mitte des Gartens steht noch der alte Ziehbrunnen, vor dem sich Hemingway damals mit seinem Freund Giuseppe Cipriani hat fotografieren lassen. Ich bestelle, natürlich, einen trockenen Martini und sehe alte Bilder vor mir:

In den dreißiger Jahren war Giuseppe Cipriani, der ebenso erfolgreiche wie bescheidene Gründer von ›Harry's Bar‹, oft mit seinem Ruderboot an Torcello vorbeigefahren und immer wieder begeistert von dem stillen Charme der fast verlassenen Insel. Obgleich Cipriani damals noch keineswegs wohlhabend war, nahm er sich fest vor, irgendwann einmal ein Landgasthaus auf Torcello einzurichten, auch wenn alle Welt ihn deswegen für verrückt erklären würde.

Der Zufall wollte es, dass im Jahre 1938 eine halb verfallene Osteria auf Torcello für einen geringen Preis zum Verkauf angeboten wurde. Cipriani griff sofort zu. Er frischte das Gebäude außen und innen etwas auf, besorgte sich ein Notstromaggregat, weil es auf der Insel noch keine Elektrizität gab, und stellte als Kochhilfe ein Ehepaar ein, das sich besonders gut auf die Zubereitung von Fisch verstand. Bei dem guten Ruf, den Cipriani als Koch und Barmixer in ›Harry's Bar‹ genoss, dauerte es nicht lange, bis die ersten Gäste mit Motorbooten bei der neugeschaffenen kulinarischen Insel anlegten.

Wenn der friedfertige Cipriani allerdings geglaubt haben sollte, in dieser idyllischen Einöde ungeschoren die Zeit des Faschismus überdauern zu können, hatte er sich getäuscht. Die ›Locanda Cipriani‹ wurde nicht nur für Pärchen, die die romantische Einsamkeit suchten, zu einem gern genutzten Treffpunkt, sondern auch für Politiker wie beispielsweise Joseph Goebbels. Der Propagandaminister der Nazis führte hier im Sommer 1942 vertrauliche Gespräche mit italienischen Faschisten; Cipriani knirschte verhalten mit den Zähnen.

Nach dem Zweiten Weltkrieg hatte die Locanda dann wieder angenehmere Gäste, die in den sechs kleinen Zimmern der Locanda nächtigten und im Garten die Freuden der venezianischen Küche genossen. Doch der Gast, von dem hier bis heute am meisten geredet wird, ist Ernest Hemingway. Im November 1948 war das Ehepaar hier eingezogen. Hemingway hatte sofort die Umgebung inspiziert und befriedigt festgestellt, dass die fast menschenleere Gegend sowohl für seine Schießbedürfnisse als auch zum Angeln hervorragend geeignet war.

Nach der Abreise seiner Frau Mary ging Hemingway gleich an die Arbeit. Wenn er frühmorgens den Bestand der Sumpfvögel um ein gutes Dutzend dezimiert hatte, machte er sich frisch und begab sich heiter zum Mittagessen an Ciprianis reich gedeckte Tafel. Manchmal konnte man ihn nach dem Essen, bei Minustemperaturen, im Freien halb nackt mit Einheimischen boxen sehen. Aber jeden Abend um zehn Uhr zog er sich, daran erinnert sich Signor Dario noch genau, zum Schreiben in sein Zimmer zurück. Für seine literarische Arbeit bestellte der Schriftsteller sich gewöhnlich mehrere Flaschen Amarone, einen körperreichen Veronese Rotwein, den er über Nacht bis auf den letzten Tropfen trank – wie viele Flaschen es waren, weiß Signor Dario allerdings nicht mehr so genau.

Auf dem stillen Torcello ist wohl das meiste so geblieben, wie Ernest Hemingway es vor Jahrzehnten verlassen hat. Wenn ich oben in seinem Apartment die grüne Balkontür aufdrücke, leuchten mir die bunten Blumenbeete, die grünen Salatbüschel und die purpurroten Granatäpfel aus dem Garten entgegen, und hinter Bäumen stehen unverrückbar die beiden alten Kirchen. Rechts breiten sich Wiesen und Felder aus, die von den wenigen Bewohnern der Insel bewirtschaftet werden. Dahinter blinkt das Wasser der Lagune, aus der eben ein Schwarm Enten kreischend aufsteigt. Aber kein Jäger hat sie hoch gescheucht, nur das Knallen eines versehentlich zugeschlagenen Fensters.

Im Zimmer, auf dem Bücherbord über dem kalten Kamin, steht zwischen vielen Büchern anderer Schriftsteller auch ein Werk des Autors, der hier einmal gewohnt, geschrieben und getrunken hat. Das Buch, eine Monografie über den Stierkampf, heißt: ›Tod am Nachmittag‹.

(*Oktober 1994*)

San Michele

Venedigs schwimmender Friedhof

Von der Schiffsanlegestelle bei den Fondamenta Nuove sieht man schon, über das Wasser hinüber, die weißen Fassaden der Kirche und der Kapelle, die ockerfarben strahlende Friedhofsmauer und die dahinter aufragenden Bäume der Toteninsel San Michele.

Wenn man die kurze Fahrt nach drüben in den ersten Novembertagen unternimmt, vielleicht am Allerheiligentag, bei frühwinterlicher Sonne, die noch genügend Kraft hat, kleine schäumende Lagunenwellen zum Glitzern zu bringen und die Chrysanthemensträuße der alten Venezianerinnen auf dem Fährschiff leuchten zu lassen, dann wird man nach dem Anlegen des Bootes und dem Durchqueren des Kreuzgangs eine kleine Überraschung erleben.

Denn Venedigs »schwimmender Friedhof« wirkt in diesen immer noch hellen Tagen gar nicht wie ein Ort der Trauer. Die lebhaften, unbefangenen Gespräche dunkel gekleideter Frauen, die gemächlichen Männerschritte auf knirschendem Kies, das geschäftige Hantieren mit kleinen Schaufeln, Hacken, Gießkannen und Blumensträußen lassen eher ein großes Verwandtschaftstreffen vermuten als einen Friedhofsbesuch. Nur dort, wo ein Priester für kurze Zeit an einem Grab stehen bleibt, die Hände zusammenlegt und den Kopf senkt, dann rasch das Kreuzzeichen macht und mit dankendem Lächeln eine dezent überreichte Gabe entgegennimmt, ist es für ein paar Augenblicke still. Kerzenflämmchen flackern lautlos neben bunten Sträußen. Ab und zu fällt blendendes Sonnenlicht zwischen den Bäumen hindurch auf Kieswege und weiße Grabmonumente, so grell, dass man sich gern für eine Weile in den Schatten der Allee zurückzieht oder in die Kirche.

Hier drinnen, in der von Mauro Codussi 1469 erbauten Renaissancekirche mit einer strengen klassischen Fassade, erinnert gleich beim Eingang ein schlichter Stein an eine imposante venezianische Persönlichkeit: an Paolo Sarpi, einen Servitenmönch, der als Schutzheiliger der Modernisten gilt. 1579, mit siebenundzwanzig Jahren, wurde er zum Provinzial seines Ordens für die Ordensprovinz Venedig gewählt. Er war Theologe, Naturwissenschaftler, Historiker, ein überzeugter Humanist und ein frommer Katholik. »Ich werde nie wagen, etwas zu bestreiten, mit der Begründung, dass es unmöglich sei«, schrieb er einmal, »denn ich bin mir sehr wohl der unendlichen Vielfalt in den Werken der Natur und Gottes bewusst.« Noch bekannter wurde eine Bemerkung von ihm, die sich als venezianische Redensart erhalten hat: »Ich lüge nie, aber nicht jedem sage ich die Wahrheit.«

Paolo Sarpis Lebenswerk ist ebenso eindrucksvoll, wie sein Mut es war. Fra Paolo, wie ihn seine Zeitgenossen nannten, schrieb die maßgebende Geschichte des Konzils von Trient, half Galileo Galilei bei der Konstruktion seines Fernrohrs und nahm in seiner Abhandlung ›Über das menschliche Wissen‹ philosophische Erkenntnisse von John Locke vorweg. Aber Sarpi wagte es auch, den Vatikan darauf hinzuweisen, dass seine Gebietsansprüche sich nicht mit den geistlichen Aufgaben der Kirche vertrügen. Ein Konflikt mit der päpstlichen Kurie war die Folge. Als Venedig im Jahre 1606 mit einem Kirchenbann belegt wurde, wandte sich der Senat von Venedig Rat suchend an Fra Paolo. Dieser riet zum Widerstand und veröffentlichte Manifeste gegen die Einmischung der Kirche in die Politik. Paul V., der die Vormachtstellung des Papstes über alle weltlichen Herrscher durchsetzen wollte, musste schließlich nachgeben, vergab Paolo Sarpi diese schwere Niederlage aber nie. Gedungene Mörder überfielen den Mönch eines Nachts auf der Brücke der Santa Fosca und stachen ihn nieder. Doch Sarpi überlebte den Anschlag. Ein Denkmal auf dem Campo Santa Fosca erinnert an den heimtückischen Überfall.

Mischt man sich draußen wieder unter die Besucher auf dem hellen Friedhof, dann fallen einem bald einige Hinweisschilder auf, die den Weg zu den Gräbern berühmter Gäste Venedigs markieren: Ezra Pound, Igor Strawinsky, Sergej Diaghilew. Strawinsky, der 1971 in New York gestorben war, liebte die Lagunenstadt und wollte hier beerdigt werden. In Venedig hatte zwanzig Jahre zuvor, im Teatro la Fenice, die Premiere seiner Oper ›The Rake's Progress‹ einen rauschenden Erfolg. Der Musiker wurde im griechischen Bezirk des Friedhofs unter einem schmucklosen weißen Stein beigesetzt. Seine Frau ruht im Grab neben ihm. Nicht weit von beiden steht das Grabmal seines russischen Landsmanns Sergej Diaghilew, mit dem zusammen er Ballettwerke wie den ›Feuervogel‹ und ›Petruschka‹ erarbeitet hatte. Bei der Beerdigung von Diaghilew, dem legendären Gründer der ›Ballets Russes‹ in den wilden zwanziger Jahren, war es, wie Augenzeugen berichteten, zu einem theatralischen Abschied gekommen: Der Tänzer Serge Lifar, Diaghilews Lebensgefährte und Star des Balletts, sprang seinem Freund und Meister ins Grab nach – eine spektakuläre Szene, die sofort einige Nachahmer fand.

Nicht spektakulär, sondern in völligem Schweigen verbrachte der amerikanische Dichter Ezra Pound seine letzten Lebensjahre in Venedig. Pound starb am 30. Oktober 1972, zwei Tage vor seinem 87. Geburtstag. Eine schlichte Steinplatte liegt auf seinem Grab im evangelischen Bezirk des Friedhofs. Über seinem Kopf steht ein kleiner Lorbeerbaum.

(November 1996)

Begegnung auf der Brücke

Von der Accademia-Brücke aus will ich ein Foto machen, wahrscheinlich das millionste, das aus dieser Sicht schon gemacht worden ist, vermutlich gibt es sogar Postkarten davon: das bunte Schiffsleben zwischen den Palästen auf dem Kanal, der nach ein paar hundert Metern eine leichte Linkskurve macht und dann einfach aus dem Blickfeld verschwindet – dies alles, von oben gesehen, möchte ich auf meinem eigenen Film haben, als Gedächtnisstütze, um das heutige Bild mit einer ähnlichen Szenerie auf einem Bellini-Gemälde zu vergleichen.

Auf der Brücke herrscht reger Fußgängerverkehr die Treppen hinauf und hinunter, und etliche Touristen, die mit ihren Kameras am Brückengeländer lauern, haben das Gleiche vor wie ich. Ich ignoriere das Lächerliche der Situation, warte nicht ab, bis ein Platz am Geländer für mich frei wird, sondern nehme meinen Fotoapparat ans Auge und suche zwischen den auf der Brücke Stehenden eine günstige Aussicht auf den Kanal. Doch statt des Wassers habe ich unversehens einen markanten Hinterkopf mit militärisch kurzen schneeweißen Haaren im Visier.

Gerade will ich auf den Auslöser drücken, weil mir der schöne weiße Kopf vor dem Hintergrund des blauen Himmels als ungewöhnliches Motiv gefällt – da bewegt sich der Kopf, der Mann dreht sich zu mir um, und im Sucher sehe ich plötzlich das Gesicht eines alten Herrn, den ich kenne, ohne ihn je persönlich gesehen zu haben. Ungläubig lasse ich meinen Fotoapparat sinken und sage verblüfft: »Sie sind doch Ernst Jünger?!« Der Mann, klein, kerzengerade, mit stahlblauen, leicht getrübten Greisenaugen, ist amüsiert. »Jaha«, lacht er und scheint überrascht zu sein, das ich ihn erkannt habe. Bevor ich noch weiß, ob und, wenn ja, wie ich ein kurzes Höflichkeitsgespräch beginnen soll, nimmt er mir die Initiative aus dem Mund: »Und Sie? Was tun Sie hier?«

Seine direkte Frage klingt so interessiert, als wolle er wirklich wissen, was ich hier tue; andernfalls hätte er es wohl bei dem erheiterten »Jaha« belassen. Da ich seit einigen Wochen mit einer Romanidee beschäftigt bin und Venedig zum Ausgangspunkt der Handlung machen möchte, erzähle ich ein bisschen von meinen Überlegungen. Er fragt konzentriert nach, und ich skizziere mein Projekt, soweit ich es schon übersehen kann. »Haben Sie schon einen Anfang?« will er noch wissen. Den werde ich wahrscheinlich erst später schreiben, sage ich, im Moment sei ich dabei, die Beziehung zwischen den drei Hauptpersonen auszuarbeiten. Das findet er plausibel. Aber seine Gedanken kreisen noch um den Anfang. »Anfänge sind oft besonders schwierig«, meint er. »Kennen Sie ›Bouvard und Pécuchet‹?« Von Flaubert habe ich mehrere Romane gelesen, aber ›Bouvard und Pécuchet‹ kenne ich nur dem Namen nach. »Da gibt es nämlich einen interessanten Anfang«, sagt er. »Zwei Männer, die mit ihrem Leben unzufrieden sind, kommen aus verschiedenen Richtungen in einen kleinen Park, setzen sich auf dieselbe Bank und fangen ein Gespräch an. So ähnlich wie wir jetzt: Zwei Männer treffen sich auf einer Brücke – das könnte doch ein Anfang für Sie sein?« Wir lachen beide, ich werde es mir durch den Kopf gehen lassen, sage ich noch, und dann erst merke ich, dass Ernst Jünger nicht allein ist. Im Gedränge der anderen Leute habe ich übersehen, dass eine, seine Frau hinter ihm steht, die er, wie ich aus seinen Tagebüchern weiß, »Stierlein« nennt. Sie zupft ihn am Ärmel: »Die Akademie schließt in zehn Minuten«, mahnt sie. Ich verstehe den Wink und verabschiede mich. »Und wie heißen Sie?« fragt er. Ich sage ihm meinen Namen, und er wiederholt ihn. »Gute Wünsche für den Roman!« sagt er noch. Dann verschwinden beide im Gewühl auf der Brücke.

Später lese ich in Jüngers Erinnerungen, welches private Abenteuer der 87-jährige Schriftsteller während dieses Venedigaufenthalts erlebt hat. Er hatte mit seiner Frau im Hotel Gabrielli-Sandwirth an der Riva degli Schiavoni gewohnt. Nach dem Besuch der Accademia-Galerie war er über den Markusplatz, wo er die unterschiedliche Färbung der Tauben registriert hatte, zurück zum Hotel gegangen und hatte vom Concierge seinen Schlüssel verlangt, Nr. 333.

»Der Mann sah mich merkwürdig an. Ich war abwesend; die Bilder der Galleria gingen mir noch durch den Kopf. So wunderte es mich wenig, dass der Fahrstuhl auf der anderen Seite der Halle lag; wahrscheinlich gab es mehrere. Auch das Zimmer hatte sich verändert – es mussten neue Gäste eingezogen sein. Die Koffer waren halb geöffnet, Schmuck lag auf dem Tisch. Vielleicht war ich in der falschen Etage – am besten ginge ich noch einmal hinunter, um die Fenster von außen anzusehen. Der Vorsicht halber gab ich den Schlüssel wieder ab. Draußen entdeckte ich, dass ich nicht in das Gabrielli gegangen war, sondern mich in das Danieli verirrt hatte.«

Am Vortage war Jünger mit seiner Frau nach Torcello gefahren. Für Ende Oktober war es noch sehr warm. Eidechsen liefen an den Mauern entlang. »Die Entenjagd muss noch lohnen, wie zu Hemingways Zeiten; uns begegneten Jäger mit hölzernen Lockvögeln«, notierte Ernst Jünger. Nachdem sich das Ehepaar die Mosaiken in der Kathedrale angesehen hatte, frühstückten beide im Garten der ›Locanda Cipriani‹. »Blassblauer Himmel; aus goldgelbem Laub glühten Granatäpfel«, schildert Jünger die spätherbstliche Szenerie. Bei der Rückfahrt mit dem Vaporetto fällt ihm ein italienisches Ehepaar auf. Das Gesicht des Mannes erstaunt Jünger »durch eine seltene Übereinstimmung von Kühnheit und Güte – Vertrauen erweckend in hohem Maß. Neben ihm seine Frau. Sie könnte Stendhal zu träumen gegeben haben: kein coup de foudre – eine sanfte Kristallisation.«

Am 1. November, dem Allerheiligentag und gleichzeitig dem zehnten Todestag von Ezra Pound, fuhr Jünger allein zum Friedhof San Michele, in der Hoffnung auf Anregungen, die er vielleicht noch in sein Buchmanuskript ›Aladins Problem‹ einfügen könnte.

Hinter der Mauer, die ans Wasser grenzt, fand er zwischen abgelegten Kränzen eine rote Nelke aus Metall. Sie kam ihm gelegen: »Die könnte ich Ezra Pound bringen«, fiel ihm ein. Er machte sich also auf den Weg zum protestantischen Teil des Friedhofs, konnte dort aber das Grab von Pound nicht entdecken. »Lange suchte ich nach der Stätte, fragte auch vergeblich zwei Polizisten danach. Endlich kam ich auf den Gedanken, die Gesichter zu prüfen: Wem könnte man ein Verhältnis zur Lyrik zutrauen? Bald hatte ich ihn gefunden: einen weißbärtigen Griechen, der mich an Theodor Däubler erinnerte. Er führte mich wortlos vor das Grab und verließ mich sofort. Eine einfache Marmorplatte, nicht größer als das Pult eines Schülers: EZRA POUND. Auf ihr lagen Blumen del giorno, auch brannten drei Totenlichter dort. So kam es doch noch zur Begegnung, die ich in Amriswil kurz vor seinem Tode verfehlt habe.«

(31. Oktober 1982)

Joseph Brodsky
Eine heimliche Romanze mit Venedig

»So manchen Mond ist es her, dass der Dollar 870 Lire wert und ich 32 Jahre alt war. Die Erde war damals um zwei Milliarden Seelen leichter, und die Bar in jenem Bahnhof, wo ich in einer kalten Dezembernacht ankam, war leer. Ich stand da und wartete darauf, dass der einzige Mensch, den ich in der Stadt kannte, mich abholen kam. Sie war reichlich spät dran …

Außer dem gähnenden Mann hinter der Bar und der reglosen, buddhagleichen Matrone an der Registrierkasse war niemand in Sicht. Doch waren wir einander nicht von Nutzen: Mein einziger Besitz in ihrer Sprache, der Begriff ›espresso‹, war schon ausgegeben; ich hatte ihn zweimal benutzt …«

Etwas verloren, wie Edward Hoppers nächtliche Kneipengestalten, zeichnet sich Joseph Brodsky selbst bei seinem ersten Venedigbesuch. Obgleich er müde ist, sind seine Sinne hellwach. Er beobachtet die Zeigerstellung der Bahnhofsuhr, kontrolliert den Fahrplan, verfolgt die Spur der »Krampfadern des Marmors« unter seinen Füßen, wittert scharfen Ammoniakgeruch und atmet »den stumpfen Geruch ein, der in kalten Winternächten dem Gusseisen von Lokomotiven entströmt«. Dann schultert er kurzentschlossen seine Reisetaschen und tritt in die Nacht hinaus.

Wenn er jemals Russland verlassen könnte, würde er als erstes nach Venedig kommen und sich ein Zimmer im Erdgeschoss irgendeines Palazzo mieten, so dass die von vorbeifahrenden Booten aufgewühlten Wellen gegen sein Fenster klatschen würden, hatte der junge Brodsky einmal geträumt. 1972 war es soweit. Der »Dissident« Joseph Brodsky, der 1940 in Petersburg, der Stadt am Meer, geboren war, wurde als erster Schriftsteller aus der Sowjetunion ausgebürgert. Im Unterschied zu anderen russischen Autoren kehrte er nie wieder nach Russland zurück. Sein künftiger Wohnort wurde New York. Aber in jedem Winter reiste er in seine Traumstadt Venedig, siebzehn Mal. 1989, zwei Jahre, nachdem er den Nobelpreis für Literatur erhalten hatte, veröffentlichte Brodsky, in Anlehnung an einen venezianischen Straßennamen, ein schmales Buch mit dem italienischen Titel ›Fondamenta degli Incurabili‹, deutsch: Das Ufer der Verlorenen.

Das kleine Buch ist eine Ode an Venedig in achtundvierzig prägnanten Textbildern, die eindrucksvoll demonstrieren, wie sich das erträumte Bild einer Stadt in eine greifbare Wirklichkeit verwandelt, die ein Mensch nach und nach in seinen Besitz nimmt.

Es war eine windige Nacht, in der Brodsky zum ersten Mal nach Venedig gekommen war, und noch bevor er, während er auf der Bahnhofstreppe stand, irgendetwas anderes wahrnehmen konnte, überkam ihn ein starkes Glücksgefühl: Ihm drang plötzlich ein Geruch in die Nase, der für ihn schon immer, wie er meinte, ein Synonym für Glück gewesen war – der Geruch von gefrierendem Seetang. In Gedanken verwahrte er sich allerdings sofort dagegen, dass es sich dabei um angenehme Kindheitserinnerungen handelte. Eine Kindheit sei selten glücklich, behauptet er in seinem Buch, denn es handele sich dabei doch um eine Schule des Selbstekels und der Unsicherheit; und was die Ostsee angehe, wo er aufgewachsen war, so hätte man schon ein Aal sein müssen, um seinem verschmutzten Teil des Gewässers zu entkommen. Er glaubte, den Ursprung dieses Glücksgefühls vielmehr jenseits der individuellen Erfahrung, nämlich »irgendwo im Hypothalamus, neben anderen Erinnerungen an unsere frühesten Vorfahren« ansiedeln zu können, in Urzeiten.

Während er wartend auf der Bahnhofstreppe stand, sah er unten auf dem Wasser ein großes, flaches Schiff, »eine Kreuzung aus Sardinenbüchse und Sandwich« aus dem Dunkel auftauchen; es prallte dumpf gegen den Landesteg der Station.

Ein paar Leute gingen an Land und eilten an ihm vorbei die Treppen zum Bahnhof hinauf. »Dann sah ich den einzigen Menschen, den ich in jener Stadt kannte: eine unerhörte Augenweide.«

Jahre vorher, in Russland, hatte er diese Augenweide zum ersten Mal gesehen. Sie war Slawistin und arbeitete über Wladimir Majakowski, den international berühmtesten Dichter der russischen Revolution, der sich 1930 das Leben genommen hatte. Brodskys atemloser Schilderung lässt sich leicht entnehmen, was für ein Aufsehen die junge Dame in der Umgebung hochsensibler Literaten erregte: »Mit ihrer Größe von einem Meter achtzig, dem zarten Körperbau, den langen Beinen, dem schmalen Gesicht, dem kastanienfarbenen Haar und den haselbraunen, mandelförmigen Augen, mit einem passablen Russisch in jenem wunderbar geformten Mund und einem blendenden Lächeln um ebendenselben, exquisit in federleichtes Velours und dazu passende Seidenstrümpfe gekleidet, nach mesmerisierendem, uns unbekanntem Parfum duftend, war sie mühelos das eleganteste weibliche Wesen, das je einen sinnverwirrenden Fuß in unsere Mitte gesetzt hatte. Sie war aus dem Stoff, der verheirateten Männern feuchte Träume beschert. Übrigens war sie Venezianerin.«

Und Jahre später stand Brodsky nun neben der Angebeteten an Deck eines überfüllten venezianischen Vaporetto und fragte sie, um wieder einen Kontakt herzustellen, was sie von dem jüngsten Werk des Dichters Eugenio Montale halte. »Das vertraute Blitzen ihrer Perlen, achtundzwanzigmal, wieder aufgenommen von Funken am Rande ihrer haselbraunen Pupille und fortgesetzt bis zum verstreuten Silber der Milchstraße droben war alles, was ich zur Antwort bekam, doch das war viel ...«

Aber es war nicht genug. Denn wenn der allein reisende Dichter geglaubt hatte, hier in der fremden Stadt am Wasser könne sich zusammenfügen, was damals in Petersburg/Leningrad nicht zusammengekommen war, dann hatte er sich getäuscht. Mit vertraulich gedämpfter Stimme kündigte die in Biberpelz gehüllte Schöne ihrem russischen Freund kurz vor dem Aussteigen an, sie würde ihm in den nächsten Tagen gern einmal ihren Mann vorstellen.

In seinem Zimmer in der Pension ›Accademia‹, das sie ihm hatte reservieren lassen, starrte er noch eine Weile das Mobiliar an. Dann sah er ein, dass seine Augenweide für ihn nicht mehr zu erreichen war.

Brodskys heimliche Romanze mit Venedig, wie er es nannte, begann eigentlich schon im Jahre 1966, als er sechsundzwanzig Jahre alt war. Damals lieh ihm ein Freund drei kurze Romane des französischen Schriftstellers Henri de Régnier, in der Übersetzung des russischen Dichters Michail Kusmin. Brodsky hatte die Titel der Romane vergessen, aber nach seiner Erinnerung waren es Mischungen aus Schelmenroman und Detektivgeschichte. Einer der Romane spielte im winterlichen Venedig. Die einzelnen Kapitel des Buches waren kurz, das Erzähltempo schnell, so dass die feuchten, kalten, engen Straßen, durch die ein Mensch am späten Abend angstvoll läuft, zum Greifen nah vor dem Leser auftauchten.

Die Stadt Venedig, wie sie aus den von Régnier geschriebenen Seiten hervortrat, kam Brodsky vertraut vor – »sie wirkte wie Petersburgs Fortsetzung in bessere geschichtliche Umstände, vom Breitengrad ganz zu schweigen«. An dem Roman des französischen Autors lernte der junge Brodsky die wichtigste Lektion in erzählerischer Komposition: dass nämlich »nicht die Geschichte eine Erzählung ausmacht, sondern was aus was folgt. Ohne es zu merken, assoziierte ich allmählich dieses Prinzip mit Venedig.«

Brodskys Wunsch, die Stadt eines Tages leibhaftig zu sehen, wurde durch zufällige Funde oder Mitbringsel von Freunden noch verstärkt: ein zerfleddertes Exemplar des ›Life‹-Magazins mit einem prächtigen Farbfoto von San Marco im Schnee; ein Leporelloalbum von Sepiapostkarten, die eine Großmutter von ihren vorrevolutionären Flitterwochen aus Venedig mitgebracht hatte; ein kleines Stück billiger Tapisserie, auf dem der Dogenpalast abgebildet war; und eine kleine Kupfergondel, die Brodskys Vater auf einer Dienstreise nach China gekauft hatte. Schließlich wurde Brodsky von einem Freund noch zu einer halboffiziellen Vorführung einer eingeschmuggelten Schwarzweiß-Kopie von Viscontis Film ›Tod in Venedig‹ eingeladen.

»Ich spürte allmählich, dass sich diese Stadt irgendwie in den Mittelpunkt drängte«, erinnerte sich der Schriftsteller. »Sie war schwarzweiß, wie es sich für etwas gehört, das aus der Literatur hervorgeht, oder es herrschte Winter ...«

Siebzehn Winter lang beobachtete Joseph Brodsky das Gesicht der Lagunenstadt; dann porträtierte er Venedig in einem schmalen, hochkonzentrierten Buch und sich selbst mit seinen Projektionen dazu. Und er porträtierte andere Menschen, zum Beispiel eine gewisse alte Dame:

Eines Nachmittags im November 1977 bekam er in seinem Hotel Londra einen Anruf von Susan Sontag, die wie er zur Biennale eingeladen war und im Hotel Gritti logierte. »Joseph«, sagte sie, »ich habe heute auf der Piazza zufällig Olga Rudge getroffen. Kennst du sie?« »Nein. Du meinst – die Poundfrau?« »Ja«, sagte Susan, »und sie hat mich für heute abend eingeladen. Mir graut davor, allein hinzugehen. Würdest du mitkommen, falls du nichts anderes vorhast?«

Das hatte Brodsky nicht, und so sagte er zu. Als junger Mann hatte er einige Gedichte von Ezra Pound ins Russische übersetzt. »Mir gefiel das Original wegen seiner studentischen Frische und des strengen Verses, wegen seiner thematischen und stilistischen Vielfalt und wegen seiner umfangreichen kulturellen Verweise, die damals außerhalb meiner Reichweite lagen«, erklärt er in seinem Venedig-Buch. »Was seine schlimme Situation in St. Elizabeths anging, so gab es für russische Augen nichts, worüber man sich aufregen konnte, und es war jedenfalls immer noch besser als die neun Gramm Blei, die ihm seine Radioreden während des Krieges vielleicht anderswo eingetragen hätten ... Es wäre fair, so dachte ich, man würde seine Gedichte zusammen mit seinen Reden in einem Band herausgeben, ohne jede gelehrte Einführung, und dann abwarten, was geschieht ... Ich dachte auch, es sei mannhafter zuzugeben, dass du dein Leben versaut hast, als in der Pose eines verfolgten Genies zu verharren – bedenkt man all das Armhochreißen zum faschistischen Gruß, die späteren Dementi der Bedeutung der Geste, die zurückhaltenden Interviews und die Kultivierung des Erscheinungsbildes eines Weisen mit Pelerine und Stab, mit dem Ergebnis, dass er Haile Selassie glich. Bei einigen meiner Freunde stand er immer noch hoch im Kurs, und nun sollte ich seine alte Frau sehen.«

Nach einigem Umherirren im Stadtteil Dorsoduro fanden sie das Haus, das im übrigen nicht allzu weit von dem entfernt ist, in dem Henri de Régnier zu Anfang des Jahrhunderts wohnte. Sie läuteten die Glocke, und das erste, was Brodsky hinter der kleinen alten Dame sah, war die im Wohnzimmer auf dem Fußboden stehende Büste des Dichters von Gaudier-Brzeska. »Die Langeweile hatte uns unvermittelt, aber fest im Griff«, stöhnte Brodsky gequält. Warum er stöhnte, wird aus der folgenden, scharfzüngigen Schilderung deutlich.

»Tee wurde serviert, doch wir hatten kaum den ersten Schluck genommen, als die Gastgeberin – eine grauhaarige, winzige, tadellose Dame, die noch viele Jahre vor sich hatte – ihren spitzen Finger erhob, der in eine unsichtbare Metallrille glitt, und von ihren geschürzten Lippen eine Arie kam, deren Partitur mindestens seit 1945 der Öffentlichkeit bekannt war ...« – dass nämlich Ezra Pound kein Faschist gewesen sei; dass sie Angst gehabt hätte, die Amerikaner könnten Ezra auf den elektrischen Stuhl bringen; dass Ezra überhaupt nur zweimal im Monat von Rapallo nach Rom gefahren sei.

»Eine Schallplatte«, dachte Brodsky, »her master's voice. Sei höflich und unterbrich die Dame nicht. Es ist Quatsch, aber sie glaubt daran. – Ich versank tiefer in meinem Lehnsessel und versuchte, mich auf die Kekse zu konzentrieren, da es kein Abendessen gab.«

Was ihn aus seiner kurzfristigen Absenz weckte, war Susan Sontags Stimme, die ziemlich energisch sagte: »Aber Olga, Sie können doch nicht im Ernst glauben, die Amerikaner seien wegen der Rundfunksendungen schlecht auf Ezra zu sprechen gewesen ...!« Darauf Olga Rudge, etwas irritiert, denn Pound war ja wegen des Verdachts auf Landesverrat in den Käfig in Pisa gesteckt und später in Washington angeklagt worden: »Was war es denn dann?« – »Es war Ezras Antisemitismus«, sagte Susan Sontag. Und wieder sah Brodsky den Finger der alten Dame in die Rille der viel gespielten Schallplatte gleiten. Die beiden Besucher mochten nicht mehr lange zuhören und verabschiedeten sich höflich.

Joseph Brodsky kam nur im Winter nach Venedig, in dieser Jahreszeit kannte er sich aus: »An Winterabenden füllt das Meer, aufgewühlt vom widrigen Ostwind, jeden Kanal wie eine Badewanne bis zum Rand und manchmal noch darüber hinaus. Niemand kommt aus dem unteren Stockwerk angelaufen und schreit: ›Die Wasserrohre!‹ denn es gibt kein unteres Stockwerk. Die Stadt steht knöcheltief im Wasser ... Des Pilgers Schuh trocknet, nachdem er das Wasser erprobt hat, auf dem Heizkörper in seinem Hotelzimmer; der Einheimische taucht in den Schrank, um seine Gummistiefel herauszuangeln. ›Acqua alta‹, sagt eine Stimme im Radio, und der menschliche Handel und Wandel verebbt ...«

Brodsky liebte diese Jahreszeit, die ihn an die Sankt Petersburger Winter erinnerte und an seinen Jugendtraum, irgendwann einmal in Venedig das aufschäumende Kanalwasser gegen sein Fenster schlagen zu sehen. Damals hatte er wahrscheinlich noch nichts von dem venezianischen Nebel gehört, der den Winter manchmal begleitet – so undurchsichtig, wie nur der Dichter Joseph Brodsky ihn sehen konnte:

»Der Nebel ist dicht, sichtberaubend und unbeweglich. Letzteres ist jedoch von Vorteil, wenn du zu einer kurzen Besorgung hinausgehst, sagen wir, um eine Schachtel Zigaretten zu kaufen, denn du findest den Weg zurück, und zwar durch den Tunnel, den dein eigener Körper in den Nebel gegraben hat …«

Joseph Brodsky, der in Venedig verliebte Dichter, starb an einem Wintertag in New York, am 28. Januar 1996. Er wurde provisorisch auf einem Friedhof an der 153. Straße in Manhattan beigesetzt und einige Wochen später auf den Friedhof San Michele überführt. Er ruht in der Nähe seiner Landsleute Igor Strawinsky und Sergej Diaghilew und in unmittelbarer Nachbarschaft zu Olga Rudge und Ezra Pound.

Donna Leon
Krimis und Händel

Wir haben uns vor einer Osteria im Stadtteil Cannaregio verabredet. Das Lokal ist voll, und wir setzen uns draußen an einen Tisch. Der Oktoberabend ist noch warm, aber von einem kleinen Kanal kommt ein feuchtkühles Lüftchen zu uns herüber, und Donna Leon legt sich eine dunkelblaue Jacke über die Schultern. »Erst mal nur ein Wasser«, sagt sie zum Kellner.

Der Stadtteil ist nicht von Touristen überlaufen, aber dennoch nahe am Markusplatz und dem Campanile, den die Krimi-Autorin vom Fenster ihres Wohnzimmers aus sehen kann. Die Straßenlaternen werfen ein rosa-lila Postkartenlicht auf die verwitterten Mauern der Palazzi und der einfachen Wohnhäuser, die den Campo umschließen.

Seit siebzehn Jahren wohnt Donna Leon schon in Venedig. Doch obgleich ihre Kriminalromane allesamt in der Lagunenstadt spielen, ist die Schriftstellerin hier bis jetzt noch relativ unbekannt. Ihre Bücher sind in viele Sprachen übersetzt, nur auf Italienisch kann man sie nicht lesen. Dafür hat die Autorin selbst gesorgt. Sie schätzt ihr venezianisches Incognito sehr. Für ihre Nachbarn ist sie »die amerikanische dottoressa«, die irgendwo außerhalb Venedigs englische und amerikanische Literatur unterrichtet – was auch wirklich stimmt. Aus Sorge, die Menschen in ihrer Stadt könnten die realitätsnahen Enthüllungen aus ihrer nicht immer allzu feinen Gesellschaft übel nehmen, geht der Commissario Brunetti in vielen Sprachen auf Spurensuche, aber eben nicht auf Italienisch.

Was der sensible Kriminalinspektor bei seinen akribischen Untersuchungen in Venedigs Unter- und Oberwelt entdeckt, ist oft so trübe wie das Wasser der Lagune. Brunettis Fälle spielen im Revier der Huren und der Strichjungen, im Dunstkreis der

Wirtschaftskriminalität oder der oft nur scheinbar noblen Sphäre der Kultur. Ihren ersten Kriminalroman mit dem Titel ›Venezianisches Finale‹ siedelte die musikbegeisterte Autorin im berühmten Teatro La Fenice an, wo sie einen unbeliebten deutschen Stardirigenten auf rätselhafte Weise ums Leben kommen ließ. Inzwischen ist das Theater La Fenice bekanntlich selbst auf rätselhafte Weise abgebrannt.

Venedigs kulturelles Klima ist der Grund dafür, dass die Amerikanerin hier ihren ständigen Wohnsitz genommen hat. In die USA fährt sie nur noch zu Besuch. »Ich bin in einem anderen Amerika groß geworden«, sagt sie. »Als ich vor dreißig Jahren studierte, war Amerika noch nicht so gedankenlos, vulgär und oberflächlich wie heute. Damals gab es noch echte politische Diskussionen, man las noch anspruchsvolle Bücher, ganz zu schweigen von den TV-Programmen und Musiksendungen.«

Musik ist nach der Literatur Donna Leons zweite große Liebe. Vielleicht sogar die erste, das weiß sie nicht so ganz genau. Mozart und vor allem Händel sind ihre Favoriten. Um eine Händel-Oper hören zu können, würde sie bis ans Ende der Welt fahren, sie könnte es sich leisten, aber warum gerade Händel? frage ich sie. »Ich glaube, das hat etwas mit Glücksgefühlen zu tun«, sagt sie. »Händels Musik macht mich einfach glücklich! Man braucht nur ein paar Minuten hinzuhören, dann empfindet man das. Händel war selbst ein glücklicher Mensch. Sogar in seinen ernsteren oder sogar tragischen Stücken gibt es immer wieder auch glückliche Momente. Und ich selbst möchte auch, dass das Leben möglichst glücklich verläuft. Bei Händel ist das so – immer!« schwärmt sie. Und als habe sie gerade versehentlich ihr Inneres preisgegeben, hebt sie spaßhaft lächelnd ihr Glas: »Auf die Harmonie!«

Ihr eigenes Leben ist bisher anscheinend ziemlich glücklich verlaufen. Als Abkömmling irischer und spanischer Vorfahren wurde sie 1942 in New Jersey geboren und wuchs als gutbürgerlich erzogene Tochter in einer amerikanischen Mittelstandsfamilie auf. Zu Hause gab es nie wirklich ernsthafte

Probleme, sagt sie: »Wir waren der Fleisch gewordene amerikanische Traum.« Nach ihren damaligen Vorstellungen hätte das Leben eigentlich immer so weitergehen können, meint sie. Sie war nie besonders ehrgeizig und hatte deshalb auch keinen bestimmten Berufswunsch. An eine Karriere irgendwelcher Art dachte sie nicht einmal im Traum. »Als junges Mädchen stellte ich mir meine Zukunft so vor, das ich den ganzen Tag mit Lesen und Musikhören verbringen würde.«

Donna Leon hat inzwischen umgelernt und weiß, dass die meisten Mädchen heute anders denken. »Aber ich bin 1942 geboren«, sagt sie, »und in den fünfziger Jahren brauchte meine Generation sich kaum Sorgen um eine künftige Berufsausbildung zu machen. Wir wurden zwar in dem Bewusstsein erzogen, dass Arbeit einen gewissen Wert darstellt, dass es nützlich und ehrenhaft ist, zu arbeiten. Aber gleichzeitig wussten wir, dass wir müheloser leben würden als unsere Eltern nach Krieg und Wirtschaftskrisen. Wir hatten das Gefühl, die ganze Welt stehe uns offen, und wir bräuchten einfach nur zuzugreifen und uns zu nehmen, was wir wollten.«

Donna Leon griff zu, aus Neugier auf das Leben. Nach dem Literaturstudium, das sie mit einer Dissertation über Jane Austen abschloss, verließ sie das heimatliche New Jersey und sah sich gründlich in der übrigen Welt um. Sie hatte sich vorgenommen, irgendeinen Job zu ergreifen, ihn ein oder zwei Jahre lang auszuüben und danach für eine Zeitlang an einen schönen Ort zu gehen und einfach nur zu leben. Also suchte sie sich Jobs in verschiedenen Ländern, war Reiseleiterin in Rom, Werbetexterin in London und unterrichtete in amerikanischen Schulen in der Schweiz und sogar im Iran, in China und in Saudi-Arabien. »Ein fürchterliches Jahr!« stöhnt sie noch im Nachhinein über diesen letzten Aufenthalt; als liberal denkende Frau sei sie dort herzlich unwillkommen gewesen.

1981 ließ sich die Amerikanerin in ihrer Traumstadt Venedig nieder, wo sie auch bald eine ihr angemessene Tätigkeit ausüben konnte: In Vicenza, ganz in der Nähe, lehrt sie englische Literatur an einer Außenstelle der amerikanischen Universität von Maryland. Trotz ihres Erfolgs als Schriftstellerin, von dem sie verblüfft war, wie sie sagt, will sie diese Stellung behalten: »Es macht mir Spaß«, sagt sie. »Ich tue es gern, und meine Studenten sind wunderbar.«

Nach Venedig wollte sie schon als junge Studentin. Venedig und die Oper, das war für sie die Vorstellung der ewigen Seligkeit. Sie spielt zwar selbst kein Instrument, das hat sie zu ihrem größten Bedauern versäumt zu lernen, »aber im nächsten Leben ganz bestimmt!« versichert sie. Bis dahin beneidet sie glühend einige ihrer besten Freunde, die Musiker sind und natürlich Partituren lesen können, »einfach so, wie wir Zeitung lesen!« begeistert sie sich. »Die hören die Noten beim Lesen – das muss himmlisch sein!«

Wie aber lässt sich erklären, dass eine so harmoniefreudige Glückssucherin höchst erfolgreich kriminelle Phantasien entwickelt? Ein notwendiger Ausgleich im Seelenhaushalt? Eine Beschwörung der bösen Geister als Einübung für den Ernstfall? Oder ist es die realistische Einsicht, dass Glück nicht ohne Unglück zu haben ist?

»Sicherlich von allem etwas«, meint Donna Leon nachdenklich. »Als Schriftstellerin empfinde ich natürlich eine gesellschaftspolitische Verantwortung. Meine jahrelangen Reisen und meine Erfahrungen in vielen Berufen haben mir die Augen dafür geöffnet. Deshalb versuche ich, auf meine Weise aufzuklären und Zustände zu beschreiben, die alles andere als harmonisch sind.«

Der Anstoß für ihren ersten Kriminalroman kam allerdings zufällig. Mit einem Freund hatte sie in Venedig eine Oper gehört, und beide hatten sich sehr über den Dirigenten geärgert, der »grauenhaft unsensibel und wichtigtuerisch« dirigierte. Nach der Vorstellung überlegten sie sich aus Spaß, wie man einem solchen Musiker für immer das Handwerk legen könne, um ihn keinen weiteren musikalischen Schaden anrichten zu lassen. So entstand die Idee zu ihrem ersten Buch, ›Venezianisches Finale‹. Und da ihr das Schreiben leicht von der Hand ging, schickte die glückliche Krimi-Autorin bald noch ein paar Romane hinterher, und alle hatten großen Erfolg.

Auf atemberaubende Spannung hat Donna Leon es mit ihren Kriminalromanen allerdings nicht abgesehen. Mindestens ebenso wichtig wie die lückenlose literarische Aufklärung von Verbrechen in der Lagunenstadt scheint ihr das Privatleben ihres Detektivs Brunetti zu sein. Der kultivierte Commissario ist nicht nur ein hartnäckiger Kriminalist, sondern auch ein liebevoller Ehemann und Vater. Seine labyrinthisch verzweigten Fälle löst er meist mehr oder weniger gemeinsam mit seiner ebenso sympathischen und kultivierten Ehefrau, die, ganz zufällig, Literaturdozentin ist und beim Vorbereiten der Spaghetti mit Tomaten und Basilikum ihrem Gatten weiterführende Denkanstöße gibt. »Ich wollte einfach einen Kommissar haben, der auch mir selbst sympathisch ist«, erklärt die Autorin. Und zu einem sympathischen Mann gehört natürlich auch eine sympathische Familie.

Donna Leon selbst hingegen lebt sehr gern allein. »Ich würde mich sonst zu eingeschränkt fühlen. Und ich genieße sehr das Privileg, in der schönsten Stadt der Welt leben und arbeiten zu dürfen.«

(Oktober 1997)

Literaturverzeichnis

Aretino, Pietro: Italiänischer Hurenspiegel. Berlin 1928.

Bainton, Roland H.: Erasmus. Göttingen 1972.
Brodsky, Joseph: Ufer der Verlorenen. München 1991.
Bruni, Annalisa: Storie di Libridine. Mariano del Friuli 2002.
Byron, George Gordon Lord: Briefe und Tagebücher. Hg. v. Leslie A. Marchand. Frankfurt/M. 1985.
Byron, George Gordon Lord: Ein Lesebuch mit Texten, Bildern und Dokumenten. Hg. v. Gert Ueding. Frankfurt/M. 1988.
Byron, George Gordon Lord: Werke. Bd. 3. Übers. v. Otto Gildemeister. Berlin 1888.

Colonna, Francesco: Hypnerotomachia Poliphili. London 1999.
Coryate, Thomas: Beschreibung von Venedig 1608. Heidelberg 1988.
Coryate, Thomas: Die Venedig- und Rheinfahrt 1608. Stuttgart 1970.

D'Annunzio, Gabriele: Feuer. Berlin 1913.
Duse, Eleonora: Briefe. Gütersloh 1952.

Eisler, Benita: Byron. Der Held im Kostüm. München 1999.
Elze, Karl: Lord Byron. Berlin 1881.
Eppelsheimer, Hans: Petrarca. Dichtungen, Briefe. Frankfurt/M. 1980.
Erasmus v. Rotterdam: Briefe. Hg. v. Andreas Flitner. Darmstadt 1986.
Erasmus von Rotterdam: Adagiorum Chiliades. Darmstadt 1990.

Friedrich, Hugo: Montaigne. Bern 1949.

Gail, Anton J.: Erasmus von Rotterdam. Reinbek 1974.
Gazzetti, Maria: Gabriele d'Annunzio. Reinbek 1989.
Goethe, Johann Caspar: Reise durch Italien im Jahre 1740. München 1986.
Goethe, Johann Wolfgang v.: Italienische Reise. Berlin 1977.
Goldoni, Carlo: Geschichte meines Lebens und meines Theaters. München 1988.

Halkin, Leon E.: Erasmus von Rotterdam. Zürich 1989.
Hellmann, Manfred: Grundzüge der Geschichte Venedigs. Darmstadt 1981.

Hemingway, Ernest: Über den Fluß und in die Wälder. Berlin 1957.
Hemingway, Mary Welsh: Wie es war. Reinbek 1974.
Hesse, Hermann: Italien. Hg. v. Volker Michels. Frankfurt/M. 1983.
Hoffmeister, Gerhart: Petrarca. Stuttgart, Weimar 1997.
Honour, Hugh: Venedig. München 1966.
Hösle, Johannes: Goldoni, sein Leben, sein Werk, seine Zeit. München 1993.
Hösle, Johannes: Kleine Geschichte der italienischen Literatur. München 1995.
Hotchner, Aaron E.: Hemingway und seine Welt. München 1990.
Howells, W. D.: Leben in Venedig. Berlin 1987.

James, Henry: Die Flügel der Taube. Köln 1966.
James, Henry: Italian Hours. New York, London 1992.
James, Henry: Meisternovellen. Zürich 1953.
James, Henry: Tagebuch eines Schriftstellers. Köln 1965.
Jünger, Ernst: Siebzig verweht III. Stuttgart 1993.

Kemp, Wolfgang (Hg.): Briefe aus Venedig. John und Effie Ruskin. Stuttgart 1995.
Kemp, Wolfgang: John Ruskin. Leben und Werk. München 1983.
Kirsch, Hans-Christian: Ezra Pound. Reinbek 1992.
Krischel, Roland: Tintoretto. Reinbek 1994.

Leon, Donna: Verschwiegene Kanäle. Commissario Brunettis zwölfter Fall. Zürich 2004.

Mark, Hermann E.: Geschichte und Geschichten vom Canal Grande. Wien 2002.
Marx, Barbara: Pietro Bembo und die ›Asolani‹. Köln 1998.
Masson, Georgina: Kurtisanen der Renaissance. Tübingen 1975.
Maurer, Doris u. Arnold: Venedig, der literarische Führer. Frankfurt/M. 1993.
Maurer, Doris: Eleonora Duse. Reinbek 1995.
Mauriac, Claude: Marcel Proust. Reinbek 1997 (15. Aufl.).
Montaigne, Michel de: Die Essais. Übers. v. Hans Stilett. Frankfurt/M. 2000.
Montaigne, Michel de: Gesammelte Schriften. München, Berlin 1915.
Montaigne, Michel de: Tagebuch einer Reise durch Italien. Frankfurt/M. 1988.
Müller, Hartmut: Lord Byron. Reinbek 1992 (3. Aufl.).

Münkler, Herfried u. Marina: Lexikon der Renaissance. München 2000.
Musset, Alfred de: Gesammelte Werke. Bd. 5. München 1925.

Neumann, Florian: Francesco Petrarca. Reinbek 1998.
Newald, Richard: Erasmus Roterodamus. Freiburg 1947.
Nielsen, Frederic W.: Eleonora Duse. Ruit 1974.

Osols-Wehden, Irmgard (Hg.): Frauen der italienischen Renaissance. Darmstadt 1999.

Painter, George D.: Marcel Proust. Eine Biographie. Frankfurt/M. 1962.
Pallavicino, Ferrante: Der geplünderte Postreuter. Berlin 1928.
Pasinetti, Pier Maria: Venezianisch Rot. München 1961.
Pasternak, Boris: Geleitbrief. Entwurf zu einem Selbstbildnis. Köln, Berlin 1958.
Pound, Ezra: Cantos 1916-1962. Übers. v. Eva Hesse. München 1964.
Pound, Ezra: Collected Early Cantos. London 1997.
Pound, Ezra: Collected Early Poems. Hg. v. Micheal John King. London 1976.
Pound, Ezra: Die Pisaner Gesänge. Übers. v. Eva Hesse. Zürich 1956.
Proust, Marcel: Die Entflohene. Übers. v. Eva Rechel-Mertens. Frankfurt/M. 1982.
Proust, Marcel: Die Flüchtige. Übers. v. Eva Rechel-Mertens. Frankfurt/M. 2001.
Proust, Marcel: Die Gefangene. Übers. v. Eva Rechel-Mertens. Hg. v. Luzius Keller. Frankfurt/M. 2000.

Rosenthal, Margaret: The Honest Courtesan: Veronica Franco. Chicago 1992.
Rousseau, Jean-Jacques: Bekenntnisse. Frankfurt/M. 1971.
Rüber, Judith: Venedig - Literarische Intermezzi. Stuttgart 2002.
Ruskin, John: The Stones of Venice. New York, London 2001.

Sanctis, Francesco de: Geschichte der italienischen Literatur. Stuttgart 1941.
Sand, George: Geschichte meines Lebens. Frankfurt/M. 1991.
Sand, George: Nimm deinen Mut in beide Hände. München 1990.
Scheible, Hartmut: Carlo Goldoni. Reinbek 1993.
Schnack, Ingeborg: Rainer Maria Rilke. Chronik seines Lebens und seines Werkes. Frankfurt/M. 1970.
Schück, Julius: Aldus Manutius und seine Zeitgenossen. Berlin 1862.

Schultz, Uwe: Erasmus von Rotterdam, der Fürst der Humanisten. Ein biographisches Lesebuch. München 1998.
Semerau, Alfred: Die Kurtisanen der Renaissance. Wien 1926.
Steinberg, Sigfrid Henry: Die schwarze Kunst. 500 Jahre Buchdruck. München 1958.
Stendhal, Henri de: Bekenntnisse eines Ichmenschen. Selbstbiographien, Tagebücher, Nekrologe. Berlin 1923.
Stendhal, Henri de: Reise in Italien. Berlin o. J.
Stendhal, Henri de: Rom, Neapel und Florenz im Jahre 1817. Frankfurt/M. 1988.
Stock, Noel: The Life of Ezra Pound. London 1970.

Twain, Mark: Die Arglosen im Ausland. München 1971.
Twain, Mark: Mark Twain bummelt durch Europa. München 1967.

Vossler, Karl: Aus der romanischen Welt. Karlsruhe 1948.

Waiblinger, Franz Peter (Hg.): Venedig - Ein literarischer Reiseführer. Darmstadt 2003.
Wiggershaus, Renate: George Sand. Reinbek 1993.
Wülker, Richard: Geschichte der englischen Literatur. Leipzig, Wien 1896.

Zorzi, Alvise: Canal Grande. Biographie einer Wasserstraße. Hildesheim 1993.
Zorzi, Alvise: Cortigiana veneziana. Veronica Franco. Mailand 1993.

Personenregister